Ágnes Heller · Eine kurze Geschichte meiner Philosophie

Ágnes Heller

Eine kurze Geschichte meiner Philosophie

Edition Konturen

Wien · Hamburg

© 2011 Ágnes Heller
Die Originalausgabe erschien unter dem Titel
„A Short History of My Philosophy" bei
Lexington Books, Lanham, Maryland.
Übersetzt von Georg Hauptfeld

Wir legen Wert auf Diversität und Gleichbehandlung. Im Sinne einer
besseren Lesbarkeit der Texte werden Begriffe wie „Freund", „Liebhaber", „Verbündeter" usw. in der maskulinen Schreibweise verwendet. Grundsätzlich beziehen sich diese Begriffe auf beide Geschlechter.

Bibliografische Information der Deutschen Bibliothek
Die Deutsche Bibliothek verzeichnet diese Publikation in der
Deutschen Nationalbibliografie, detaillierte bibliografische Daten
sind im Internet über http://dnb.ddb.de abrufbar.

Copyright © 2017 Edition Konturen Mediendesign
Dr. Georg Hauptfeld GmbH – www.konturen.cc

Umschlaggestaltung: Georg Hauptfeld, dressed by Gerlinde Gruber.
Umschlagbild: Mediendesign, 1020 Wien
Layout: Georg Hauptfeld
Lektorat: Bettina Plenz

ISBN 978-3-902968-25-8

Druck: Druckerei Berger, 3580 Horn
Printed in Austria

Inhalt

Einführung

Wir alle haben verschiedene Geschichten. Was mich betrifft, auch ich habe einige, reich an Konflikten, Dramen, Freuden und Kummer. Ich hatte vielfach Gelegenheit, darüber in meinen Interviews mit neugierigen Journalisten zu sprechen. Doch unter den Geschichten meines Lebens gibt es eine, zu der ich selten befragt werde. Eine Geschichte mit weniger Dramen, aber reich an Veränderungen. Eine Geschichte, deren Struktur und Temporalität sich von meinen vielen anderen Geschichten unterscheidet. Eine Geschichte, die nicht mit meiner Geburt beginnt, sondern in meinen Zwanzigern, um dann parallel zu meinen anderen Geschichten zu verlaufen. Es ist die Geschichte meiner Philosophie.

Es wäre vergebens, die Verbindungen zwischen der Geschichte meiner Philosophie und meinen anderen Geschichten zu leugnen. Doch spiegelt die Geschichte meiner Philosophie nicht einfach meine anderen Geschichten wider. Eine Ausnahme ist vielleicht die der ungarischen Revolution von 1956. Doch auch die bedeutendste und unvergessliche politische Erfahrung hat nicht dazu geführt, dass ich meine (noch sehr kurze) Vergangenheit radikal verworfen hätte. Ich blieb wie zuvor Schülerin von György Lukács, ich betrachtete mich wie zuvor als Marxistin, allerdings, das ist richtig, mit wichtigen Modifikationen. Ich hörte auf, bedeutungsvolle und obligatorische Wörter und Ausdrücke aus dem marxistischen Erbe zu benutzen. Nach 1956 sprach ich nicht mehr von „Marxismus-Leninismus", sondern von der „Renaissance des Marxismus", und ich verwendete auch nicht länger den Begriff „dialektischer Materialismus", an dessen Existenz ich nicht mehr glaubte. Diese Änderungen mögen dem heutigen Leser nicht mehr wichtig erscheinen. Doch es ist bekannt, dass der Sprachgebrauch eine Denkweise manifestiert, und daher spiegelt sich in der Änderung der Sprache auch eine Änderung des Denkens.

Wenn ich die Auswirkungen der Revolution von 1956 überblicke, gehen die verschiedenen Modifikationen meiner Philosophie nicht direkt auf politische Ereignisse zurück, nicht einmal die Veränderungen meiner politischen Ansichten. Mein erstes „neulinkes" Buch, „Das Alltagsleben", wurde vor dem Auftreten der „Neuen Linken" geschrieben. Weder innere noch äußere Emigration haben wichtige sichtbare Spuren in meiner Philosophie hinterlassen.

Während mein politisches und persönliches Leben reich an Abenteuern und dramatischen Wendungen waren, kehrte ich in meiner Philosophie immer wieder zu den losen Fäden meiner früheren Arbeiten zurück. Mir scheint, als hätte ich mein ganzes Leben lang über dieselben Rätsel nachgedacht. Rätsel, die zunächst nur in einem oder zwei Sätzen eines einzelnen Kapitels auftauchten, konnten später als zentrales Motiv eines Kapitels, als Gegenstand eines Essays oder sogar als Hauptthema eines neuen Buchs wiederkehren. Zunächst versteckte Rätsel kamen an die Oberfläche. Mein Denken änderte sich in diesen 60 Jahren, manchmal sogar radikal, aber die Rätsel blieben dieselben.

Ich habe in Interviews (und auch zu mir selbst) viele Male gesagt, dass die Rätsel unserer Zeit ein leidenschaftliches Interesse für Ethik und Geschichte in mir geweckt haben. Doch nicht nur ich allein, sondern fast alle bedeutenden Denker Europas widmeten ihre Arbeiten und ihre Gedanken den Verheerungen des 20. Jahrhunderts. Wie konnten Menschen tun, was sie taten? Wie konnten durchschnittliche Männer und Frauen bewusst zu Massenmördern werden? Was war in Europa im 20. Jahrhundert geschehen, das Auschwitz und den Gulag überhaupt ermöglicht hatte? Diese Fragen stellten sich jedem Philosophen und tun es immer noch. Dies war ein Rätsel, aus dem die Verantwortung erwuchs, theoretische Vorschläge dazu anzubieten, wie man ähnliche Katastrophen in Zukunft vermeiden könnte. Und darüber hinaus – jenseits der

Realität –, wie man sich eine Welt vorstellen könnte, in der solche Katastrophen unmöglich wären. Ich würde sagen, es war der „Geist der Zeit". Die meisten meiner Zeitgenossen beschritten ähnliche Wege.

Der Weg führte von einer Art Kommunismus zu einer Art Liberalismus, von einer Spielart der großen Erzählung zu einer Version „postmoderner" Perspektive, von einer Art Allwissenheit zu einer Variation von Skepsis. Instinktiv beschritt ich diesen Weg mit anderen. Jeder ging diesen Weg unabhängig von den anderen, manche von ihnen brillant, manche weniger, alle auf ihre eigene Weise, aber mit vergleichbarer Hingabe. Indem ich von der Geschichte meiner Philosophie spreche, erzähle ich die Geschichte darüber, wie ich mir auf der gemeinsamen Straße meinen eigenen Weg suchte.

Die Art einer Philosophie, der philosophische Charakter eines Philosophen ist nach dem zweiten Buch, vielleicht sogar nach dem zweiten Aufsatz angelegt. Die Gedanken können sich ändern, manchmal sogar radikal, doch der philosophische Charakter bleibt derselbe. Philosophinnen und Philosophen entwickeln ihren philosophischen Charakter früh, aber sie entwickeln ihn auch weiter. Manchmal sprunghaft, um mit Nietzsche zu sprechen, wie ein Schmetterling aus einer Raupe entsteht (oder, möchte ich hinzufügen, wie ein Frosch aus einer Kaulquappe).

*****

Während ich im November 2008 vor Postgraduates in Turin über meine Philosophie sprach, fünf Stunden pro Tag, fünf Tage lang, erkannte ich plötzlich, dass meine Philosophie zwischen 1980 und 1995 ein „Ganzes" geworden war, ein „Quasi-System" also, in einem Zeitraum von fünfzehn Jahren. Der Ausdruck „System" muss in Anführungszeichen stehen, denn niemand sollte dabei an ein metaphysisches System denken. Der Ausdruck meint einfach, dass meine vorher verstreuten Ideen sich schließlich zusammenfügten. Von dieser Zeit an konnte ich über eines meiner Bücher in Bezug zu anderen sprechen. Eine im Wesentlichen ähnliche Weltbeschreibung war aus verschiedenen Perspektiven beleuchtet oder dargestellt worden, ein ähnliches Rätsel aus der Sicht verschiedener dahinter stehender Rätsel.

In diesem Sinn kann ich von einem „Quasi-System" sprechen, aber nicht von einem „realen" System. Ein reales philosophisches System bietet eine vollständige Beschreibung der Welt, zumindest hat es diesen Anspruch. (Man kann diesen Anspruch auch befriedigen, indem man nachweist, dass eine vollständige Weltbeschreibung unmöglich ist.) Eine vollständige Beschreibung der Welt gehörte nie zu meinen Ambitionen, nicht weil ich die „Sünde" eines Rückfalls in die Metaphysik vermeiden wollte, sondern weil sie mich nicht interessierte. Ich war und bin nur an Perspektiven interessiert, die man traditionell „Ontologie" nennt, „Philosophie der Geschichte", „Ethik" und „Philosophie der Kunst". Die Ableger von „Epistemologie" oder „Wissenschaftsphilosophie" beschäftigten mich einfach nicht, außer wenn sie einen direkten Bezug zu meinen Themen hatten. Sogar die Psychologie hat mich erst eher spät interessiert.

Als ich mit nicht geringem Erstaunen entdeckt hatte, dass sich meine Bücher und Gedanken im Laufe der erwähnten fünfzehn Jahre in einer Art „System" organisiert hatten, musste ich etwas überdenken, das ich über ein Jahrzehnt lang für wahr gehalten hatte. Seit langer Zeit hatte ich Hegels Voraussage akzeptiert, dass die Philosophie nach ihm (also nach ihrem Ende) ausschließlich reflexiv werden würde. Eine reflexive Philosophie kann über alles reflektieren, zuerst und vor allem über sich selbst, die eigene Geschichte, doch auch über Kunst, Politik, Sexualität, Sprache, Recht usw. (Ich werde das „alles" nicht weiter aufzählen.) Viele moderne Philosophen, auch bedeutende, wie Derrida und vielleicht auch der späte Heidegger, haben das glänzend getan. Zu dieser philosophischen Richtung gehört auf jeden Fall die hermeneutische Praxis.

Während ich darüber nachdachte, wurde mir klar, dass ich die Anziehungskraft oder eher Verlockung eines systembildenden Denkens unterschätzt hatte. Manch ein bedeutender Philosoph des 20. Jahrhunderts konnte dieser Versuchung am Ende nicht widerstehen. Das trifft auch in den umstrittenen Fällen von Kierkegaard und Nietzsche zu und ganz besonders für Wittgenstein, den Heidegger von „Sein und Zeit" sowie

Foucault. Eine systembildende Art des Denkens ist nicht notwendigerweise Metaphysik.

Ich möchte mich hier keineswegs durch das Beispiel der Großen legitimieren. Ich möchte nur deutlich machen, dass ich einen Fehler gemacht hatte, als ich die „Reflexion" als einzige relevante Praxis zeitgenössischer Philosophie bevorzugte – ein Fehler, den ich während meiner Turiner Vorlesung erkannte.

Wie gesagt, die verschiedenen Aspekte oder Themen meiner Weltbeschreibungen verbanden sich zwischen 1980 und 1995. Damit sie sich verbinden konnten, musste es sie zuerst geben. Ich musste einen Blick darauf werfen, um die plötzliche Erkenntnis abzusichern. Ich studierte einige meiner alten Bücher, von denen ich die meisten während der vierzig Jahre davor kein zweites Mal gelesen und sie keiner erneuten Lektüre für wert befunden hatte.

Es hat mich nie beunruhigt, wenn mache Gruppen meiner Leser meine älteren Bücher den neueren vorzogen, insbesondere jene aus der neulinken Periode der 1960er-Jahre. Lukács' ablehnende Haltung gegenüber den Büchern seiner jungen Jahre bewirkte bei mir das Gegenteil. Ich hatte nie das Bedürfnis, meine frühen Schriften zu verurteilen, bloß weil meine Ideen sich geändert hatten. Ich habe immer betont, dass ich nicht zum Richter über meine eigenen Werke berufen bin, dass alle diejenigen lieben sollen, die sie mögen, und dass mich das nichts angeht. Auch zu Zeiten, in denen ich mich von der Idee des allgemeinen Fortschritts löste, glaubte ich nicht, dass meine Philosophie deswegen besser würde. Es gab für mich nur Vorstellungen, die ich für weniger richtig hielt, weniger begründet, weniger fruchtbar, und dass es eine Frage der Ehrlichkeit war, sie zurückzulassen. Das war auch der Grund, warum ich meine Bücher lange Zeit nicht wieder lesen wollte, nicht einmal die erfolgreichsten. Eine Art von Zorn beendete diese Zurückhaltung.

Ich habe schon erwähnt, dass eine Flut von Interviews, vor allem in Ungarn (meine unendliche Dankbarkeit gilt den glänzenden und geduldigen Fragestellern), verschiede Aspekte meines Lebens beleuchtete, doch ist dort nicht von meiner Philosophie die Rede, außer in direktem Bezug zu meiner Lebensgeschichte. Doch um es etwas pathetisch zu sagen, das war mein Leben, eines meiner Leben, das einzige kontinuierliche Leben. Von meinen Zwanzigern bis zu meinen Achtzigern ist mir vieles widerfahren, aber eines hat sich nie geändert: Ich habe nie auch nur für eine Minute aufgehört, philosophisch zu denken und zu schreiben. Und ich werde es bis zum Ende meines Lebens auch nicht tun (außer wenn ich dement werde, was ich nicht hoffe). Die Geschichte meiner Philosophie ist daher eine Geschichte meines Lebens.

Zunächst experimentierte ich mit der Idee, ein Interview über meine Philosophie zu machen. Ich dachte daran, mich selbst über mich zu befragen. Doch hätte ich keine Fragen stellen können, deren Antwort ich nicht im Vorhinein kannte. Außerdem ist es ohnehin eine philosophische Gewohnheit, sich und anderen Scheinfragen zu stellen. Einfacher und ehrlicher ist es, bei den Antworten zu bleiben. Nach reiflicher Überlegung kam ich zu dem Schluss, dass ich von niemandem verlangen konnte, alle meine Bücher zu lesen. Und, was noch schlimmer ist, in Interview-Situationen habe ich wenig Selbstkontrolle und neige dazu, endlos zu reden. Bleiben wir also beim Schreiben.

Ich kann nicht damit prahlen, alle meine Bücher nochmals gelesen zu haben. Aber ich habe jene wieder gelesen, die ich fast völlig vergessen hatte, sowie Teile anderer, an die ich mich erinnerte, um mein Gedächtnis aufzufrischen und zu überprüfen. Es wurde deutlich – und das ist ganz natürlich –, dass mein philosophischer Charakter schon ganz am Anfang da war. Ebenso, wie ich nicht zu einer üppigen blauäugigen Blondine heranwachsen konnte, so konnte sich auch meine Philosophie nicht in eine gänzlich andere Richtung entwickeln. Vom Moment an, in dem ich meinen Stift auf das Papier setzte (oder spätestens seit 1957), enthielt meine Philosophie eine Art Teleologie.

Teleologie bedeutet nicht Thema. Meine Tagebücher bezeugen, dass ich mehrere Bücher plante, die ich nie geschrieben habe. Doch dieselben Tagebücher zeigen auch, dass ich immer wieder zu demselben Rätsel zurückkehrte, ohne mich daran zu erinnern, dass ich es schon an anderer Stelle behandelt hatte.

Die Auswahl eines konkreten oder fruchtbaren Themas oder Gegenstands hat zwei Quellen. Anfangs ist es ein Gedanke, der immer wieder auftaucht. Zweitens ist es eine plötzliche Eingebung. Beide Quellen können zueinander in Beziehung gesetzt werden. Man denkt lange über etwas nach, dann vergisst man es, weil andere Gedanken in den unbewussten Bereich des Verstandes drängen, und dann erscheint es plötzlich im Zentrum des Bewusstseins. Doch sind nicht wir diejenigen, die ein Thema oder einen Gegenstand auswählen – wenn es so etwas wie ein Thema oder einen Gegenstand überhaupt gibt –, denn es ist das Thema oder der Gegenstand, der uns wählt. Warum sage ich, wenn es so etwas wie ein Thema oder einen Gegenstand überhaupt gibt? Weil es sie, wenn wir genauer darüber nachdenken, nicht gibt. Was wir üblicherweise ein Thema oder einen Gegenstand nennen, ist ein Syndrom verschiedener Gedanken, die sich auf dieselbe Gruppe von Fragen beziehen.

Ich meine es ernst, wenn ich sage, dass es der Gegenstand ist, der uns wählt, und nicht umgekehrt. Das ist einer der Gründe, warum wir nicht beschließen können, ein Buch zu schreiben, das besser ist als alles, was wir bisher geschrieben haben. In meinen Zwanzigern hatte ich solche Illusionen. Doch ich erkannte bald, dass der Anspruch trügerisch war. Das Schreiben ist so gut oder schlecht, wie wir es eben vermögen und wie es sich anbietet. Seitdem habe ich nicht mehr versucht, etwas „Gutes" zu schreiben. Es wird, wie es kommt.

Die „kurze Geschichte meiner Philosophie" ist ursprünglich auf Ungarisch geschrieben und in Ungarn vom Verlag Múlt és Jövő [„Vergangenheit und Zukunft"] veröffentlicht worden. Ich habe den Text ins Englische übersetzt, was in diesem Fall mit einigen Änderungen verbunden war. Denn was für ungarische Leser offensichtlich ist, ist es für englische Leser nicht und umgekehrt. Abgesehen davon habe ich alles so getreu wie möglich übersetzt.

1. Lehrjahre

(1950–1964)

In meinen Lehrjahren probierte ich meine Fähigkeiten aus. In diesen ersten Jahren galt: Übung macht den Meister. Ich übte nur, doch darüber war ich mir nicht im Klaren. Ich hatte Freude an dem, was ich dachte und schrieb, und die Ergebnisse schienen mir recht gut zu sein. Doch sehr bald, bereits nach wenigen Jahren, schämte ich mich meines „vergangenen" philosophischen Selbst. Nicht deshalb, weil ich nun anders dachte, denn das geschah auch später noch ziemlich oft, ohne dass es mir auch nur im Geringsten peinlich gewesen wäre. Ich schämte mich, weil mir meine ersten Arbeiten „primitiv" erschienen. Einfach deshalb, weil ich mich in diesen Schriften versuchte und dabei noch weit entfernt war von meinen Möglichkeiten. Relativ bald sollte ich die oberste Stufe meiner Möglichkeiten erreichen und diese auch später nicht mehr übertreffen.

Jede persönliche Fähigkeit hat ihre Grenzen, ob man nun Gewichte stemmt, schreibt oder philosophiert. Man braucht Zeit, um diese Grenze zu erreichen, wenn man das überhaupt schafft. Man muss dafür und daran arbeiten; man muss die Leiter zu sich selbst hinaufsteigen. An einem bestimmten Punkt erreicht man dann die höchste Sprosse der eigenen Leiter. Man kann sich weiterhin Kenntnisse aneignen, belesener, ja sogar klüger oder weiser werden, aber das eigene Talent kann man nicht überschreiten. Das ist der Grund, warum ich nicht die geringste Scham empfinde, wenn ich an mein Buch über das Alltagsleben zurückdenke oder das über Philosophie („Philosophie des linken Radikalismus. Ein Bekenntnis zur Philosophie"). Ich finde das Erstere vielleicht „naiv" und das zweite phrasenhaft, aber keines von beiden „primitiv". Und dies sind jene Bücher, die viele meiner Leser am liebsten haben. Doch weder Freunde noch Feinde bevorzugen Bücher aus meinen Lehrjahren.

Zu jener Zeit war ich noch nicht ganz bei mir, eher ein philosophischer Embryo. Als achtzehnjährige Universitätsstudentin schrieb ich Seminararbeiten unter anderem über Kant, Hegel und Spinoza. Zum Glück sind sie nicht erhalten. Gott sei Dank ist auch meine ungarische Übersetzung der „Kritik der Urteilskraft" verloren gegangen. Sie können sich vorstellen, wie eine Neunzehnjährige, die die ersten beiden noch gar nicht gelesen hat, die dritte „Kritik" übersetzt.

Zu jener Zeit mussten Studenten an der Universität von Budapest eine sogenannte schriftliche Basisprüfung über sich ergehen lassen, während sie vier Stunden in einem Seminarraum eingesperrt waren. Unsere Gruppe bekam die wunderbare Aufgabe, über unseren Lieblingsphilosophen zu schreiben. Kaum zwanzig Jahre alt, wählte ich die „Neuen Abhandlungen" von Leibniz. Warum gerade dieses Buch mein Liebling war, blieb auch mir lange Zeit verborgen. Etwas Licht kam erst in die Sache, als ich mit vierundsechzig Jahren an meinem kleinen Buch über Leibniz arbeitete. Seit ich meine zweite Dissertation über die Ethik von Aristoteles geschrieben hatte, hatte ich nie wieder das Werk eines bestimmten Philosophen behandelt. Warum also Leibniz? Weil ich ihn gernhatte. Ich nehme an, ich mochte ihn aus demselben Grund wie mit zwanzig, nämlich wegen seiner Rolle in der Philosophie.

Für meine Bachelorarbeit wählte ich den ungarischen Philosophen János Erdélyi. Meine exotische Wahl rechtfertigte ich damit, dass es unsere Pflicht sei, ungarische Philosophen der Vergangenheit wiederzuentdecken. Ich habe allerdings nie etwas über irgendeinen anderen vergangenen Philosophen Ungarns geschrieben, daher bezweifle ich meine eigene Erklärung. Tatsache ist, dass ich János Erdélyi mochte, weil er ein unbestechlicher, ehrlicher Ungar war, ein guter Neuhegelianer, ein echter Europäer und Demokrat, ein seltener Vogel im literarischen und politischen Universum Ungarns. Außerdem war ich zu jener Zeit die Erste, die über ihn schrieb, und musste deshalb kaum Sekundärliteratur berücksichtigen.

Meine Unabhängigkeit habe ich immer sorgfältig bewahrt. Möglicherweise hielt ich mich von ästhetischen Themen fern, um nicht von György Lukács abhängig zu sein. Seine Schülerin zu werden, war das größte Glück meines Lebens. Ohne ihn wäre ich nie Philosophin geworden, sondern wäre bei meinem ursprünglichen Vorhaben geblieben, Chemie zu studieren. Ich mag gar nicht an diese Möglichkeit denken, ich fürchte mich auch im Rückblick noch, davon zu reden. Lukács hat mich grundlegend beeinflusst, besonders am Anfang, und ich hütete mich seither davor, zu seinem Schatten oder zur bloßen Anhängerin zu werden. Immer wollte ich meinen eigenen Weg gehen. Meine Instinkte drängten mich dazu.

Von 1948 bis 1953 war Ungarn streng stalinistisch regiert. Sich mit einer anderen Philosophie zu beschäftigen als dem sogenannten dialektischen und historischen Materialismus von Lenin und Stalin, war an sich schon Häresie. Obwohl er bekennender Marxist war, durfte Lukács Marx und Marxismus nicht unterrichten, sondern nur die Philosophie vor Marx. Dasselbe galt auch für seine Studenten. Das war mein zusätzliches Glück.

Mein erstes Buch war auch meine erste Dissertation (verteidigt 1955), es erschien auf Ungarisch unter dem schrecklichen Titel „Die ethischen Ansichten von Tschernyschewski". Die einzige Entschuldigung dafür ist der Untertitel: „Das Problem des rationalen Egoismus". Das Buch wurde zwischen 1952 und 1954 mit der Hand geschrieben (später habe ich es abgetippt).

Von jener Zeit bis etwa 1957 bot ich an der Universität für Wirtschaftswissenschaften Kurse an (sie wurde bald zur Karl Marx-Universität, heute Corvinus-Universität). Nach einem Disziplinarverfahren wurde ich 1958 entlassen, weil ich mich 1956 an der ungarischen Revolution beteiligt hatte. Im Frühjahr 1957 unterrichtete ich noch, auch an der Abteilung für Geisteswissenschaften. Ich lehrte Ethik und schrieb den Text meiner Dissertation für meine Studenten. Dieses Buch hatte später ein abenteuerliches Schicksal. Soweit ich weiß, sind die Vorlesungsnotizen bis auf meine persönliche Kopie verloren gegangen. Ich konnte sie erst zwölf Jahre nach ihrer Abfassung veröffentlichen. Um das ursprüngliche Manuskript zu rekonstruieren, muss ich mich auf das Buch stützen.

In meiner Hand halte ich drei „Gegenstände": die Vorlesungsnotizen zu meinem Kurs über Geschichte der Philosophie, mein Buch über Ethik, „Szándékról a következményig" [„Von der Absicht zu den Konsequenzen"], sowie mein Buch über die ethischen Ansichten eines russischen Demokraten des 19. Jahrhunderts, Nikolai Gawrilowitsch Tschernyschewski.

Die Vorlesungsnotizen zur Philosophiegeschichte erschienen 1958, aber die dort enthaltenen Kurse wurden in den Jahren 1954 und 1955 gehalten. Die Notizen stammen nicht von mir, sondern von meinen Studenten. (Die Vorlesungsnotizen für die Griechische Philosophie von Professor Fogarasi schrieb ich selbst als Studentin.) Manche Studenten hielten sogar das genaue Datum einzelner Vorlesungen fest (zum Beispiel: „Genosse Hellers Vorlesung vom 30. Oktober 1954"). Aus den Daten kann ich erkennen, dass ich die gesamte Philosophiegeschichte in einem einzigen Semester absolvierte – so etwas wie „Von Plato zur NATO".

Aber es waren Studenten, die mitschrieben, nicht ich selbst, und man weiß nicht, wie genau sie das taten. Immerhin kann ich auf der Grundlage dieser Aufzeichnungen mein „exoterisches" Denken leicht rekonstruieren. Ich nenne es „exoterisch", denn ich habe ganz offensichtlich meine Vorstellungen vereinfacht, um sie meinen Zuhörern anzupassen, die keine Philosophiestudenten waren. Die Notizen spiegeln außerdem mein Denken von 1954 (der Zeit der Vorlesungen) und nicht von 1958 (als sie publiziert wurden). Meine Bibliothekskarte zeugt allerdings davon, dass ich dieselben Vorlesungen während meines letzten Semesters 1957 anders gehalten haben muss. In den veröffentlichten Vorlesungsnotizen sind die Kapitel über mittelalterliche Philosophie am schlimmsten. Normalerweise beziehe ich mich nie auf Sekundärliteratur, doch hier wird deutlich, dass ich die Werke der Autoren damals nicht gelesen (ja nicht einmal durchgeblättert) hatte. In den Notizen ging ich beispielsweise von einer Beziehung Plotins zum Christentum aus. Fast alle auf meiner Bibliothekskarte von 1957 verzeichneten Werke sind jedoch von mittelalterlichen Philosophen, wie Augustin, Anselm (und auch Plotin). Es sieht so aus, als hätte ich damals gewusst, wovon ich sprach.

Ich bin immer noch der Ansicht, dass eine Vorlesung in Philosophiegeschichte den Fingerübungen eines Pianisten entspricht. Irgendwie gehört ihre Geschichte immer zur Philosophie dazu. Ein Physiker muss seine Tradition nicht kennen, möglicherweise gibt es sie für ihn gar nicht. Man kann ein exzellenter Historiker sein, ohne je Herodot gelesen zu haben, ohne eine Vorstellung davon, was Sueton über die Kaiser geschrieben hat – außer wenn man sich für eben diese interessiert. In der Philosophie gibt es kein „außer wenn". Kein Wunder, dass die Philosophen die große Erzählung erfunden haben, denn in der Philosophie hat es etwas Ähnliches immer gegeben, wenn auch nicht genau dasselbe.

In diesem Punkt ist die Philosophie nur mit der Religion vergleichbar. Von guten Juden und Christen kann man erwarten, dass sie ihre Bibel kennen, und gute Muslime kennen den Koran. Zweifellos betrachten Philosophen meist ihre Vorgänger als Autoritäten, doch manchmal ist es auch ihr wichtigstes Anliegen, diese zu überwinden. Wie dem auch immer sei, manches aus der Tradition muss verarbeitet werden. Es ist wahr, dass das Denken in der Philosophie dem Wissen vorausgeht. Die Kenntnis der Tradition ist auch eine Form von Wissen, allerdings nicht einfach Information, sondern eher Stoff für weiteres Denken.

Solche Fingerübungen sind wichtig, denn sie halten uns davon ab, Probleme zu entdecken, die bereits lange vor unserer Zeit entdeckt und breit diskutiert wurden. Das heißt nicht, dass man nicht über dieselben Probleme nachdenken darf, aber es muss Raum für neue Fragen entstehen.

Zu meiner Zeit lasen alle Philosophiestudenten Bücher zur Geschichte der Philosophie. Ich persönlich benutzte jene von Wilhelm Windelband und von Johann Eduard Erdmann, denn Ersterer war Kantianer und der zweite Hegelianer, so erhielt ich Einsicht in zwei ganz verschiedene Interpretationen. Noch in der Schule las ich eine ungarisch geschriebene Philosophiegeschichte, um meine sogenannte „Allgemeinbildung" zu vergrößern.

In dem Augenblick, als ich Studentin der Philosophie wurde, war ich überzeugt, dass ich alle Philosophen in ihren eigenen Worten lesen müsse, sogar in der ursprünglichen Sprache. Und das so bald wie möglich.

Innerhalb von vier Jahren, zwischen achtzehn und zweiundzwanzig, verschlang ich die sogenannten „Klassiker" der Philosophie. Nicht, weil ich musste, sondern vor allem, weil es Spaß machte. Ich erinnere mich noch gut, wie ich neben Pista saß (meinem ersten Ehemann), laut Hegels „Logik" las und jedes Wort und jeden Satz interpretierte, bis wir ihn verstanden (was mir nie gelang oder je gelingen wird). Nach der dritten „Kritik" kämpfte ich mit der ersten und der zweiten. In einem denkwürdigen Seminar bei Professor Fogarasi schlug ich mich mit der „Kritik der reinen Vernunft" herum. Über die „Kritik der praktischen Vernunft" hielt ich ein Seminar vor Studenten, die kaum jünger waren als ich selbst. Das Seminar war ein furchtbarer Fehlschlag, kein Student verstand auch nur ein Wort des Buches. Das lag aber nicht nur an mir oder an den Studenten. Die ungarische Übersetzung war so grauenhaft, dass auch ein vollkommener Geist die Bedeutung des Textes nicht verstanden hätte.

Es gab auch „einfache" Texte. Ich setze das Wort in Anführungszeichen, denn es gibt keine schlimmere Falle als einen philosophischen Text, der sich leicht liest. In meiner Jugend erschien mir zum Beispiel Hume „einfach", tatsächlich aber ist er derart schwierig, dass meine amerikanischen Studenten in einem Seminar über „Psyche" größere Schwierigkeiten hatten, ihn zu verstehen, als Aristoteles oder sogar Wittgenstein. Meine Jugendlieben waren Spinoza, Leibniz, Rousseau und natürlich Aristoteles und Hegel.

Zwischen achtzehn und sechsundzwanzig ist das Gehirn wunderbar aufnahmefähig! Es klingt vielleicht seltsam, aber ich kann mich auch heute noch an die Bücher erinnern, die ich in jenen Jahren gelesen habe, während mir die Bücher meiner Vierziger zum Teil völlig entschwunden sind. Manchmal habe ich sogar vergessen, dass ich sie überhaupt je gelesen habe. Es ist etwas Wahres an Lockes ziemlich exotischer Idee einer „Tabula rasa", der Wachstafel, auf die noch nichts geschrieben wurde. Zwischen achtzehn und sechsundzwanzig ähnelt unser Geist einer leeren Wachstafel, auf der jedes gelesene Buch Spuren hinterlässt, die während unseres gesamten Lebens nicht mehr verloren gehen. Das ist bestimmt kein ungetrübter Segen. Wir werden ein Buch immer so in Erinnerung behalten, wie wir es beim ersten Lesen verstanden haben. Doch sollten wir lernen, dasselbe Buch mit neuen Augen zu lesen, mit einem offenen Geist, und das ist keine allzu leichte Aufgabe.

Kehren wir zu meinen Vorlesungsnotizen zurück. Es ist deutlich, dass ich mich trotz des exoterischen Charakters meiner ersten Vorlesungen hauptsächlich auf meine eigene Lektüre der besprochenen Bücher stützte. Auch wenn es nicht immer passte: Manchmal entschlüpfte mir dabei auch Originelles.

Die Dynamik meiner Vorlesungen ist zur Gänze hegelianisch. Ich hatte keine Zweifel, dass das Werk von Heraklit der Höhepunkt des sogenannten vorsokratischen Denkens bildete, das Werk von Aristoteles den der antiken Philosophie und Hegel der modernen Philosophie (vor Marx natürlich!). Ich las Kant ausschließlich mit den Augen Hegels. Doch in meinen Vorlesungsnotizen von 1957 ist das schon nicht mehr so (wenn ich der Buchform vertrauen kann, die über ein Jahrzehnt später erschien). Da spielt bereits Kant die erste Geige. Das liegt vielleicht am Thema: Es wäre schwierig gewesen, Hegel den Ehrenplatz in der Moralphilosophie zu geben, auch wenn ich immer noch von seinem Vorrang in allen anderen Fragen überzeugt gewesen wäre.

Man darf auch nicht vergessen, dass die Notizen aus Vorlesungen von „Genossin Heller" stammten, die damals fünfundzwanzig Jahre alt und überzeugt war, eine marxistische Geschichtsphilosophie zu vermitteln. Was bedeutete „marxistische Geschichtsphilosophie" – zumindest in meinen Augen? Wenn ich einen neuen Philosophen vorstellte, machte ich es genauso wie Lukács: Der Analyse seiner Werke ging eine kurze Beschreibung von „Zeit und Gesellschaft" voraus, in der er lebte, sowie der sozialen „Klasse", der er angehörte. Viel später stieß ich auf Bertrand Russells „Philosophie des Abendlandes" und bemerkte erstaunt, dass er es als seine Erfindung betrachtete, wenn er die detaillierte Beschreibung der Gesellschaft, in der ein Philosoph lebte, der Darstellung seines Werkes voranstellte. Mir wurde klar, dass die Beschreibung des sozialen Hintergrunds nicht die *differentia specifica* marxistischer Philosophie war. Die Aufteilung philosophischer Schulen in „progressive" und „rückständige" bleibt dennoch ein marxistisches Vorurteil, und daher teilte ich die Protagonisten der sophistischen Bewegung in „progressive Sophisten" und „rückständige Sophisten".

Das zweite „marxistische" Merkmal meiner Vorlesung war, einen Philosophen als „dialektisch" oder „materialistisch" zu rühmen. Alle sogenannte Vorsokratiker wurde der einen oder anderen Gruppe zugeordnet. Meine einzige Entschuldigung für diese Trennung ist, dass diese Etikettierungen überhaupt keine Rolle mehr spielten, wenn es um die Darstellung ihrer Philosophien ging.

Heute betrachte ich als drittes „marxistisches" Merkmal der Vorlesungsnotizen, dass ich die Philosophiegeschichte als Geschichte fortschreitenden „menschlichen Denkens" verstand. Die Notizen bezeugen zum Beispiel, dass ich betonte, Sokrates' „Methode" sei ein „gigantischer Fortschritt in der Geschichte menschlichen Denkens".

Die vierte Spur des Marxismus – zumindest, was mein eigenes Denken betraf – sah ich schließlich darin, dass ich Philosophie als „Wissenschaft" darstellte und mich häufig auf „wissenschaftliche Entdeckungen" der Antike bezog, und das nicht nur in der Geometrie. Für Galileo hatte ich einen eigenen Teil meiner Vorlesungen reserviert, ebenso für Darwin im 19. Jahrhundert (Freud gab es in diesen Vorlesungen nicht).

Zu den Protagonisten meiner Universitätsvorlesungen von 1954/1955 kehrte ich später oft zurück, sowohl in meinen Schriften wie in Seminaren. Daher war ich keineswegs erstaunt, als ich beim Wiederlesen der Vorlesungsnotizen ihren ersten Auftritt fand. Ich wunderte mich nur über die Behandlung von Problemen, zu denen ich später nie wieder zurückkehrte.

Die erste Überraschung betrifft mein Interesse an logischen Rätseln. In den Vorlesungen sprach ich detailliert über die berühmten Paradoxien Zenons und auch die Kritik daran von Aristoteles. Zusätzlich beschäftigte mich die Analyse der „Ersten Analytik". Anders als die drei logischen Prinzipien des Denkens aus der „Metaphysik", die mich später interessierten, kehrte ich nie mehr zu den logischen Schriften des Stagiriten [Aristoteles] zurück. Mein frühes Interesse für logische Probleme verdanke ich möglicherweise meiner mathematischen Bildung. Ich erinnere mich noch gut an den Schrecken, als ich herausfand, dass ich in der Philosophie nicht so denken konnte wie in der Mathematik, denn in der Philosophie geht es gar nicht um die Lösung von Problemen. Ich musste anders denken lernen. Offensichtlich genügten sechs Jahre jedoch nicht, um meine Denkgewohnheiten oder Interessen loszuwerden.

Die zweite Überraschung war die Behandlung der Philosophie der ungarischen Aufklärung. Ich war damals auch Studentin der ungarischen Literatur, das erklärt mein Interesse.

Aber die dritte Überraschung war die größte von allen, eigentlich waren es zwei. Es gibt ein Kapitel über Marx und Engels, in dem zwischen ihren Arbeiten vor und nach 1848 unterschieden wird. Ich bespreche ihre frühen Werke recht genau. Aber wie kam ein solches Kapitel überhaupt in meine Vorlesungsnotizen? Wie erwähnt gab es einen offiziellen Lehrstuhl für Marxismus-Leninismus an unserer Hochschule, und nur dort durfte Marx besprochen werden. Nach meinen Erinnerungen wurde dies 1956 anders, aber die Notizen zeigen, dass es sich bereits 1953 geändert hatte, als Imre Nagy Premierminister wurde und sich die Bewegung zu formen begann, die dann in die Revolution mündete. In den Vorlesungsnotizen werden die Pariser Manuskripte detailliert durchgenommen. Tatsächlich betonte ich, dass der junge Marx noch „Idealist" war, doch das hatte keine Bedeutung, denn es änderte nichts an der Analyse.

Ich kehrte später noch oft zu den Arbeiten des jungen Marx zurück, meine Überraschung bezog sich also ausschließlich auf ihr frühes Erscheinen. Was meine Darstellung von Engels betrifft, habe ich mich seither wesentlich tiefgreifender geändert.

Ich beschrieb die Werke Engels' ziemlich ausführlich, beginnend mit seinem unter Pseudonym veröffentlichten „Anti-Schelling", seinen beiden Streitschriften gegen Schelling, deren Existenz ich vergessen hatte. Engels zürnt angeblich Hegel dafür, dass er seinen eigenen Prinzipien nicht gefolgt sei. Ich lese dort mit nicht geringem Erstaunen, dass ich den späten Engels für einen bedeutenderen Philosophen hielt als den späten Marx. Ich besprach sogar die „Dialektik der Natur", ein Buch, das ich wenig später stümperhaft fand. Verstehen kann ich hingegen meine Liebe zum „Ursprung der Familie, des Privateigenthums und des Staats", einem Buch voller Verständnis für Frauen und Ablehnung der Ehe, geschrieben mit einem milden, aber unverblümten Anarchismus. Ich mochte an diesem ansonsten wenig erhellenden Buch den Geist von 1968.

Um einen Lieblingsausdruck von Lukács zu benutzen, „es war nicht zufällig", dass dieses Kapitel der Vorlesungsnotizen „Die Geburt des Dialektischen und des Historischen Materialismus" heißt. Bei Engels ist es gerechtfertigt, von „dialektischem Materialismus" zu sprechen. Dieses neugeborene Kind der Philosophie hatte auf meiner eigenen philosophischen Weltbühne nur ein sehr kurzes Leben. Es würde nach 1956 nie wieder auftreten.

Dem letzten Kapitel der Vorlesungsnotizen zufolge beschloss ich meine Philosophiegeschichte mit der Besprechung von revolutionären russischen Demokraten, zuerst und vor allem Tschernyschewski. Da ich zu jener Zeit an meiner Dissertation über sein Werk schrieb, war es nur natürlich, dass ich es auch in meine Vorlesung einbezog.

*****

Über das Buch, das aus meiner Dissertation entstand, muss ich noch mehr sagen. Das Buch hat auch seine eigene Geschichte, oder besser, zwei Geschichten. Die erste beginnt damit, dass ich Lukács sagte, ich wolle meine Dissertation über Ethik schreiben. Er war zunächst erstaunt, denn er hatte mich auserkoren, über Ästhetik zu schreiben. Bald aber akzeptierte er meine Entscheidung unter der Bedingung, dass ich über Lenins Ethik schriebe. „Aber, Genosse Lukács", protestierte ich, „Sie müssen verstehen, dass ich für diese Aufgabe nicht gut vorbereitet bin." Eines von Lenins Büchern heißt „Was tun?" – er hatte sich den Titel von einem gleichnamigen Roman Tschernyschewskis ausgeborgt. Deshalb schlug ich vor, zunächst über dessen Ethik zu schreiben, bevor ich über Lenins Ethik schrieb. Er stimmte schließlich zu.

Die Gründe für meine Wahl waren einfach. Wir lebten in der Zeit des schlimmsten Stalinismus. Über einen vormarxistischen Russen zu arbeiten, war an sich schon keine Empfehlung, doch Tschernyschewski wurde als „Vorläufer" angesehen, und deshalb kam er infrage, auch wenn er ein problematischer Vorläufer der „Wahrheit" war. Meine Entscheidung war allerdings auch politisch, denn ich würde dadurch etwas ansprechen können, was ich niemals hätte direkt sagen können.

Ich habe erwähnt, dass Imre Nagy im Juni 1953 Premierminister Ungarns wurde. Seine erste Rede wurde zur Offenbarung für jene, die wie ich das Terrorregime hassten, doch glaubten, Kommunismus sei eine gute Sache, die nur entstellt worden sei. Während des streng stalinistischen Regimes von Mátyás Rákosi mussten wir ihm nachplappern, dass „man nicht das Huhn schlachten darf, das goldene Eier legt", dass sich unsere Generation für die Zukunft opfern müsse. Fünf Jahre lang war dies das zentrale Prinzip kommunistischer Ethik. Und dann kam ein anderer Kommunist und behauptete das Gegenteil. Nagy sprach von der Bedeutung persönlicher Interessen, der Notwendigkeit, beim Streben nach dem allgemeinen auch unser persönliches Wohl zu suchen. Über Tschernyschewski sagte er etwas Ähnliches.

Zusätzlich waren sehr persönliche Interessen im Spiel, als ich beschloss, meine erste Dissertation über Tschernyschewski zu schreiben. Ich mochte den Roman „Was tun?" wegen seiner utopischen Liebesgeschichten und seines leichten Anarchismus.

Die Art von Ethik des Romans „Was tun?" entsprach zu jener Zeit meinem ethischen Geschmack. Meine Vorlesungsnotizen aus jener Zeit lassen erkennen, dass ich kantianische Ethik nicht nur wegen ihres sogenannten Formalismus ablehnte, sondern auch wegen ihrer Betonung der Pflicht. Meine Ansicht über Pflicht im Allgemeinen war sehr negativ. In meiner Dissertation bezog ich mich häufig auf einen Roman von Anatole France, „Die rote Lilie", eine hocherotische Liebesgeschichte, die in Florenz spielt. Die weibliche Hauptfigur vergleicht darin die Pflicht mit einem Igel, den sie stundenlang sucht, ohne ihn zu finden. Meine Sympathie gehörte dem Epikureismus.

Ich verlor sie nie. In meinem Buch „Der Mensch der Renaissance" schreibe ich mit gleichermaßen großer Sympathie über die praktische

Verschmelzung von Stoizismus und Epikureismus. Sogar „The Power of Shame" [„Die Macht der Scham"], geschrieben nach der Emigration nach Australien, beendete ich mit einer Erörterung stoischer und epikureischer Lebensführung in der Moderne. In dieser späteren Zeit hatte ich bereits begonnen, Kants Moralphilosophie für den Höhepunkt moderner Moralphilosophie zu halten, was ich heute noch tue. Doch als ich am Buch über Tschernyschewski arbeitete, hatte ich noch größeres Vertrauen in die guten moralischen Instinkte anständiger Menschen, die wussten, wie man das Leben genießt, zumindest im Bezug auf praktisches Leben und Verhalten.

Der Unterschied – oder eigentlich Abgrund – zwischen meinem philosophischen Geschmack und meinem persönlichen begleitet mich bis heute. In meinem jüngsten Buch über Ethik, „An Ethics of Personality" [„Eine Ethik der Persönlichkeit"], habe ich zwei philosophische Positionen dargestellt, jene von Kant und jene Nietzsches – in Gestalt von zwei jungen Männern, die über Philosophie diskutierten. Eine dritte Person, eine junge Frau, nahm eine dritte Position ein, jene von Kierkegaard. Die dritte Stimme ist insofern meine, als sie es ermöglicht, die Philosophie der beiden jungen Männer kompromisslos zu übernehmen. Auf diese Weise kehrte ich zur Stimme meiner Jugend zurück, als einer Stimme unter vielen. Ich werde später noch über dieses Buch sprechen. Kehren wir nun zu meinem Buch über Tschernyschewski zurück.

Wie erwähnt hatte dieses Buch unter anderem den politischen Zweck, Imre Nagys Betonung der Berechtigung von privaten Interessen zu unterstützen – gegen das ausschließliche Streben nach dem Wohlergehen zukünftiger Generationen. Dies erwies sich als eine sehr schlechte Entscheidung. Ich musste lernen – und ich lernte auch –, dass man Philosophie nicht in den Dienst einer politischen Sache stellen soll und kann, auch wenn es eine gute oder nützliche Sache ist. Die Sache wechselt, Philosophie, die ihren Namen verdient, bleibt, und schlechte Philosophien verschwinden mit der Sache, der sie gedient haben. Ein zweitklassiger Pragmatismus wird das Verständnis des Lesers für die verborgene Botschaft nicht verbessern. Wenn man von einer Sache spricht, muss das offen geschehen, nicht hinter einer Maske. Natürlich war es zu jener Zeit nicht möglich, offen zu sprechen. Doch unter unmöglichen Umständen ist es besser, zu schweigen.

Während ich es vermied, eine Dissertation über Lenins Ethik zu schreiben, schrieb ich eine schlechte über Tschernyschewskis Ethik. Als Zugeständnis an Lukács betonte ich im Vorwort, dass ich diese als Vorbereitung für ein Buch über Lenins Ethik betrachtete.

Über Lenins Ethik zu schreiben, gehört zu den Versprechen, die ich nie gehalten habe. Ich umging meine Zusage, ohne mich von ihr abzuwenden. Statt über Lenins Ethik zu schreiben, wandte ich mich der Ethik der Philosophen der Zweiten Internationale zu, wie Kautsky, Bernstein, Bauer und anderen. Ich verfasste ein kleines Büchlein mit einem längeren Essay über sie in Visegrád. Ich habe keine Ahnung, was aus diesem „Werk" geworden ist. Sehr wahrscheinlich wurde es nicht veröffentlicht, denn die Revolution brachte alles zum Stillstand, auch das Publizieren. Ich erinnere mich jedoch, dass ich am meisten mit Bauer sympathisierte und dass Gyuri Márkus dieses Büchlein unter allen meinen Werken besonders schätzte. Mit ihm begann ein oder zwei Jahre später die längste unter meinen engen Freundschaften.

Einige wenige Dinge, die in diesem Büchlein enthalten gewesen sein könnten, kann ich aus meinem Text „Szándékról a következményig" [„Von der Absicht zu den Konsequenzen"] anhand der ausführlichen Behandlung der Trotzki-Kautsky-Debatte rekonstruieren. Das letzte Kapitel des Büchleins wurde zudem in einer Sammlung meiner Aufsätze publiziert. Dieses Kapitel handelt von dem berühmten Buch „Die Götter dürsten" von Anatole France. Es erzählt die Geschichte der jakobinischen Entgleisung der Französischen Revolution. Erst später habe ich erfahren, dass France ursprünglich ein glühender Befürworter des bolschewistischen Russland gewesen war, der später enttäuscht wurde, und dass sein Buch eine der Früchte dieser Enttäuschung war.

Nach wie vor vermied ich die Aufgabe, die Lukács mir gestellt hatte. Stattdessen hegte ich seit Dezember 1956 den Plan, eine eigene allgemeine Ethik zu verfassen. Ich beschrieb das Vorhaben als Abriss in einem Brief an Lukács, der damals in Rumänien war – er war zusammen mit allen Mitgliedern der Revolutionsregierung und anderen, die in der jugoslawischen Botschaft vergeblich um Asyl angesucht hatten, deportiert worden. Ich hatte diese Korrespondenz über die rumänische Botschaft begonnen, um herauszufinden, ob es Lukács gut ging und ob er überhaupt noch am Leben war. Ich erhielt Antworten. Die Korrespondenz gibt es noch, sie wird im Lukács-Archiv in Budapest aufbewahrt. Lukács antwortete in einem Brief, ich solle der größten Aufgabe unserer Zeit nicht aus dem Weg gehen: über Lenins Ethik zu schreiben. Doch genau das tat ich. Nachdem ich meine eigene allgemeine Ethik fertiggestellt hatte, zumindest in der ersten Fassung, begann ich sofort mit der Arbeit an der Ethik des Aristoteles und seiner Theorie der Mitte. Damals gab Lukács mich auf, was das betraf – er hat nie wieder irgendeine meiner Entscheidungen beanstandet.

Dass ich das Lenin-Buch sabotierte, hatte nichts mit direkter Ablehnung Lenins zu tun. Ohne darüber nachzudenken, hatte ich vielmehr Lukács' hohe Meinung von ihm übernommen. Später, als ich in Heideggers „Sein und Zeit" las, dass ein authentischer Mensch sich seinen eigenen Helden sucht, musste ich an Lukács denken. Er hatte sich einen Lenin zum Helden erkoren, den es nie gegeben hatte.

Dass ich das Lenin-Buch sabotierte, hatte auch nichts mit meiner heutigen Sicht auf Lenin als ein Genie der Bösen zu tun, der die erste totalitäre Partei schuf, das Vorbild für alle folgenden. Wie gesagt, ich hatte damals Lukács' Meinung übernommen, ohne nachzudenken. Eines wusste ich jedoch: Lenin hatte keine Ethik.

Ich schrieb mein erstes Buch in der Überzeugung, dass man, bevor man über etwas schrieb, herausfinden müsse, ob es überhaupt existiert, und wenn ja, in welcher Form.

Zwar fand ich mein Buch über Tschernyschewski schlecht und verwarf es sehr bald nach der Veröffentlichung, weil es meiner Persönlichkeit fremd war, doch habe ich darin zwei Kardinalfragen beantwortet, die ich mein ganzes intellektuelles Leben lang stellen würde. Ich würde auch ähnliche, wenn nicht sogar dieselben Antworten geben. Die beiden

Fragen waren: „Was ist Ethik?" und „Was bedeutet Ethik als Zweig der Philosophie?"

Ich erinnere mich noch, dass ich stundenlang auf der Margareteninsel herumlief und versuchte herauszufinden, was Ethik für mich bedeutete. Wie erwähnt betrachtete ich damals die Geburtshilfe-Methode des Sokrates als „gigantischen Fortschritt in der Geschichte menschlichen Denkens". Daher war es meine Pflicht, meine Auffassung von „Ethik" zu bestimmen. Ich hatte nicht vor, als ersten Schritt in diese unbekannte Welt zu erklären, welche Handlung oder Einstellung ich gut und welche ich böse oder schlecht nennen würde, sondern eher die „Was ist?"-Frage zu beantworten. Ich suchte nicht nach einer Definition, sondern nach einer Bestimmung im hegelschen Sinn, nach einer Eingrenzung des Territoriums, das ich erkunden wollte.

Ich kann hier eine gewisse Kontinuität meiner philosophischen Persönlichkeit erkennen, die ich eine Zeitlang bewahrte. „Was ist Alltagsleben?", „Was sind Bedürfnisse?", „Was bedeutet ‚fühlen'?", „Was ist Philosophie?" Bis etwa in jene Zeit, als ich Ungarn verließ und nach Australien auswanderte (1977), also in allen meinen frühen Büchern musste ich zuallererst die „Was ist?"-Frage beantworten, bevor ich fortfahren konnte. Meine von Sokrates inspirierte Methodologie der Begriffsbestimmung wurde damals immer hegelianischer. Zuerst legte ich die „abstrakte universale" Auffassung dar, um sie in den folgenden Kapiteln als mehr und mehr „konkrete universale" Auffassung zu bestimmen.

Erst in meinem Buch „A Theory of History" [„Eine Theorie der Geschichte"] und danach in allen meinen folgenden Büchern über Ethik ließ ich davon ab. Wie immer auch meine in Australien entstandene „General Ethics" [„Allgemeine Ethik"] dem Buch über Ethik ähneln mögen, das ich in meinen Lehrjahren schrieb, der Ansatz zu dem Problem hatte sich wesentlich geändert. Statt dem hegelianischen Erbe zu folgen, versuchte ich eher, in die Fußstapfen Kants zu treten, wenn auch mit Vorbehalt. Die umgewandelte Frage der Transzendentalphilosophie – „Es gibt gute Menschen, wie sind sie möglich?" – gewann die Oberhand über die „Was ist?"-Frage, und dabei geht es nicht nur um die Methode.

Ich fragte auch nicht „Was ist Geschichte?", denn damals war mir bereits klar, dass man solche Fragen nicht beantworten kann. Es gibt von mir nur noch eine sehr späte Studie mit dem Titel „What is Modernity?" [„Was ist Moderne?"]. Doch das dazugehörige Buch habe ich viel später geschrieben und darin unter diesem rhetorischen Titel die Essenz des Buches zusammengefasst.

Um wieder zu meinen Lehrjahren zurückzukehren: In meinem Buch über Tschernyschewski stellte ich die Frage, was Ethik sei, bereits im Vorwort, um sie sofort zu beantworten: „Die Theorie der Nützlichkeit behandelt die Frage nach dem Verhältnis der einzelnen Person zur Gesellschaft als solcher. Und dies ist die zentrale Frage philosophischer Ethik, denn Ethik ist nichts anderes als das Verhältnis zwischen dem Inhalt einer einzelnen Handlung (dem Handelnden) und dem sozialen Inhalt dieser Handlung ... Das Verhalten, der Charakter, die Entscheidung eines einzelnen Handelnden ist bedingt durch ihr Verhältnis zur Klasse und zu den Gesetzen der Gesellschaft im Allgemeinen. Philosophische Ethik ist das Wissen über dieses Verhältnis ... Jede ethische Handlung beginnt in den Individuen, in ihren sozialen Erfahrungen, Überlegungen, Absichten, also in ihren subjektiven Motiven. Die Praxis ist die Vermittlung."

Wenn man das liest, kann man verstehen, dass die Ethik Lenins für mich etwas war, das nicht existierte.

Deshalb frage ich mich auch nicht, warum ich nie ein Buch über ein Thema geschrieben habe, das ich als nicht existent betrachtete, sondern warum ich es trotzdem versprach und mein Versprechen umging, statt einfach und endgültig „nein" zu sagen.

Was ich hier beschreibe, ist eine meiner Lebensstrategien, und zwar nicht nur in der Philosophie. Später habe ich sie folgendermaßen verdeutlicht: „Ich kann nicht alles gleichzeitig infrage stellen." Wenn wir Fragen über bestimmte Gedanken stellen, über bereits angenommene Beziehungen, ob in der Philosophie oder im privaten Leben, müssen wir alternative Antworten finden. Stellen wir jedoch alles zugleich infrage, bleibt nichts, worauf wir uns stützen können, um neue Antworten, neue Gedanken, neue Lösungen oder gar neue Wege zu finden und anzubieten.

Was wir nicht infrage stellen, nehmen wir nur einstweilen an. Haben wir einmal einen neuen Weg im Gelände früherer Zweifel gefunden, können wir zufrieden zu unseren vorläufigen, zeitbedingten „Wahrheiten" zurückkehren und sie auflösen.

Genauso ging ich vor, als ich den „Marxismus" hinter mir ließ. Ich duldete kein Vakuum, zumindest nicht in mir selbst. Das Schiff von Theseus bleibt das Schiff von Theseus, auch wenn alle seine Teile durch neue ersetzt worden sind. Man kann sie nicht alle auf einmal ersetzen, dann würde das Schiff sinken. Diese Maxime hatte ich in meinen Lehrjahren noch nicht formuliert, trotzdem folgte ich ihr.

Warum ist mein erstes Buch schlecht, wo es doch Akzeptables enthält? Die Sprache ist primitiv. Nicht deshalb, weil es selbstbewusst bestreitet, eine „marxistische" Ethik zu sein, und behauptet, nur eine Vorbereitung für die eigentliche Aufgabe zu sein, sondern durch die Art, wie seine Mission dargestellt wird. Unter anderem übernimmt es völlig kritiklos den Begriff der „Klassenethik", obwohl er nichts zur Erhellung von Tschernyschewskis Text beiträgt und ein ziemliches Durcheinander verursacht.

Ich bestehe nicht darauf, dass alle Analysen im Buch schlicht falsch sind. Es enthält interessante Stellen, wie etwa die Antwort auf die Fragen von Kant und Hegel, ob ein Volk gegen seinen Willen beglückt werden kann. Meine Antwort war vorhersehbar. In diesem Buch konfrontierte ich mich auch mit der Frage nach den Bedürfnissen. Von Tschernyschewski übernahm ich die Unterscheidung zwischen realen und „fantastischen" Bedürfnissen (die ich später radikal ablehnen würde), aber ich interpretierte sie auf seltsame Weise: „Fantastisch sind Bedürfnisse, die in der aktuellen oder potenziellen Gegenwart nicht befriedigt werden können, außerdem jene, deren Befriedigung nicht Quelle neuer Bedürfnisse ist, sondern in einem Hangover endet." Wie seltsam ist das Schicksal einer Idee! Die Art von Ideen, die ich hier als „fantastisch" schmähte, würde später als „radikale Bedürfnisse" einen Ehrenplatz erhalten. Doch muss ich zugeben, dass ich heute nicht so weit entfernt bin von meinem fünfundzwanzigjährigen Selbst wie noch vor vierzig Jahren.

Sogar die grundlegende Konzeption des Buches – von der Fusion des ethischen Rationalismus auf der einen Seite mit dem Utilitarismus auf der anderen zum sogenannten „rationalen Egoismus" – war gar nicht schlecht. Und noch besser war, dass ich mich bei der Interpretation von Autoren und ihren Ideen ausschließlich auf meine eigene Lektüre verließ.

Der Begriff des „rationalen Egoismus" macht als Begriff durchaus Sinn, doch ihn zur Grundlage moderner Ethik zu machen, war ein sehr schlechtes philosophisches Gambit. Dadurch wurde es unmöglich, genau zu verstehen, was er eigentlich erklären sollte: den moralischen Gehalt im Verhältnis des Individuums zu seiner Welt. Später erkannte ich, dass dies auch der schwache Punkt im Falle rein formaler Ethik der Persönlichkeit ist. Nur spirituelle und moralische Aristokraten können diese Gewässer sicher befahren.

In meinen Vorlesungsnotizen über Ethik aus meinem Seminar vom Frühjahr 1957 versuchte ich bereits, diesen Mangel zu beseitigen. Doch da war die Revolution schon vorbei, und ich war sechsundzwanzig und siebenundzwanzig Jahre alt.

Es gibt nur noch ein Zeugnis meiner bald verlorenen Vorlesungsnotizen über Ethik, allerdings ein wenig verlässliches. Es war 1959 oder vielleicht ein Jahr später, als zwei frühere Kollegen, Mária Makkai und Tamás Földvári, im damaligen philosophischen Magazin „Magyar Filozófiai Szemle" einen bösartigen Text veröffentlichten. Darin rissen sie meine Vorlesungsnotizen kritisch in Stücke und bewiesen, dass meine Vorlesungen gänzlich antimarxistisch wären und ich schlimmer als Kolakowski sei. Ersteres war in meinen Augen eine Lüge, Letzteres höchstes Lob. (Kürzlich erhielt ich aus den USA eine englische Übersetzung, die möglicherweise für ein Dossier der CIA angefertigt wurde.)

Schließlich wurde ich mit den Spuren meiner heillosen Sturheit jener Jahre in Form eines Berichts konfrontiert, der aus dem Büro der damaligen Staatspolizei stammte (AVH – Behörde für Staatsschutz) und kürzlich aus den Archiven auftauchte. Es war der sehr lange und detaillierte Bericht eines Informanten. Ich verstehe nicht, womit ich eine derart hohe Aufmerksamkeit seitens der politischen Polizei verdient hatte.

Wie erwähnt wurden meine Vorlesungsnotizen von 1957 zwölf Jahre
später überarbeitet und 1970 veröffentlicht – damals schrieb ich auch die
Einleitung. Das geschah nach meinem Buch über Aristoteles, das 1958/59
entstand und 1966 erschien, und sogar später als meine Aufsatzsammlung mit dem Titel „Érték és törénelem" [„Wert und Geschichte"], die
1969 veröffentlicht wurde. Sie enthielt Texte aus verschiedenen Zeiten,
einer der frühesten war eine längere Studie zu Rousseaus „Neue Heloise"
von 1958.

Ich erinnere mich selten an die Entstehungsdaten meiner Studien, diese
und mein Vorwort zu Thomas Manns Erzählung „Das Gesetz" bilden da
die Ausnahme. Eine Zeitlang hatten alle meine Schriften Publikations-
verbot, nur gelegentlich durfte ich ein Vorwort schreiben, wie eben das
zu Thomas Mann. Die erste philosophische Arbeit, die ich veröffentlichen durfte (mit Erlaubnis der Partei natürlich), war die erwähnte Studie
über Rousseaus Roman. Als meine Bücher über allgemeine Ethik, über
Aristoteles sowie „Wert und Geschichte" in die Buchläden kamen, lagen
die schlimmsten Jahre meines philosophischen Lebens (die, obwohl kurz,
mich für immer geprägt haben) hinter mir, und ebenso meine Lehrjahre.

Im Vorwort zu meinem Buch „Szándékról a következményig" [„Von
der Absicht zu den Konsequenzen"] erklärte ich, es sei im Wesentlichen
mit meinen Vorlesungsnotizen von 1957 identisch. Ich fügte hinzu, ich
hätte den allzu langen Text gekürzt, obwohl ich meinen ziemlich undiszi-
plinierten Vorlesungsstil beibehalten hatte. Ich bat die Leser, von mir keine
marxistische Ethik zu erwarten, meine Ziele seien wesentlich bescheidener.
(Lukács wollte damals eine marxistische Ethik schreiben.) Ich machte die
Leser auf die hegelianische Komposition des Werkes aufmerksam. Tatsächlich werden die Ideen zur „Ethik" im Buch in traditionell hegelianischer Weise entwickelt. Es beginnt mit abstrakten universalen Begriffen,
die Schritt für Schritt, Kapitel für Kapitel, konkretisiert werden. Später
würde auch meine „Allgemeine Ethik" dem Schema von Hegels Logik folgen, auch wenn sie einen ganz anderen Ansatz verfolgte.

Mir war klar, warum ich den Text meiner alten Vorlesungen nicht wesentlich ändern wollte. Ich wusste, dass ich dann ein anderes Buch über Ethik würde schreiben müssen, und dessen Zeit war noch nicht gekommen. Stattdessen bekannte ich, wie, warum und in welche Richtung sich mein aktuelles Denken 1969 von meinem Denken 1957 unterschied. Ich kritisierte meine Vorlesungsnotizen, weil sie das Thema „Entfremdung" ausgelassen hatten (nicht vergessen, ich spreche von Zeiten einer aufkommenden neuen Linken), für das Fehlen einer Theorie der „Objektivierung" und für das Fehlen des Begriffs des „Gattungswesens" (ich hatte damals mein Buch über das „Alltagsleben" abgeschlossen). Ich verwarf auch meine alten Verweise auf das „ewig Menschliche". Ich hielt fest, dass die Vorlesungsnotizen eine Ontologie benötigen würden, eine aktuelle Anthropologie, und dass ihre Antwort auf das Problem des Interesses alles andere als zufriedenstellend war. Ich lehnte die allzu starke Betonung der Kollision von Faschismus und Liberalismus ab (wer weiß, warum) und auch, dass ich eine Kritik raffinierter Manipulation vernachlässigt hatte (ich stand bereits unter dem Einfluss der Kulturkritik). Ich äußerte mich kritisch zu meiner negativen Auffassung der rechtlichen Sphäre, und ich hatte recht. (Wenn man im Sinne einer Utopie denkt, in der ethische Regeln gesetzliche Regulierungen ersetzen, kann man eine solche Vereinfachung nicht vermeiden.) Schließlich kritisierte ich noch, dass ich Religion nur als Ideologie besprochen hatte, ohne ihre Funktion als organisierende Kraft des Alltagslebens zu erwähnen. (In jenen Tagen war ich, um Weber zu zitieren, religiös absolut unmusikalisch.) Ich tadelte mich auch dafür, Glück als ethische Kategorie diskutiert zu haben. In dieser Bemerkung kann man bereits die Stimme Kants erkennen. „Wenn man über wichtige Themen spricht", so schrieb ich, „nimmt Kant zweifellos den ersten Platz ein." In diesem Buch begann ich, Kant als den „radikalsten und theoretisch fortgeschrittensten Denker moderner Ethik" anzusehen, wobei ich den Verdacht habe, dass dieser Satz eher mein Denken von 1969 als das von 1957 widerspiegelt. Doch das ist nur eine Vermutung, wissen kann ich das nicht, weil ich meine Vorlesungsnotizen nicht mehr habe.

Aber kehren wir zurück zum Text des Buches. Er ist einfach zu lang. Er enthält zu viele Beispiele, meistens völlig unnötige. Heute betrachte ich, wie auch schon gestern, die Anhäufung von Beispielen als Zeichen von Primitivität. Seit den späten 1960ern versuche ich sie zu vermeiden, aber auch danach hätte ich konzentriertere und kürzere Bücher schreiben sollen. Erst nach der Emigration lernte ich, dichter zu schreiben.

In den ersten drei Teilen meines frühen Buches zur Ethik erörterte ich im Wesentlichen dieselben Themen wie in meiner späteren „Allgemeinen Ethik". Der Grund liegt auf der Hand. In diesen ersten Abschnitten werden die traditionellen Fragen der Philosophiegeschichte besprochen, solche, die man schon seit Platon und Aristoteles nicht übergehen kann. Was mich heute interessiert, sind jedoch nicht die Fragen, sondern die Antworten, die ich damals darauf hatte, und zuerst und vor allem die häufigen Bezüge zu meinen Zeitgenossen.

Ich eröffnete mit den „natürlichen Voraussetzungen der Ethik" („Die Tugenden entstehen in uns weder von Natur noch gegen die Natur", meint Aristoteles) und das gab mir Gelegenheit, die Theorie der angeborenen Instinkte zu verwerfen. Ich betonte, wir seien mit Trieben geboren, aber nicht mit Instinkten. (In meinem Buch „Über Instinkte" würde ich später zu dieser Frage zurückkehren.) Ich erörterte moralische Autonomie und nannte sie „relative Autonomie", unterschied also nicht zwischen den Kant'schen empirischen und transzendentalen Bereichen, ohne weiter darüber nachzudenken. In der Kardinalfrage über die Beziehung zwischen Wissen und Moral überging ich Kant erneut und hielt mich an Hegel. Zudem wiederholte ich seltsame Dummheiten wie „Freiheit als anerkannte Notwendigkeit", versuchte allerdings sogleich, entstandenen Schaden zu begrenzen, indem ich zwischen mehreren heterogenen Ketten von Notwendigkeit unterschied. (Diese Theorie war auch Thema meines Beitrags zur denkwürdigen Konferenz über Freiheit im März 1956 in Berlin.)

Danach wandte ich mich traditionellen Fragen über Verantwortung, moralische Normen, das Verhältnis von Sollen und Sein, das Dilemma der Absicht einer Handlung und ihrer Folgen, die Zweck-Mittel-Verhältnisse, moralische Gewohnheiten und über Charakter zu. Es folgte eine Erörterung von Gut und Böse, Tugend und Laster, moralischen Werten und moralischem Urteil. In all diesen Fragen beruft sich das Buch auf einen „guten moralischen Sinn", doch das war weder elegant noch eine wirklich philosophische Position. Es war noch primitiv.

Nach der Behandlung der traditionellen Probleme der Moralphilosophie beginnt der vierte Teil des Buches mit der Analyse von Fragen, die in einer allgemeinen Ethik nichts verloren haben. Heutzutage diskutiert man solche Themen unter der Überschrift „Angewandte Ethik". Doch das ist für die Geschichte meiner Philosophie von untergeordneter Bedeutung. Recht interessant finde ich, dass nichts, was im vierten Teil erörtert wird, jemals wieder auftaucht – obwohl mehrere Probleme (und auch Lösungen), die im ersten Teil des Buches auf der Grundlage des gesunden Menschenverstandes besprochen werden, nicht aus meinen späteren ethischen Schriften verschwunden sind (sie sind allerdings in abgewandelter Form bewahrt). Der Grund war nicht nur, dass mein Zugang zu Religion und Gesetz (wie in der Einleitung erwähnt) populärwissenschaftlich war, sondern auch, dass die Kapitel über Ethik in Wirtschaft und Politik zur Gänze auf meinem osteuropäischen Erfahrungshorizont beruhten sowie auf ein paar zufällig ausgewählten Büchern mit Informationen aus einer anderen Welt, die ich nie erfahren hatte. (Vor den 1960er-Jahren erreichten uns nur sehr wenige Bücher aus „dem Westen".) Ich kam auf diese Fragen in keinem meiner Bücher mehr zurück, allerdings erörterte ich einige von ihnen in mehreren Studien, über die ich später noch sprechen werde.

Ich sollte noch erwähnen, dass ich im fünften Teil des Buches zur Position des gesunden Menschenverstandes zurückkehrte. Dort erörterte ich tragische, komische und tragikomische Konflikte. Das Thema ist zwar in der Ethik wesentlich, dem Kapitel fehlt allerdings ein Rückgrat, vielleicht, weil ich des Buches bereits überdrüssig war und mich etwas Neuem zuwenden wollte. Das passiert mir ziemlich oft.

Bevor ich mich dem letzten Buch meiner Lehrjahre zuwende, muss ich mich für das Vorangegangene entschuldigen. Vorlesungsnotizen sind immer geschwätzig.

Mein nächstes Werk, „Az aristoteldszi etika és az antik éthosz" [„Aristotelische Ethik und das Ethos der Antike"], schrieb ich als Buch. Ich trug nicht vor, sondern ich schrieb, und zwar zwischen 1958 und 1959, in Jahren der Hoffnungslosigkeit, in einer Art Depression. Weder ich noch irgendeiner meiner Freunde konnte damals ein Ende des dunklen Tunnels erkennen. Ich schrieb das Buch als eine Art Medizin gegen die Depression. Es erwies sich als perfekte Therapie.

Das Buch wurde sieben Jahre später, 1966, veröffentlicht. Zur Zeit der Abfassung war ich überzeugt, für die Schublade zu schreiben, nicht für die Öffentlichkeit. Das war vielleicht mein Glück, oder wenigstens das des Buches, denn das enthob mich der Verpflichtung, auf irgendetwas anderes Rücksicht zu nehmen als auf das „Ethos der Antike". Wichtig war nur, was für mein Denken wichtig blieb. Ich war nicht mehr genötigt, heimlich auf ein politisches Problem hinzuweisen oder Ratlose aufzuklären. Wie so oft in meinem Leben erwies sich mein Unglück schließlich als Glück, oder, wie Churchill zu sagen pflegte, als „verkleideter Segen". Mit diesem Buch wurde ich erwachsen, es stand am Ende meiner Lehrjahre.

Meine Lage war seltsam. Als ich mich in dieses Buch vertiefte, war ich ein ein sogenannter „Niemand". Ich war eine junge Frau, die ihren Universitätsjob aus politischen Gründen in einem hässlichen Disziplinarverfahren verloren hatte und aus der Partei ausgeschlossen worden war. Ich war Oberschullehrerin, die froh sein konnte, überhaupt einen Lehrberuf ausüben zu können, die aber niemals ein Buch publizieren und niemals an einer Universität unterrichten würde. Menschen, die ich für Freunde gehalten hatte, wandten sich ab, wenn sie mich auf der Straße trafen, um mich nicht grüßen zu müssen. Ich finde das heute gar nicht so sonderbar, es war unter den gegebenen Umständen ziemlich normal. Sonderbar ist vielmehr, dass ich bei all dem nicht für eine Minute das Vertrauen in mich selbst verlor. Ich hatte das Gefühl: „Ich bin, wer ich bin." Ich würde alles erreichen, was meine Fähigkeiten erlaubten, nicht mehr und nicht weniger. Dieses Gefühl hatte mit meiner äußeren Lage nichts zu tun, auch später nie. Meine Erfolge und Auszeichnungen haben mich in dieser Beziehung ebenso wenig beeinflusst wie die Tatsache, dass ich in einem trockenen Brunnen saß wie Josef, mein Vorfahr. Ich habe mich nie gefragt, ob ich dies oder jenes tun könnte, dies oder jenes erreichen könnte (eine typische Frage des männlichen Geschlechts). Es war klar und keineswegs tautologisch, dass ich alles erreichen würde, was ich erreichen kann. Es ist schon richtig, dass mich manchmal Angst überkam, wenn ich ein neues Buch oder auch einen Aufsatz zu schreiben begann, und ich nicht weitermachen konnte. Doch die Angst dauerte nur bis Seite acht oder vielleicht auch nur bis Seite drei, wenn der erörterte Gegenstand mich mit sich forttrug und ich nicht nur meine Angst vergaß, sondern auch mich selbst. So ergeht es mir bis heute. Nur Routineaufgaben langweilen mich, auch die Korrektur meines Manuskripts.

Ein derartiges Selbstvertrauen ist zweifellos nicht ungefährlich. Jeder braucht einen Gutachter neben und über der Selbstzensur. Auch jemand, der für die Schublade schreibt, benötigt Leser. Man braucht immer jemanden, der einem sagen kann, wenn etwas aus dem Ruder läuft, wenn etwas falsch läuft oder etwas fehlt. Auch in dieser Beziehung hatte ich Glück. Lukács war mein Gutachter. Er war zwar kein Experte für Aristoteles, aber er hatte Sinn für Qualität. Und dieser Sinn war unbestechlich, außer wenn er durch Politik oder Weltanschauung verstellt war. Doch Aristoteles war kein ideologisch aufgeladenes Thema. Vielleicht hatte es mein *daimonion*, mein Schutzengel, meine Intuition deshalb für mich ausgesucht.

Gleich nach Lukács kamen meine kritischen Freunde. Ich hegte nie irgendeinen Groll gegen sie wegen harter Kritik und sogar offener Ablehnung. Ich wusste, dass ich das brauchte. Es war und ist wesentlich für meine Arbeit wie für mein Leben. Allerdings überging ich oft die Kritik und behielt mir das letzte Wort vor. Manchmal wäre es besser gewesen, mir die Kritik mehr zu Herzen zu nehmen, aber man kann nicht gegen den Strom der eigenen Überzeugungen und des eigenen Charakters schwimmen.

Mein Buch über Aristoteles liegt vor mir. Außer auf Ungarisch wurde es nur auf Spanisch publiziert. Niemand sollte fragen warum. Eine mögliche englische Ausgabe wurde von der sogenannten „Agentur zum Schutz von Autorenrechten" verhindert, einer ungarischen Zensurbehörde, die sich damit beschäftigte, fremdsprachige Ausgaben von Büchern zu verhindern, die nicht von der Partei direkt befürwortet wurden. Als ich fünfundzwanzig Jahre später in Australien war, beschloss ich endgültig, dieses Buch nicht auf Englisch herauszubringen.

Dieses Buch wurde nicht von derselben Person geschrieben, die fünf Jahre vorher ihre Vorlesungen zur Geschichte der Philosophie gehalten hatte. Weder der Abstand von fünf Jahren noch die Revolution von 1956, nicht einmal der Unterschied zwischen gesprochener und geschriebener Sprache können die Wandlung meiner philosophischen Persönlichkeit erklären. In diesem Buch ist nichts primitiv. Es war bereits ich, die schrieb.

Den Autor, dessen Feder mich führte, drängte ich nicht in den Hintergrund, sondern stellte ihn in die Auslage. Es war Werner Jaeger mit zweien seiner Bücher. Eines hieß „Paideia. Die Formung des griechischen Menschen", in dem es hauptsächlich um Platon ging. Das andere ist sein „Aristoteles. Grundlegung einer Geschichte seiner Entwicklung". Heute sind unsere Bibliotheken mit haufenweise neueren Arbeiten zu diesem Thema gefüllt, und trotzdem werden diese beiden „alten" Bücher weiterhin viel zitiert. Ich verließ mich allerdings nicht allein auf Jaeger. Ich verschlang auch die gesamte mir zugängliche Sekundärliteratur, eine Vorgehensweise, die ich einige Jahrzehnte später aufgab. Dennoch war Jaeger mein Vergil, der mich zwar nicht in die Hölle, aber doch in den Abgrund ferner Vergangenheit führte.

Abgesehen von meinen späteren Büchern über die Bibel bin ich nie wieder in eine so ferne Vergangenheit eingetaucht. Ich konnte Aristoteles' Texte in zweisprachigen Ausgaben lesen, meist in Verbindung mit Deutsch. Mein Griechisch verbesserte sich erst in Amerika etwas, immerhin so weit, dass ich ein Seminar über Aristoteles' „Metaphysik" halten konnte. Platon konnte ich nie im Original lesen, und mit den griechischen Dichtern und Tragöden habe ich es nicht einmal versucht. Eigentlich war es eine Frechheit von mir, ein Buch über einen antiken griechischen Autor zu verfassen. Aber ich war eben frech in meinen Zwanzigern. Über griechische Philosophie schrieb ich zum ersten und letzten Mal. (Diese

Zurückhaltung bezieht sich allerdings nur auf griechische Philosophie – auf anderen Gebieten habe ich nie aufgehört, frech zu sein. Zum Beispiel ist mein Hebräisch sogar noch schlechter als mein Griechisch, trotzdem schreibe ich immer noch Bücher über die Bibel.)

In meinem Buch über Aristoteles machte ich zunächst Schluss mit den sogenannten „Vorsokratikern", mit denen ich meine Vorlesungen über Philosophiegeschichte begonnen hatte. Diese Armen wussten ebenso wenig, dass sie Vorsokratiker waren, wie ein Embryo weiß, dass er vor der Geburt steht. Der junge Nietzsche spricht in seiner Philosophiegeschichte lieber von „vorplatonischen" Philosophen, was in seinem Verständnis durchaus sinnvoll ist. Vor Platon, sagt Nietzsche, stützten sich die Philosophen immer auf ein einziges Prinzip, das sie durch die gesamte Kette von Gedanken verfolgten, das gilt sogar noch für Sokrates. Erst Platon hat mehrere Prinzipien ausprobiert, zumindest in seinen Gedankenexperimenten, um herauszufinden, ob sie durchgehend funktionieren würden.

Während ich über Aristoteles schrieb, interessierte ich mich nicht für die „Vorsokratiker" als solche, sondern für verschiedene Arten zu denken, verschiedene philosophische Richtungen, die Aristoteles schließlich in einer eigenständigen Synthese vereinte. Ich begann das Buch mit einer Erörterung des Erbes von Attika, nicht mit Sokrates und Platon, sondern mit Solon. Ich band auch die Tragödiendichter ein, vor allem Euripides, der mein Liebling war (und immer noch ist). Dann folgte das ionische Erbe, wobei ich ebenfalls die zeitliche Folge umkehrte. Vor Sokrates und Platon kamen (in meiner Darstellung) nicht nur Demokrit und Diogenes, sondern auch (kurz präsentiert) ionische Mathematik und Medizin.

Doch bleiben wir einen Augenblick in Athen. Wie für jede Figur meiner Vorlesungen zur Philosophiegeschichte zeichnete ich immer noch einen sogenannten „historischen Hintergrund", doch blieb es jetzt zum Glück nicht dabei. Dass die Athener Demokratie in eine Krise geraten war und Sokrates die Idee der alten Demokratie gegen die „empirisch" vorhandene, restaurierte verteidigte, mag eine etwas gewagte Interpretation sein, aber man kann sie genauso gut vertreten wie andere. Ich schrieb: „Sokrates tut so, als ob die alte Demokratie der Polis noch existiere. Ihn treibt das Pathos der konsequenten Verwirklichung dieses ‚als ob‘.“ (Die Annahme, dass wir die Griechen verstehen können, und zwar durch die Verschmelzung unseres und ihres Horizonts, ist gleichwohl eine Selbsttäuschung.)

Dass ich Euripides als ersten Athener „Privatmann“ sah und alles aus dieser Sicht seines Charakters ableitete, ist nicht ganz falsch. Ich schrieb: „Er war großartig, denn im Gegensatz zu den schwächeren Konturen früherer Tragödiendichter konnte er die Welt verstehen als eine, die in vollkommene Dunkelheit fällt (‚Hekabe‘, ‚Die Troerinnen‘).“ Heute kann ich diese „schwächeren Konturen“ bei den früheren Tragödiendichtern nicht mehr erkennen, doch kann ich Euripides immer noch als ersten „Privatmann“ Athens verstehen und – gemeinsam mit Aristoteles, der ein guter Meister ist – als den tragischsten Dichter.

Der vielleicht beste Abschnitt des Buches ist der über Platon. Doch wegen genau diesem Kapitel beschloss ich später, das Buch nicht wieder zu veröffentlichen. Diese Entscheidung traf ich nicht hauptsächlich deshalb, weil vielleicht einige Reste meiner Lehrjahre enthalten gewesen wären, denn die hätte ich leicht weglassen können.

Einige „Reste“ entstammen meinem Hang zu Analogien. Zum Beispiel habe ich mehrfach Platon mit Kierkegaard verglichen und dabei darauf geachtet, dass Platon immer als Sieger aus dem Vergleich hervorging. Dass beide den Standpunkt der Moral mit Spielerischem verbinden, ist vielleicht wahr, aber dieser Gedanke sagt über keinen von beiden allzuviel aus. Man kann auch die Idee vertreten, dass das Spielerische bei Platon auf der Seite der „Rechtfertigung“ vorkommt und nicht auf der Seite des „Verhaltens“. Aber Kierkegaard als Verkörperung romantischer Ironie zu sehen, wie ich es getan hatte, ist (auch im Kontrast zu Platon) schlicht ein Fehler. Dieser Fehler gründet auf der philosophisch falschen Gleichsetzung von „subjektiv“ und „Subjektivität“. Richtig ist aber, dass ich in diesem Fall nicht die einzige Schuldige war.

Wie zum Teufel geriet Pilatus ins Credo? Kierkegaard in Platon? Zu beiden Fragen gibt es gute Antworten. Kierkegaard schrieb seine Dissertation über den Begriff der Ironie und erörtert dort Platons Dialoge sehr genau, aber natürlich konnte Platon nicht Kierkegaards Dissertation erörtern. Auch wenn ich diese Binsenwahrheit außer Acht lasse, muss ich zugeben, dass die Heranziehung von Kierkegaard zur Analyse von Platons Dialogen zu einer unberechtigten Modernisierung führte.

Vielleicht habe ich Platon modernisiert, weil ich über Kierkegaard schreiben wollte. Ich erwähnte Kierkegaard bei jeder möglichen und unmöglichen Gelegenheit, vor allem um ihn zu kritisieren und abzulehnen. Nicht lange, nachdem ich mein Aristoteles-Buch in seine endgültige Form gebracht hatte, schrieb ich einen Aufsatz über „Kierkegaards Ästhetik und Musik". Darin kam ich zu dem Schluss, dass Kierkegaards Analyse von Mozart „prophetisch" sei, weil seine Erörterung der Oper „Don Giovanni" vorwegnehme, was Adorno viel später über den dämonischen Charakter der Wiener Moderne sagen würde.

Meine Beziehung zu Kierkegaard war ganz anders als die zu Platon, Kant oder Hegel. Ich interpretierte ihn nicht nur, ich kämpfte mit ihm. In meinem Aufsatz „Kierkegaard oder Marx: Entweder – Oder" formulierte ich wenig später endlich, warum. *Entweder* hat Marx recht *oder* Kierkegaard. *Entweder* gibt es einen Fortschritt in der Geschichte und die Überwindung von Entfremdung, eine „menschliche" Welt erwartet uns in der Zukunft (wobei es nicht wichtig ist, wann), *oder,* wenn nicht, dann ist Kierkegaard der einzige wahre Philosoph der Moderne, denn dann hängt alles von unserer eigenen Wahl ab. Es gibt keine dritte Möglichkeit, dachte ich. Während ich den Aufsatz schrieb, wollte ich mich für Marx entscheiden, obwohl ich meiner Sache nicht ganz sicher war. Doch nachdem ich diese Alternative formuliert hatte, hörte ich auf, gegen Kierkegaard zu kämpfen.

Ich komme auf diesen Aufsatz noch zurück, aber zuerst möchte ich über Platon sprechen oder besser über meine alte Theorie zu Platon. In meinem Buch über das Ethos der griechischen Antike unterschied ich in Platons Werk drei Perioden (keine große Neuerung). Die zweite nannte ich „Sprung in die Transzendenz". Platons Motivation, in einer anderen, höheren, spirituellen Welt Zuflucht zu suchen, wurzelte in der Ethik.

Ohne die Idee des Guten konnte er nicht beweisen, dass es besser ist zu leiden als ungerecht zu handeln. Doch die Struktur der Argumentation, die ihm das ermöglichte, stammte aus dem Modell der Arbeit, aus der Teleologie der *techné*. Von dieser Zeit an würden alle metaphysischen Systeme analog zum Modell der *techné* aufgebaut werden, beginnend mit dem Hylemorphismus von Aristoteles.

Das war tatsächlich ein neues und mutiges Konzept, doch es blieb auf der beschreibenden Ebene. Es fragte nicht danach, was daraus für die Philosophie folgt.

Als ich mich später fragte, warum ich der Wiederveröffentlichung des Buches widerstand, kam ich zu dem Schluss, es sei überholt, weil ich zur Zeit der Abfassung die Werke des älteren Heidegger noch nicht kannte (mit Ausnahme seines Aufsatzes über „Gelassenheit", den ich nicht mochte). Wenn man Heideggers „Wesen der Technik" berücksichtigt und sogar frühere Studien von ihm, waren meine sogenannten „Entdeckungen" nur Gemeinplätze. Wenn man allerdings bedenkt, dass Heideggers heute bekannte Werke 1958/59 entweder noch nicht geschrieben oder noch nicht publiziert waren, kann ich mir kaum schwerwiegende Unkenntnis vorwerfen.

Aus diesem Grund halte ich dieses Buch heute nicht für publizierbar. Ich beschreibe darin die Rolle oder Funktion der Arbeitsteleologie bei der Geburt metaphysischer Systeme, ohne mich für ihre Bedeutung zu interessieren. Die Frage nach der Bedeutung zu stellen, hätte die Entdeckung erst vollständig gemacht.

Was ich damals nicht kannte, aber hätte kennen können, war Karl Poppers Platon-Kritik. Trotzdem hat es den Anschein, als hätte ich sie gekannt, denn ich polemisiere gegen die Vorstellungen des „reaktionären Platon". Das war unter linken Kritikern ein sehr verbreiteter Standpunkt. Poppers Besonderheit war, dass er Platon zum Vorläufer von Faschismus und Kommunismus erklärte. Mein Platon war „der letzte Philosoph der Polis", der seine Republik mit einer sozialen Struktur versah, die die Balance innerhalb der Polis aufrechterhalten und einen Zusammenbruch vermeidbar machen würde. Die von Platon in seinem „Staat" beschriebene soziale Struktur gefiel mir freilich ebenso wenig, auch wenn ich Platons schmeichelhafte Beschreibung weiblicher Fähigkeiten sehr begrüßte. Ich sprach deshalb von „Platons Tragödie" (der Titel des Abschnitts über Platon). In meinen Augen war er ein Denker, der einen wichtigen Teil seiner selbst opfern musste – und auch den Geist seines Lehrers –, um zumindest in seinen Gedanken das vor der Zerstörung zu bewahren, was ihm besonders am Herzen lag: die Athener Polis.

Was Aristoteles betraf, erwies sich Jaeger als wunderbarer Fremdenführer. Meine Analysen waren richtig, soweit Analysen richtig sein können. Die Flut von Beispielen – was das zentrale Thema des Buches betraf, die Theorie des mittleren Maßes – war wieder einmal überwältigend, und dieses Mal war das beinahe natürlich.

Ich könnte dieses Buch auch als lange Einleitung zu meinem Werk „Der Mensch der Renaissance" betrachten. Im Aristoteles-Buch spielt Philosophie zwar die Hauptrolle, doch es bleibt Platz für Lyrik, Tragödie und Komödie und auch für Kosmologie. Das Buch bezieht sich auch auf eine „Renaissance", die irgendwann in der Zukunft erwartet wird. Ich schrieb unter anderem, dass die Welt der Ethik für Aristoteles eine geschlossene Welt sei, und fügte hinzu: „Deshalb wird die Art des ethischen Selbstverständnisses, wie es in der Renaissance entstand, sie überleben." Ich glaubte also an den historischen Fortschritt, wenn auch nicht überall, so doch in der Ethik. Und darauf beharrte ich noch eine Zeitlang.

*****

Wenn ich auf diesen Bericht über meine Lehrjahre zurückschaue (und meine Gedanken dazu), muss ich zugeben, dass ich als Philosophin im Wesentlichen Autodidaktin war. Ich hatte vieles, ja fast alles von Lukács gelernt, aber fast nichts über Philosophie. Nicht einmal über Marx. Lukács kannte sich vor allem in deutscher Philosophie von Kant bis Nietzsche aus, doch in meiner Lehrzeit beschäftigte er sich sowohl in seinen Vorlesungen als auch seinen Schriften mit Ästhetik. In zwei großen Seminaren – beide über Ästhetik – bestimmte er mich für die Philosophie. Lukács war auch mit der gesamten „Weltliteratur" vertraut, doch in meiner damaligen Arbeit diente Literatur leider meist als Fundgrube für Beispiele. Lukács schien damals vergessen zu haben, was er über die Philosophie vor Kant wusste, und abgesehen von der dritten „Kritik" auch über Kant selbst. Griechische Philosophie und Philosophie der Renaissance waren nie sein Fall gewesen. Ich verließ mich allein auf meine eigene Lektüre und natürlich mein eigenes Denken und „entdeckte" alles selbst, bis zu meinem Buch und einschließlich meines Buches über Aristoteles. Kurz, ich hatte keine Ahnung von Philosophie als Beruf.

Trotzdem ging es mir gut. Ich hatte einen Lehrer, der offen war, und auch wenn er half, überließ er es mir, mit meinen Aufgaben allein fertig zu werden.

Das Fehlen einer professionellen Bildung in der Philosophie kann ebenso ein Vorteil sein wie ein Nachteil. Ich lernte zuerst, dass es in der Philosophie ums Denken geht, bevor ich wusste, worüber Philosophen nachdenken.

Bis heute verachte ich den sogenannten „wissenschaftlichen" Zugang zur Philosophie, das Eintauchen in reinen und gedankenlosen Professionalismus. Trotzdem erkenne ich die Vorteile einer systematischen philosophischen Bildung. Später unterrichtete ich in der Graduate Faculty der New School for Social Research in New York, wo die Studenten zwischen Seminaren von mindestens sechs oder sieben Professoren wählen können. Sie können herausfinden, was sie am meisten interessiert, und sich auf das Gebiet ihrer Wahl spezialisieren. Ich für meinen Teil diszipliniere die angehenden Dilettanten in ihrer ersten Beratung. Ich sage ihnen, sie hätten ein paar hervorragende Ideen, doch müssten diese in einen brauchbaren philosophischen Text verwandelt werden, dazu bräuchten sie Zeit und Mühe. Ich sage ihnen auch ganz im Ernst, dass ich niemandem beibringen könne, wie man Philosoph wird, und schon gar nicht, wie man ein guter wird. Entweder wird man Philosoph oder nicht. Das hängt nicht vom Lehrer oder der Lehrerin ab. In einem tieferen Sinn sind alle Philosophen Autodidakten. Wenn wir auch niemandem beibringen können, wie man Philosoph wird, so können wir doch Einzelne darin unterrichten, wie man Philosophie vernünftig lehrt. Das ist unsere eigentliche berufliche Aufgabe.

Was mich betrifft, habe ich diese Maxime in allen meinen Jahren als Philosophie-Lehrerin unterschrieben. Während der fast fünfundzwanzig Jahre, in denen ich Absolventen unterrichtet habe, habe ich nicht öfter als sechs oder sieben Mal Seminare zu Themen angeboten, zu denen ich ein Buch schreiben wollte. In meinen Büchern bin ich (hoffentlich) Philosophin, doch in meinen Seminaren unterrichte ich Philosophie.

Ich selbst hatte das Privileg, einen großen Meister zu haben, aber einen Philosophielehrer hatte ich nie. Deshalb musste ich Autodidaktin sein. Deshalb dauerte meine Lehrzeit länger als zehn Jahre.

2. Dialogjahre

(etwa 1965–1980)

Zwischen 1956 und dem Beginn der 1960er musste ich mich ganz allein auf mich verlassen. Weil ich nach der Revolution hauptsächlich für meine Schreibtischschublade schrieb, konnte ich Reaktionen der Leser nicht vorhersehen, ob gut oder schlecht. Ich hatte keine gleichgesinnten Freunde meiner eigenen Generation, denen ich meine Manuskripte zur intellektuellen Prüfung geben konnte. Mein Freundeskreis war zu jener Zeit verständlicherweise eher mit politischen Aufregungen und unserer hoffnungslosen Lage beschäftigt. Wenn ich mich recht erinnere, war der erste Leser meiner Manuskripte (nach Lukács) György Márkus 1958. Etwas später schloss sich mein zukünftiger Mann und damaliger Freund Ferenc Fehér der Gruppe meiner Leser an.

Von 1963 an änderte sich all das zum Besseren. In der Folgezeit geschah sehr viel: in meinem persönlichen Leben, in der Geschichte, und auch in meinem Denken. Nur in einer Hinsicht herrschte Kontinuität in meinem Leben zwischen 1963 und 1973 und auch noch danach bis 1977, dem Jahr meiner Auswanderung: Es waren Dialogjahre. Ich schrieb nun nicht mehr für mich allein, sondern für die Öffentlichkeit, für verschiedene Öffentlichkeiten. Und ich fand ein Echo, erhielt Rückmeldungen. Erstmals hatte ich das Gefühl einer sogenannten Berufung, das ich noch nie zuvor empfunden hatte, dass das, was ich schrieb oder dachte, nicht nur für mich wichtig war, sondern auch für andere, dass ich eine „Sache" hatte oder eher mehrere „Sachen", für die ich verantwortlich war, für die ich stand.

Zu allererst entstand ein Freundeskreis und erhielt einen Namen, die „Budapester Schule", vergeben von Lukács in einem seiner Interviews, ein

Name, der bis heute benutzt wird. Diese Gruppe um Lukács war ein kleiner Haufen junger Philosophen (György Márkus, Ferenc Fehér, Mihály Vajda und ich). Wir waren sowohl persönliche Freunde als auch philosophische und politische Verbündete. Alle unsere Manuskripte wurden von den anderen drei „Mitgliedern" gründlich gelesen. Wir waren sehr kritisch, was akzeptiert wurde, aber wir liebten auch alles, was die anderen schrieben, dachten, erfanden. Wir interessierten uns schon damals für verschiedene Zweige der Philosophie und bevorzugten verschiedene Ansätze, doch das hinderte uns nicht, uns zu einem gemeinsamen Projekt, einer gemeinsamen Sache zu bekennen. Lukács beschrieb diese Sache als „die Renaissance des Marxismus" und meinte damit Marx' Rettung vor allen folgenden Entstellungen und Verfälschungen. Wie sehr wir an diese gemeinsame Sache glaubten, ist eine andere Frage. Ich jedenfalls wollte daran glauben.

Seit Mitte der 1960er-Jahre wurden meine Bücher in Ungarn veröffentlicht, die alten wie die neuen. Es gab eine stetig wachsende Leserschaft. Auch nachdem ich Ungarn verlassen hatte und meine Bücher geächtet waren, blieb meine Leserschaft treu. Gegen Ende der 1960er-Jahre ereignete sich außerdem etwas, was ich nicht hatte vorhersehen können: Fast unmerklich betrat ich die „Welt". Sympathisanten und Verleger begannen, meine Schriften auf Deutsch, Englisch, Italienisch, Spanisch, Französisch, Serbisch, Kroatisch und Japanisch zu übersetzen. Dasselbe passierte mit den Schriften anderer Mitglieder der Budapester Schule. Allmählich „zählten" wir in der größeren Welt, das heißt, diese Welt zählte auf uns.

Es begann in der Vojvodina, einer Provinz mit einem relativ hohen Prozentsatz ungarischer Bevölkerung im damaligen Jugoslawien. Einige der ungarischen Zeitungen und Zeitschriften waren intellektuell sehr ambitioniert. Einer der Journalisten, ein junger Mann namens Ábel Dési, las einiges von mir und mochte, was er las. Er hatte gute Verbindungen zu Intellektuellen der kroatischen Opposition und schrieb einem von ihnen, Gajo Petrović, einen Brief, in dem er vorschlug, mich zum nächsten Treffen der „Korčula Summer School" einzuladen, die Petrović leitete.

Tatsächlich erhielt ich eine Einladung und suchte im ungarischen Innenministerium um Erlaubnis an, teilnehmen zu dürfen. Für diese Erlaubnis benötigte ich ein sogenanntes „Fenster", ein Ausreisevisum, das in meinen Pass gestempelt werden musste. Doch ich kannte ihre Tricks. Wenn das Innenministerium eine solche Genehmigung erteilte, geschah diese regelmäßig *nach* Abschluss jener Konferenz, zu der man eingeladen worden war. So schlugen sie zwei Fliegen mit einer Klappe. Niemand konnte behaupten, man hätte mir die Erlaubnis verweigert, trotzdem konnte ich nicht teilnehmen. Doch in diesem Fall hatte das Innenministerium kein Glück. Wie üblich erteilten sie die Genehmigung zur Ausreise aus Ungarn und zur Teilnahme an der Konferenz eine Woche nach Beginn des Programms. Doch die Korčula Summer School dauerte zwei Wochen, und so konnte ich in der zweiten Woche dabei sein und meinen Vortrag über „Wert und Geschichte" halten. Es war ein großer Erfolg. Mein Vortrag wurde sogar in der „Frankfurter Allgemeinen Zeitung" besprochen, der wohl führenden deutschen Zeitung damals und auch später. Ich fand mich mitten in einem „linken intellektuellen Diskurs".

Damals hatte der linke intellektuelle Diskurs bereits begonnen. Die Korčula Summer School selbst versammelte Philosophen, Soziologen, Wirtschaftswissenschaftler und Literaturkritiker aus der ganzen Welt. Jeder einzelne dachte nicht nur über verschiedene Dinge nach, sie dachten auch alle unterschiedlich. Doch sie alle glaubten an ihre Mission, etwas Wichtiges über die Welt zu sagen und zu ihrer Verbesserung beizutragen. Es war für sie besonders wichtig, Ideen auszutauschen und mit gleichgesinnten Männern und Frauen zu diskutieren. Was andere sagten, war auch ihnen wichtig. Sie waren alle links, aber auf verschiedene Art. Alle waren Anti-Sowjets (wenn auch nicht notwendigerweise Antikommunisten), und sie alle wollten sich von der Last der Ideologie und des Marxismus sowjetischer Machart befreien. Unter den Teilnehmern waren Lucien Goldmann, Ernst Bloch, Ernest Mandel sowie die Kroaten wie Gajo Petrović, Danilo Pejović und Danko Grlić. Jeder, der damals „zählte", war dort. In diesen Diskurs wurde ich im August 1965 hineingeworfen, und ich blieb über ein Jahrzehnt lang dabei.

Ich wurde sofort gebeten, mich dem Herausgebergremium der Zeitschrift „Praxis" anzuschließen, einer Publikation in serbokroatischer Sprache (damals der offiziellen Sprache Jugoslawiens), in der mehrere meiner Aufsätze erschienen. Gleichzeitig entstanden Übersetzungen in andere Sprachen. Ich wurde häufige Teilnehmerin verschiedener Konferenzen (es gab damals nicht so viele wie heute) und als Bonus kamen Einladungen zu Vortragsreisen hinzu. In diesen wenigen Jahren durfte ich aus meinem Land ausreisen. Die sogenannte „Erklärung von Korčula" machte all dem ein Ende.

Gemeinsam mit vier anderen Ungarn, die im August 1968 an der Korčula Summer School teilgenommen hatten, gab ich gegenüber der „Agence France Press" eine Erklärung ab, in der wir gegen den Einmarsch von sowjetischen Armeen – einschließlich der ungarischen – in die Tschechoslowakei protestierten. Von da an konnte ich nie mehr nach Korčula fahren und durfte einige Jahre lang überhaupt nicht ins Ausland reisen.

Trotzdem nahmen die Veröffentlichungen meiner Werke in anderen Sprachen zu, und sie fanden auch mehr Akzeptanz, während wir im eigenen Land wieder zu Geächteten wurden. Etwa zu dieser Zeit, im Mai 1968, begann auch die sogenannte „Praxis", die in den Dialogen der Budapester Schule bereits lange erwartet worden war. Ich wurde als „neue Linke" betrachtet, und ich war tatsächlich eine von ihnen.

Unsere Verbündeten in der Vojvodina halfen uns nach wie vor. Meine Bücher wurden auf Ungarisch veröffentlicht, wenn auch nicht in Ungarn, sondern in „Híd" und „Új Szimposium", ungarischen Zeitschriften in Jugoslawien. Auch mein Buch über die Theorie der Bedürfnisse bei Marx, das als Beweis für meine „antikommunistische" Einstellung angesehen wurde, erschien nur bei „Híd" in ungarischer Sprache (nachdem es bereits auf Italienisch, Deutsch, Französisch und Dänisch herausgekommen war).

In meinen „Dialogjahren" hatte ich daher genügend Feedback, sowohl freundliches wie unfreundliches. Ich konnte mich weder über mangelnde Publikationsmöglichkeiten beschweren noch über einen Verlust an Glauben in die Bedeutung meiner „Sache" und meiner Überzeugungen.

Es waren vielversprechende und fruchtbare Jahre, die ich mit einigem Bedauern hinter mir ließ.

Alle meine Bücher nach „Der Mensch der Renaissance" und vor der „Theorie der Gefühle" waren Kinder dieses Diskurses, im Guten wie im Schlechten.

*****

„Der Mensch der Renaissance" entstand, bevor ich zum ersten Mal an der Korčula Summer School teilnahm und ein Jahr bevor mein Sohn Gyuri auf die Welt kam. Ich überarbeitete es Ende 1964 und beendete die Arbeit Anfang 1965. Es erschien 1967 kurz nach meinem Buch über Aristoteles, das einige Jahre früher geschrieben worden war. „Der Mensch der Renaissance" schien die Fortsetzung der Arbeit über Aristoteles zu sein, die ich beinahe versprochen hatte. Doch ursprünglich war das nicht so geplant.

Der ursprüngliche Plan für das Buch war, dem Aufkommen des „dynamischen" Menschenbildes von Anfang an zu folgen, von der Renaissance bis zu seiner Vollendung im 19. Jahrhundert. Doch dieses Projekt verlor irgendwie seine Anziehungskraft auf mich. Einmal brach ich wegen meiner wachsenden Bedenken sogar in Tränen aus. Mein Mann Feri fragte mich, was mit mir los sei – habe er etwas falsch gemacht, ohne es zu wissen? „Nein, nein", sagte ich weinend, „es macht einfach keinen Sinn." Plötzlich hörte ich zu weinen auf. „Weißt du was?", fragte ich ihn und mich, „ich schreibe das nicht, wenn es keinen Sinn macht. Ich schreibe nur über die Renaissance und das ist es." Und so kam es.

Obwohl ich das ursprüngliche Projekt als Ganzes aufgab, war ich nicht bereit, den Renaissance-Teil fallen zu lassen. Ich habe oft erklärt, warum. Erstens war 1960 der größte Traum meines Lebens wahr geworden: Ich war mit meinem ersten Mann nach Italien gefahren. (Mit einhundert Dollar von meiner Schwägerin in den USA konnten wir drei Wochen bleiben.) Ich wurde oft gefragt, was der glücklichste Moment meines Lebens war. Ich würde sagen, der fünftglücklichste Moment (wenn es solche Augenblicke überhaupt gibt) war, als spät in der Nacht die Lichter von Venedig im Fenster unseres Zuges auftauchten. Trotzdem war es nicht Venedig, sondern Florenz, das bei mir den tiefsten Eindruck dieser Reise hinterlassen hat.

In diesem Sommer konfiszierten die Behörden meinen Pass wieder und ich hatte (erneut) das Gefühl, ich würde Ungarn nie wieder verlassen können. (Wie kurzsichtig des Menschen Tochter doch ist!) Beim Verfassen von „Der Mensch der Renaissance" wollte ich meine Erfahrungen zumindest im Kopf noch einmal durchleben, wie ein junges Mädchen, das ihre Liebeserlebnisse in ihrem Tagebuch zu neuem Leben erweckt.

Neben dem Wunsch, zumindest im Kopf noch einmal nach Italien zurückzukehren, gab es einen weiteren Grund für dieses Thema, der sich auf eine schlechte Gewohnheit von mir bezieht. Schon in meinen Lehrjahren hatte ich Analogien geliebt. In der Renaissance fand ich eine Fülle von Analogien zu meiner Gegenwart. Die Darstellung des in der vorher kompakten und dogmatischen christlichen Orthodoxie entstehenden Pluralismus war eine der wichtigsten Vorlagen für meine Analogien. Die offensichtliche Pluralität des Marxismus hielt man sowohl für die Ursache als auch für das Ergebnis einer sogenannten „Renaissance des Marxismus". (Mein Freund György Márkus erörterte die verschiedenen Arten von Marxismus in einem Aufsatz, der eine Menge Staub aufwirbelte.) Zum Glück haben die Analogien dem Text nicht geschadet, denn man bemerkt sie kaum.

„Der Mensch der Renaissance" nahm schließlich die Form eines historischen Romans an, wie die Frau von Jürgen Habermas einmal bemerkte. Mit diesem Buch versuchte ich etwas, was ich noch nie zuvor probiert hatte: das Profil einer Zeit anhand eines Hauptthemas zu zeichnen. Auf diese Weise folgte ich tatsächlich jenem Weg, den ich mit meinem Aristoteles-Buch begonnen hatte, allerdings war dieser Abschnitt wesentlich breiter. Ich fühlte, ich müsse diese Strategie wenigstens einmal im Leben ausprobieren.

Auch für dieses Projekt fand ich einen großartigen Fremdenführer. Diesmal war es nicht Jaeger, sondern Jakob Burckhardt. Auch er erwies

sich als brillanter Guide. Auch wenn der „New York Review of Books"
zur Zeit der englischen Ausgabe das Buch kritisierte, weil ich mich allzu
sehr auf einen überholten Denker verließ: Diesmal war es meine Intuition (und nicht mein Wissen), die sich als fruchtbar erwies.

„Der Mensch der Renaissance" wurde von meinem echten, also endgültigen philosophischen Selbst geschrieben. Ich erkenne mich immer noch
darin. Ich hatte auch nie Probleme mit einer Wiederveröffentlichung
dieses Buches, ohne oder – später – mit Korrekturen und Kürzungen,
als Zeichen dafür, dass ich mit mir übereinstimmte. Es ist keineswegs
so, dass ich heute – nach 40 Jahren – über das eine oder andere dasselbe
schreiben würde, ich kann ja auch meine eigene Lebensgeschichte nicht
zweimal auf genau dieselbe Weise erzählen. Ich würde heute kein so all-
umfassendes, quasi historisches Buch mehr schreiben. Dafür bin ich zu
ungeduldig geworden. Ich habe mir angewöhnt, direkt über „die Dinge
selbst" zu schreiben.

In allen meinen Büchern findet sich etwas, auf das ich später erneut
zurückkomme. Manchmal weiß ich nicht mehr, worauf ich zurückkommen werde, manchmal schon, denn ich betrachte alle meine Ideen und
Überlegungen als „vorläufig". Während der Arbeit an „Der Mensch der
Renaissance" war mir klar, dass ich irgendwann zum Platonismus der
Renaissance zurückkehren müsste, zur Gestalt von Jesus und vor allem
zu Shakespeares Tragödien. Um zu diesen Letzteren zurückzukehren, so
sagte ich mir, müsste ich erst alt werden.

Auf welches Thema, welche Gestalt oder welches Problem bin ich also
zurückgekommen, und wann? Viel später, aber immer noch zuerst, habe
ich mich mit dem Platonismus der Renaissance beschäftigt, und zwar in
meinen Studien zu Nikolaus von Kues und Marsilio Ficino. Beide fand
ich „moderner" als zu jener Zeit, in der ich mein Renaissance-Buch
schrieb. Es ist bekannt, dass die Metapher des „In-die-Welt-geworfen-
Seins", geschätzt sowohl von Heidegger wie von Sartre, vom Mann aus
Kues stammt. Das allein schon stellt den mystischen Autor der Renaissance und sein Werk in ein neues Licht. (Es ist zumindest für mich interessant, dass ich nie auf das Werk von Machiavelli zurückgekommen

bin, obwohl er in meinem Buch über die Renaissance einen prominenten Platz einnimmt.)

Nachdem ich mein Interesse am Platonismus der Renaissance aufgefrischt hatte, kehrte ich zu Shakespeares historischen Tragödien zurück. Ich war offensichtlich aber immer noch nicht alt genug, denn seinen Komödien wandte ich mich erst später in meinem Buch „Immortal Comedy" [„Unsterbliche Komödie"] zu. Bis heute habe ich den Verdacht, dass ich immer noch nicht alt genug bin, um ein richtiges „Werk" über Shakespeare zu schreiben.

Noch später kam ich auf die Gestalt von Jesus zurück, der mich immer fasziniert hat: in meinem Buch „Die Auferstehung des jüdischen Jesus".

Jüngst habe ich mich wieder der gesamten Welt der Renaissance zugewandt – im Zusammenhang mit der Arbeit über den zeitgenössischen Roman. Mich überrascht das nicht, ich möchte hier nur erwähnen, dass der historische Roman sich – abgesehen von Rom – genau auf jene Zeitabschnitte konzentriert, die ich nach meinem ursprünglichen Plan über das Aufkommen des dynamischen Menschenbildes beschreiben wollte (von dem „Der Mensch der Renaissance" übrig blieb). Die beliebtesten Gestalten dieser Romane sind – ebenso nicht zufällig – Männer und Frauen der Renaissance. Neben die Frauen, die meistenteils zur Gänze erfunden sind, treten echte historische Gestalten wie Leonardo da Vinci, Lorenzo il Magnifico, Botticelli und Pico della Mirandola. Vor allem wegen der zeitgenössischen historischen Romane sehe ich heute Savonarola in einem gänzlich neuen Licht, anders als vor vierzig Jahren. Als ich „Der Mensch der Renaissance" schrieb, war Savonarola für mich nur ein religiöser Fanatiker, heute betrachte ich ihn als ersten Fundamentalisten der europäischen Geschichte.

*****

In meinen ersten Lehrjahren schrieb ich keine Texte für öffentliche Vorträge, Aufsätze für Magazine, Vorwörter oder Zeitungsartikel. Meist dienen diese Genres einem bestimmten Zweck, sie werden nicht für die

Schublade geschrieben. Sie brauchen Gelegenheit, erfüllen eine Nachfrage. Gegen Ende der 1950er-Jahre begann ich, diese kurzen Formen zu üben und setzte dies in den 1960ern fort. Manchmal tat ich es, weil die Behörden mich nichts anderes veröffentlichen ließen, manchmal, um mich an dem damals entstehenden Diskurs zu beteiligen.

Vorlesungstexte, Aufsätze zur Geschichte der Philosophie und Essays sind verschiedene Unterformen. Sie habe nur gemeinsam, dass sie kurz sind und als Sammlung publiziert werden können. In den „Dialogjahren" veröffentlichte ich zwei solcher Sammlungen. Eine hieß „Érték és törénelem" [„Wert und Geschichte"], die andere „Portrévázlatok az etika történetéből" [„Kurze Porträts aus der Geschichte der Ethik"]. Dem konnte ich ein kleines Buch hinzufügen, „Hipotézis egy marxista értékelmélethez" [„Hypothese zu einer marxistischen Theorie der Werte"]. Bei den Sammlungen achtete ich darauf, nur solche Texte aufzunehmen, die ich für innovativ oder zumindest aus philosophischer oder politischer Sicht interessant hielt. Ich muss wohl nicht eigens betonen, dass mein heutiges Urteil nicht ganz mit dem damaligen übereinstimmt.

Heute halte ich zum Beispiel „Családforma és kommunizmus" [„Familienform und Kommunismus"], einen besonders neulinken Essay von mir, den ich gemeinsam mit Mihály Vajda schrieb, für beinahe prophetisch. Es ist ein lächerlicher Aufsatz, voll mit Naivität und belanglosen Utopien, deshalb habe ich ihn später vergessen. Natürlich würde ich nicht darauf zurückkommen, aber kürzlich habe ich seine beschreibenden Teile wiederentdeckt. Vajda und ich argumentierten, dass sich nach dem Niedergang der Mehr-Generationen-Familie auch dic Klcinfamilie in Auflösung befand, was auch heute noch zutrifft. Doch wenn junge Menschen nicht in einer Werte erhaltenden pluralistischen Gemeinschaft aufwachsen, können sie nicht in die Gesellschaft integriert werden, auch nicht als deren Kritiker. Heute bin ich der Ansicht, dass dies zu einem der Hauptprobleme für die europäischen Gesellschaften geworden ist. Für manche europäische Jugendliche haben Freiheit, Demokratie und sogar Arbeit keinen inneren Wert mehr. Haufen von jungen Menschen in den Straßen von Athen, Kopenhagen, Amsterdam, Paris und Budapest

verbrennen Autos und werfen Fensterscheiben ein. In alten Universitäts-
städten wie Cambridge sind Messerstechereien an der Tagesordnung.
Anders als die revoltierende Jugend von 1968 haben diese Jugendlichen
keine utopischen Vorstellungen, sie sagen nur „nein" und niemals „ja".
Sie verleihen ihrem Zorn darüber Ausdruck, dass sie nicht zur Gesellschaft dazugehören, und sie haben keinen Sinn für Verantwortung. Das
ist nicht ihre „Schuld", sondern ein Versagen der Welt, die sie nicht inte-
grieren kann. (Die USA sind da anders, aber ich könnte nicht einmal
versuchen zu sagen, warum.)

Wie meine Vorworte verdanken meine Studien zur Philosophiegeschichte ihre Entstehung konkreten Umständen. Sie wurden in Zeiten
geschrieben, in denen kein Verlag und keine Zeitschrift die Erlaubnis
erhielt, irgendetwas aus meiner Feder zu veröffentlichen. Ich habe diese
Aufsätze jedoch nicht nur geschrieben, weil eine Veröffentlichung möglich war, mich interessierten so gut wie alle philosophischen Themen.
Wollte ich etwas über einen Philosophen schreiben, schlüpfte ich in seine
Haut. Ich lernte ihn mögen, auch wenn ich ihn zuvor nicht gemocht hatte.

Während der Zeit, in der ich unsere Überlieferung durchgehend unterrichtete – von 1977 bis gestern –, habe ich mit wenigen Ausnahmen Ein-
zelporträts antiker Philosophen vermieden, wann immer es möglich war.
(Diese wenigen Arbeiten gehören ins nächste Kapitel.) Man lässt viele
Dinge auf seinem Weg zurück. Doch nicht alles.

Zu den beiden Aufsatzsammlungen gehören auch zwei Studien, die in
meinem langsam wachsenden persönlichen Denken eine wichtige Rolle
spielten. Die eine ist eine Studie über Kant, die andere über Kierkegaard.
„Kant etikái" [„Die beiden Ethiken von Kant"] ist auf 1974 datiert, die
Phänomenologie des „unglücklichen Bewusstseins" (über Kierkegaard)
auf 1971. Beide wurden früher geschrieben.

Mit Kant hatte ich schon in meinen „Lehrjahren" gekämpft, aber Kierkegaard kannte ich noch wenig. Bereits in meinen Vorlesungen im Frühjahr 1957 betrachtete ich Kants Ethik als den Gipfel moderner Ethik.
Diese Einsicht habe ich später nie aufgegeben. Es war mir derart wichtig,
dass einige meiner deutschen Kritiker während meines aktiven Engage-

ments in neulinken Debatten ein Büchlein mit dem Titel „VerKanteter Marxismus" schrieben. In der Ethik maß ich zwar alles an Kant, doch nahm ich nicht immer seine Position ein.

Einer der Aufsätze über Kierkegaard aus dem Band „Wert und Geschichte", der zuvor 1965 veröffentlicht worden war („Kierkegaards Ästhetik und Musik"), basierte auf dem gründlichen Lesen von „Entweder – Oder", doch hatte es mit Kierkegaards Philosophie sehr wenig zu tun und konzentrierte sich auf Musik. Bis ich vor Kurzem diesen Aufsatz wiedersah, hatte ich vergessen, dass ich mich vor langer Zeit für romantische Musiktheorien interessiert hatte, zum Beispiel für Wackenroders Musikphilosophie oder Hoffmanns „Kreisleriana". Das zeigt, dass diese Schrift über Kierkegaard nicht weiter von Bedeutung ist. Immerhin finde ich es ziemlich frech und anmaßend, ohne die geringste Kompetenz über etwas zu schreiben. Das ist mir mehrfach passiert, und nicht nur im Falle der Musik.

Die zweite Schrift über Kierkegaard aus dem Jahr 1971 (die ich schon erwähnt habe) änderte mein Leben. Auch sie ging von „Entweder – Oder" aus, aber man kann am Text erkennen, dass ich mit den anderen Werken Kierkegaards vertraut war, denn ich beziehe mich auch auf „Furcht und Zittern". Doch die Aussage gründete sich nur auf „Entweder – Oder". Ich möchte meinen dramatischen Abschlusssatz zitieren: „Die Erkenntnis und die Leugnung der Entfremdung der modernen bürgerlichen [„polgári" – „Bürger" im Ungarischen] Welt kann nur zu den folgenden beiden – antagonistischen – Lösungen führen. Darin liegt die wirkliche Wahl, die historische Auswahl. Eine Dritte gibt es nicht, auch wenn Philosophien (und Einzelpersonen) im letzten Jahrhundert danach suchten. Seit 150 Jahren ist dies die Wahl: Kierkegaard oder Marx. Entweder – Oder."

Nachdem ich mich später für Kierkegaard und gegen Marx entschieden hatte, ließ ich dieses rhetorische Finale nicht mehr gelten. Auch im zweiten Aufsatz erklärte ich Kierkegaard nicht zum alleinigen Verfechter wahrer Modernität, ich begann vielmehr, meine eigene Position aufzubauen, und vertraute dabei auf sein Genie. Doch war es in den frühen

1970ern noch nicht mein Hauptanliegen, ein System zu errichten. Die Dialogjahre, jene der neuen Linken, waren in meinem Leben auch die Jahre der Rhetorik, der Erklärungen. Ich würde nicht sagen, dass das „schlecht" war, aber es war anders als später.

Es überrascht mich, dass mein gleichzeitig geschriebener Aufsatz zu Kants Ethik nicht den kleinsten Anflug von Rhetorik enthält. Auch jetzt noch ist er beinahe die einzige Studie aus jener Zeit, die ich ohne Zögern unterschreibe. Ich sage „beinahe" deshalb, weil ich Kants Ethik seit der Entstehung des Aufsatzes sehr oft vorgetragen und sie immer wieder gelesen habe, immer mit neuen Augen, und jedes Mal entdecke ich etwas, das ich noch nie zuvor gesehen habe. Mein Kant bleibt in Bewegung.

Ich bin nur auf wenige Dinge stolz, aber ich freue mich immer noch, dass ich „Kants Ethiken" in dieser frühen Studie im Plural zitiere. Der Text betont, dass die Ethik der „Metaphysik der Sitten" nicht ganz identisch ist mit der Ethik, die in der „Grundlegung zur Metaphysik der Sitten" dargelegt wird, und auch nicht mit der Moralphilosophie der „Kritik der praktischen Vernunft". Ich behauptete nicht, dass Kant seine formale Ethik aufgegeben hätte, sondern dass er sie so elastisch wie möglich gestaltet habe, so sehr, dass sie nicht mehr nur formal war. Außerdem deutete ich die Möglichkeit eines Einflusses von Schiller an, den man bereits in den neuen Formulierungen der dritten Kritik spüren kann. (Schillers Einfluss ist zwar nicht bewiesen, kann aber auch nicht ausgeschlossen werden.)

Ich glaube zwar nicht, dass diese Interpretation von großer Bedeutung war, aber ich freue mich doch, dass sie seither weithin übernommen wurde. Wichtiger für mich ist, dass dieser Text (zusammen mit dem Kierkegaard-Essay) den Weg bereitete zu meiner späteren Trilogie über Ethik.

Die erwähnte Sammlung „Wert und Geschichte" enthält hauptsächlich Vorlesungstexte, in „Kurze Porträts" kommen diese nicht vor. Das Geheimnis dieses Unterschieds ist leicht erklärt. Der Band „Wert und Geschichte" wurde 1969 veröffentlicht, er enthält die Produkte der Jahre 1965 bis 1968, als ich reisen, Vorträge halten und an internationalen theoretischen Debatten teilnehmen konnte. „Kurze Porträts" erschien 1976 und enthält eine Sammlung von Arbeiten aus der Zeit, als ich nicht reisen, keine Vorträge halten durfte (auch nicht im eigenen Land) und keine Arbeit hatte. Ich emigrierte im folgenden Jahr. Diese Sammlung war der „letzte Mohikaner" meiner „Dialogjahre".

Ich muss noch von zwei besonderen Aufsätzen aus diesen Jahren sprechen. György Lukács war das einzige Subjekt und auch Gegenstand dieser Essays. Nicht der György Lukács, den ich persönlich kannte, nicht mein alter und bewunderter Lehrer, sondern der Mensch. Und nicht einmal in seiner Eigenschaft als Philosoph, sondern einfach als junger Mann, der sich sowohl der Philosophie widmete wie auch einem anderen Leben, einer Frau. Ein Mann am Scheideweg widerstreitender Verantwortungen. Beide Aufsätze schrieb ich erst nach seinem Tod: „Von der Armut am Geiste" 1972 und „Georg Lukács und Irma Seidler" 1973.

In diese Essays investierte ich viel von mir selbst, aber ganz anders, als man vermuten würde.

Meine philosophische Erkundung der tragischen Liebesgeschichte zwischen „Gyuri" und „Irma" erschien auf Englisch genau zu jener Zeit, als die Romanze zwischen Heidegger und Arendt bekannt wurde. Aus der Lektüre dieses Essays schlossen manche, dass sich etwas Ähnliches zwischen mir und Lukács abgespielt hätte. Dieser Verdacht schockierte mich zutiefst, nicht nur, weil ich in Lukács immer den alten, großen und weisen Lehrer gesehen hatte (was nicht weniger bedeutet als ein Liebhaber, vielleicht sogar mehr), sondern auch, weil meine Leser mich gänzlich mit Irma identifizierten, während ich in meiner eigenen Vorstellung beide war. Das Dilemma des Gyuri in der Geschichte war ebenso mein eigenes Dilemma wie das von Irma. Auch ich hatte die Erfahrung gemacht, dass die „Arbeit", sei sie noch so klein und flüchtig, Opfer verlangt, denn alles hat seinen Preis, und der Preis für Kreativität besteht meist im Verzicht auf kleinere oder größere Freuden und Befriedigungen im Privatleben, einschließlich menschlicher Beziehungen. Dieser Essay hatte zwar auch einen persönlichen Hintergrund (wenn auch nicht den vermuteten), aber es würde nichts zur Sache tun, ihn hier zu enthüllen.

Im Essay „Von der Armut am Geiste" beschäftigte mich jedoch Lukács' Moralphilosophie weit mehr als die persönliche Tragödie seines Alter Ego, die im Dialog mit einer Frau deutlich geworden war. Vor allem dachte ich über seinen Begriff der „notwendigen Sünde" nach. Weil es um Ethik ging, war ich dabei völlig auf der Seite der Frau. Sie möchte nicht an eine Sache gebunden sein, die notwendigerweise ein menschliches Blutopfer fordert. Der Lukács aus dem Dialog tut die Stimme der Frau als albern ab. Am Ende des Essays liest man: „Ich bewundere mehr die ‚Albernheit' des biblischen Gottes, der Abrahams Blutopfer nicht angenommen hat. Trotzdem wurde der Bund zwischen Gott und Abraham nicht aufgelöst, die Arbeit blieb bestehen, auch ohne dass sie auf ein Blutopfer gegründet war."

Es ist bedauerlich, dass ich am Ende dieses Essays hinzufügte, dass Lukács in „Geschichte und Klassenbewusstsein" die Idee der notwendigen Sünde aufgab, denn es ist leider nicht wahr.

Ich schreibe keine Fiktion und noch weniger Dramen, aber wenn ich einen Dialog schreibe oder bespreche, identifiziere ich mich nie zur Gänze mit einer der Figuren. Mein „Silvester-Symposium" zum Beispiel, das zugleich mit den beiden eben genannten Aufsätzen erschien, stellt eine Silvesternacht mit den Mitgliedern der Budapester Schule in dialogischer Form dar: persönliche Geschichten in philosophischen Gesprächen, in denen es hauptsächlich um Emotionen und Gefühle geht, vor allem Liebe. (Der Dialog erschien zuerst auf Italienisch und Deutsch.) In diesem Gespräch steht vor allem Diotima für mich, doch jede Figur dort hat etwas von mir. Ohne das Spiel der sich kreuzenden Identitäten wäre es unmöglich gewesen, die verschiedenen Personen verschiedene Aspekte meines Standpunktes artikulieren zu lassen, noch weniger hätte ich einen Weg gefunden, dass jede von ihnen ihre Gefühle zum Ausdruck bringt, gesteht, bestreitet, verzweifelt oder hofft. Ich erinnere mich noch gut daran, wie viel Spaß ich beim Schreiben hatte.

Kehren wir noch kurz zum Begriff „Wert" zurück.

Etwa gegen Ende der 1960er-Jahre habe ich ein kleines Buch mit dem Titel „Hypothese über eine marxistische Theorie der Werte" geschrieben (es war auf Ungarisch, aber ich erspare Ihnen den ungarischen Titel). Es erschien zuerst 1972 bei Suhrkamp und noch im selben Jahr auf Englisch (in „Kinesis" an der Southern Illinois University, übersetzt aus dem Deutschen von Andrew Arato). Darin führte ich nicht einfach den Begriff des Wertes als philosophischen Begriff in meine Philosophie ein, das hatte ich bereits früher getan. Eher kann man sagen, ich packte ihn aus, interpretierte ihn. In der Folge würde ich von allen getroffenen Unterscheidungen profitieren, auch wenn ich vergessen hatte, dass diese Unterscheidungen zuerst in diesem nie wieder gelesenen Buch vorkamen. (Diese Entdeckung habe ich erst vor Kurzem gemacht.)

Es ist mir schon öfter passiert, dass ich etwas wiederentdecke, das ich bereits einige Jahre zuvor entdeckt und dann wieder vergessen hatte. Natürlich halten sich viele Ideen in meinem Unbewussten bereit für ihren Auftritt. Doch das meine ich hier nicht, denn was ich für mich selbst über Werte herausgefunden habe, würde ich nie vergessen. Ich hatte nur vergessen, dass es ein bestimmtes Buch war, in dem diese Ideen zum ersten Mal auftauchten.

Von diesem Büchlein hatte ich sogar das gesamte erste Kapitel vergessen. Dort hatte ich das Marx'sche Wertaxiom entdeckt. Der oberste Wert für Marx war „Reichtum", argumentierte ich, zuerst und vor allem der Mensch, der „reich an Bedürfnissen" ist. Ich fügte hinzu, dass Marx keine philosophische Theorie nichtökonomischer Werte ausgearbeitet hat, obwohl er das Gesetz des höchsten Wertes mehrfach formuliert hat. Diese Theorie wollte ich liefern. Zumindest geht das aus dem Titel des Büchleins hervor.

Doch es war nur ein Versprechen, die Ware lieferte ich nicht. In den folgenden Kapiteln, in denen ich eine marxistische Wertetheorie hätte anbieten sollen, verliert sich Marx im Hintergrund und die Neokantianer betreten die Bühne, vor allem Heinrich Rickert und Wilhelm Windelband. In ihrem Geiste unterschied ich nicht nur zwischen intrinsischen Werten (reinen Werten) einerseits und Dingen, die in eine Wertebeziehung treten (Güterwerte) andererseits, sondern auch, wie man moralische Werte von ästhetischen unterscheidet. Dann passiert etwas wirklich Originelles (weder marxistisch noch neokantianisch): eine Erörterung der Kategorien der Wertorientierung, darunter vor allem eine Unterscheidung zwischen primären und sekundären Kategorien der Wertorientierung, die in fast allen meinen späteren Schriften einen zentralen Platz einnimmt. Auch in der Darstellung der „Persönlichkeitswerte" findet sich ein neues Element, auf das ich viel später in meiner Ethik der Persönlichkeit zurückkommen würde – in Verbindung mit Gedanken, die von Nietzsche inspiriert waren.

*****

In den Dialogjahren habe ich vier Bücher geschrieben, die auf die weitere Entwicklung meines Denkens vorausweisen. Um ehrlich zu sein: Eine organische Verbindung zwischen ihnen lässt sich kaum finden. In jedem dieser Bücher vertiefte ich mich in ein besonderes Problem, entzifferte seine Botschaft, arbeitete daran, bevor ich mich einem weiteren zuwandte, dann wieder dem nächsten und so weiter. Ich stellte keine Grundlagen für irgendetwas bereit, am wenigsten für meine spätere Philosophie. Stattdessen deponierte ich eine gewaltige Menge philosophischer Ideen, die darauf warteten, in meiner noch unbekannten Zukunft wieder aufgegriffen zu werden. Ich schrieb ein Buch über etwas, wenn es meine Fantasie anregte und mich nicht losließ. Es ging immer um das sogenannte „Thema", also das Puzzle, die Frage, die mich fand und führte.

Diese vier Bücher sind „Das Alltagsleben", „Theorie der Bedürfnisse bei Marx", „Philosophie des linken Radikalismus. Ein Bekenntnis zur Philosophie" und „Theorie der Gefühle".

Zu jener Zeit war ich mit einer gewissen Naivität gesegnet oder verflucht. Hätte ich geahnt, welche enormen Schwierigkeiten auf mich warteten, als ich mich mit dem „Alltagsleben" befasste, hätte ich es niemals auch nur versucht. Es war das mutigste philosophische Abenteuer meines Lebens.

In der ungarischen Ausgabe, die auf meinem Regal steht, habe ich (mit Bleistift) mögliche Kürzungen angestrichen, wahrscheinlich als Vorschlag für eine neue, gekürzte Ausgabe. Ich weiß es nicht mehr. (Die deutsche Ausgabe, die Hans Joas für Suhrkamp gekürzt hat, hat mit meinen Vorschlägen nichts zu tun.) Das Buch war zu lang (genauso wie das über die Renaissance), es benötigte substanzielle Kürzungen. An dieser Stelle spreche ich von der Arbeit als ganzer.

Das Buch erschien 1970. Ich schrieb es in zwei aufeinanderfolgenden Jahren, 1966 und 1967, mit einer offensichtlichen Unterbrechung: Der dritte und vierte Teil des Buches nähern sich der Frage auf völlig andere Art als der erste und der zweite. Heute scheint mir, dass diese Verschiebung nicht nur auf den Unterschied zwischen den verschiedenen Themen zurückzuführen ist, sondern auch auf einen Wandel meiner Sichtweise. Was auch immer die Gründe waren, diese Verschiebung wurde für meine zukünftige Philosophie sehr wichtig. Obwohl die Fragen, die in diesem Buch angesprochen werden, auch später für mich relevant blieben, haben die Antworten, die ich in der ersten Hälfte der Arbeit geboten habe, großteils ihre Bedeutung verloren, die meisten waren später für mich nicht mehr annehmbar. Einige philosophische Antworten, die im dritten und vierten Teil formuliert wurden (vor allem im dritten), sind im Gegensatz dazu bis heute noch relevant, *wenn man sie von ihrer Rhetorik befreit.*

„Das Alltagsleben" war von zwei Büchern inspiriert: Lukács' „Die Eigenart des Ästhetischen" und Heideggers „Sein und Zeit".

Heideggers Arbeit entnahm ich (nicht ganz ohne Grund), dass man das Alltägliche hinter sich lassen müsse, um authentisch zu sein. Mein ganzes Selbst (insbesondere mein weibliches) protestierte vehement gegen diese Vorstellung. Eine der Hauptthesen im ersten Teil meines „Alltagslebens" formulierte ich als Antwort auf Heideggers Behauptung. Nach meinem Gegenvorschlag hing die Authentizität einer Person nicht vom Zurücklassen der Alltäglichkeit ab, sondern von der Beziehung zu ihrer Welt und zu sich selbst. Ich bestimmte die authentische Person als „Individuum", die inauthentische als „partikularistisch". Die partikularistische (inauthentische) Person identifiziert sich völlig mit ihrer Welt und sich selbst zugleich, während die authentische Person, das Individuum, sich auch selbst von sich und zugleich auch von ihrer Welt distanzieren kann. Dass wir uns mit irgendetwas anderem hervorheben, ist keine Bedingung für unsere Authentizität. Eine Bemerkung Goethes, dass der geringste Mensch „komplett sein" könne, die häufig von Lukács zitiert wurde (der übrigens nie daran glaubte), hatte mich und wohl auch meine Theorie beeinflusst. Zumindest war ich davon überzeugt.

Im Rückblick weiß ich, dass meine Unterscheidung zwischen der individuellen und der partikularistischen Persönlichkeit stark von kantianischem Denken beeinflusst war, trotz der hegelianischen Terminologie. In jenen Tagen dachte ich nicht über solche Verbindungen nach, ich folgte allein meiner Intuition und konzentrierte mich auf die „Sache selbst". So viel zu meiner versteckten Konfrontation mit Heidegger.

Was war mit Lukács? Er bespricht alltägliches Denken (in seiner „Ästhetik") als Quelle und Fundament aller anderen Arten zu denken. Alltägliches Denken ist durch seine Heterogenität gekennzeichnet (das akzeptierte ich). Alltägliches Denken kann entweder als wissenschaftliches Denken oder als ästhetische (künstlerische) Einbildungskraft homogenisiert werden. Auch das akzeptierte ich, doch mit einer wichtigen Modifikation. Alltägliches Denken ist nicht einfach „Denken" – so argumentierte ich –, sondern eingebettet in das Alltagsleben, dessen Denken es ist. Mich interessierte das alltägliche Denken in seiner Eigenschaft als Denken des Alltagslebens. Mir ging es darum, über das Leben zu reden.

Nach der englischen Veröffentlichung verglichen einige Wissenschaftler (darunter Kurt Wolf) das Konzept meines Buches mit jenem von Alfred Schütz. Es war das erste Mal, dass ich Schütz' Namen hörte. Später las ich nicht nur das Buch meines zukünftigen Kollegen der Vergangenheit (er war lange vor meiner Zeit Professor an der New School), sondern lehrte es auch (noch in Australien). Seine und meine Vorstellungen waren weit voneinander entfernt (er stützte sich stark auf Bergson), aber wir teilten die Überzeugung, dass es unmöglich ist, alltägliches Denken zu analysieren, ohne über Alltagsleben zu sprechen.

Das Buch begann (wie ich damals glaubte, dass alle philosophischen Arbeiten beginnen sollten) mit der Bestimmung des untersuchten Begriffs. „Das Alltagsleben ist die Gesamtheit der Tätigkeiten der Individuen zu ihrer Reproduktion, welche jeweils die Möglichkeit zur gesellschaftlichen Reproduktion schaffen." Nachdem wir erfahren hatten, worüber ich sprechen würde, begann ich, darüber zu sprechen.

Wie gesagt konnten Dinge, die in einer meiner Arbeiten am Rande aufgetaucht waren, im Zentrum einer späteren Arbeit stehen. Ich war zum Beispiel überrascht, als ich gleich am Anfang des Buches las, dass die Beziehung einer einzelnen Person zur Welt umso kontingenter ist, je dynamischer eine Epoche ist. Am zufälligsten, so fuhr ich fort, ist diese Beziehung in unserer „reinen Gesellschaft" (wie ich die Moderne in der Tradition der Soziologie des 19. Jahrhunderts nannte). Die Kontinuität des Systems von Handlungen einer partikularistischen Person nannte ich „Lebensart", die von individuellen Personen nannte ich „Lebensführung". Doch das Konzept des Buches ist wichtiger als diese oder ähnliche kleine Passagen.

Mein philosophisches Projekt war im Wesentlichen dasselbe wie das meiner unmittelbaren Vorgänger, von denen ich allerdings wenig wusste. Ich musste die Epistemologie überwinden, Menschen so behandeln, wie sie in ihre Welt geworfen werden, nicht als Subjekte, die Objekten gegenüberstehen. Allen vier Teilen des Buches steht ein Motto voran, doch auf dieses Vorhaben weist am unmittelbarsten jenes Motto hin, das den dritten Teil einleitet – ein Goethe-Zitat:

„Wer auf die Welt kommt, baut ein neues Haus,
Er geht und läßt es einem zweiten.
Der wird sich's anders zubereiten,
Und niemand baut es aus."

„Menschen", so schrieb ich, „werden bei ihrer Geburt in ein System von Objektivierungen geworfen, das frühere Generationen hinterlassen haben (…) Sie arbeiten daran, sie hinterlassen sie der nächsten Generation (…) Sie übernehmen fertige Ideen, Handlungen, Verhaltensweisen und Dinge." Sie werden nie aufhören, zu bauen, sie werden nie beim „Wahren" und „Guten" ankommen. (Ich glaubte allerdings, sie würden die Freiheit in ihren verschiedenen Interpretationen erlangen.)

Das Buch unterscheidet zwischen drei Sphären von Objektivierungen. Es sind: die Objektivierung *an sich,* die Objektivierung *für sich* und die

Objektivierung *an und für sich*. Die erste besteht in der Alltagssprache und ihrem Gebrauch, den Gewohnheiten und ihrer Handhabung sowie der Benutzung von Dingen, Objekten. Diese Komponenten müssen gemeinsam angeeignet werden. Ohne ihre Aneignung können Menschen nicht wachsen und nicht überleben. Dies ist die fundamentale Objektivierung des Alltagslebens. Ganz gleich, ob jemand Mann ist oder Frau, geboren mit diesem oder jenem sozialen Status, in dieser oder jener Zeit lebt, diese Sphäre müssen sich alle aneignen. Sprachen sind verschieden, sie folgen Veränderungen, ebenso wie Gewohnheiten und Gebrauchsgegenstände. Doch das ändert nichts an der Funktion der fundamentalen Sphäre der Objektivierung.

Doch Männer und Frauen eignen sich nicht nur die Sphäre der Objektivierung an sich an, nicht einmal in ihrem Alltagsleben. Jeder Satz, jede Gewohnheit hat eine Bedeutung, aber sie allein enthält noch nicht die Bedeutung einer Lebensart. Diese Bedeutung, oder besser, dieser Sinn ist in einer anderen Sphäre der Objektivierung enthalten, der Sphäre der Objektivierung für sich. Dazu gehört beispielsweise die Religion (ein Glaubenssystem), die Wissenschaft (ein Wissenssystem), die Kunst (ein System der Kreativität), und auch die Philosophie (oder Weisheit). Die eine oder andere unter ihnen begründet die fundamentale Sphäre und ordnet, organisiert sie. Deshalb spielt diese Sphäre auch eine unersetzliche Rolle im Alltagsleben.

Die dritte, vermittelnde Sphäre bezeichnete ich als „die Sphäre der Objektivierung an und für sich", und das nicht allein, um hegelianisch zu klingen. Dieser Sphäre ordnete ich Institutionen zu mit ihren eigenen fundamentalen Voraussetzungen, wie etwa Arbeit, insofern sie institutionalisiert wird, Politik, Recht und institutionalisierte Religion. (Ich finde es interessant, dass ich im Kapitel über Arbeit zwischen „Herstellen" [Work] und „Arbeit" [Labour] als entfremdeter Arbeit unterschied, obwohl ich Arendts Buch nicht kannte. Möglicherweise war es noch gar nicht veröffentlicht.)

Auf diese Weise packte ich das Wort „Welt" aus. Ähnlich packte ich auch das Wort „menschlich" aus. Menschen können (zumindest seit einer gewissen historischen Epoche) zwei verschiedene Einstellungen zu sich und ihrer Welt entwickeln. Wie erwähnt unterschied ich zwischen partikularistischem und individuellem Verhältnis zur Welt und zu sich selbst, im ersten Fall gekennzeichnet durch doppelte Identifikation, im zweiten Fall durch die Möglichkeit einer distanzierten (oder gar keiner) Identifikation.

Das würde ich auch heute noch gelten lassen. Das Konzept ist in Ordnung. Wie zum Teufel erklärt es sich dann, dass ich fast die Hälfte meines Buches durch meinen gnadenlosen Stift zum Tode verurteilte – wie in der Ausgabe auf meinem Regal?

Das Konzept bereitete mir keine Schwierigkeiten. Die Probleme lagen eher in der Ausarbeitung. Es hätte genügt zu erwähnen, dass zwar die Struktur des Systems der Objektivierungen selbst sich nicht ändert, die Inhalte aber ständig im Fluss sind. Es war völlig überflüssig, dies mit einer Reihe von empirischen Beispielen zu beweisen. Beispiele beweisen ohnehin gar nichts. Im Überfluss von Beispielen, habe ich manchmal das Gefühl, geht das hübsche Baby wie in zu viel Badewasser fast ganz unter.

Ich verstehe aber, warum ich eine absolute Immunität gegen den Bazillus der beinahe religiösen Vorherrschaft der sogenannten „linguistischen Wende" entwickelte. (Man vergleiche die Kritik von Habermas an meiner Position, die er als Arbeitsparadigma interpretierte, ein Paradigma, zu dem ich mich nie bekannt hatte. Allerdings habe ich mich auch nie zum Paradigma der Sprache bekannt, außer wenn alles in „Sprache" eingeschlossen ist, wozu es mehrere Versuche gab.)

Kehren wir zu meiner unglücklichen, verstümmelten Ausgabe zurück. Beginnend mit dem dritten Teil (der ein Jahr später geschrieben wurde) änderte sich das Verhältnis zwischen der Entwicklung der Gedanken und den empirischen Beispielen dazu dramatisch. Die Kapitel wurden dichter. Hier arbeitete ich die Beziehung zwischen den drei Sphären aus. Noch wichtiger ist, dass ich an dieser Stelle auch die strukturellen Eigenschaften der fundamentalen Sphäre und ihre Funktionen detailliert erläuterte. Hier sprach ich zum ersten Mal das Problem an, wie soziale Regulierungen instinktive ersetzen könnten, durch Wiederholung und Wiederholbarkeit, Regelsysteme, Zeichensysteme, Ökonomie und so weiter. Hier analysierte ich auch die ganz allgemeinen Abläufe des Denkens und Handelns, ohne die wir unser tägliches Leben gar nicht führen könnten und die trotzdem an eine Gefahrenzone angrenzen, wie etwa Pragmatismus, Imitation, Wahrscheinlichkeit, analoges Denken, Überverallgemeinerung und grobe Behandlung des einzelnen. (Die beiden letzteren Probleme würden in meinem soziologischen Büchlein über Vorurteile eine beherrschende Rolle spielen, das einige Jahre später auf Ungarisch entstand.)

Auf alle oben genannten Fragen würde ich später mit sehr geringen Modifikationen zurückkommen. Nur zur systematischen Analyse von Alltagszeit und Alltagsraum bin ich nie wieder zurückgekehrt. Die Fragen lagen in meinem Unbewussten verborgen und kamen erst später wieder aus ihrem Versteck hervor: in „A Theory of History" [„Eine Theorie der Geschichte"] und noch später in zwei Aufsätzen, „Wo sind wir zu Hause?" und „Time!" [„Zeit!"].

Jetzt, da ich das Buch wiedergelesen habe, gibt es eines, was ich nicht verstehe: nämlich, wie mir das Buch im Gedächtnis geblieben ist. In einem Interview vor einigen Wochen versicherte ich, was ich immer gesagt hatte, dass dieses Buch das Programm der „neuen Linken" erklärte, bevor es herauskam, es war neulinks *avant la lettre*, denn es erklärte die Revolution des Alltagslebens. Die Popularität dieses Buches schrieb ich seiner Funktion zu. Doch nichts davon steht in diesem Buch! Es ist richtig, dass ein paar Dinge in diese Richtung weisen. Wenn es sich auf das Individuum bezieht, wenn es oft (auf epikureische Art) betont, dass es nicht notwendig sei, in einer entfremdeten Welt ein entfremdetes Leben zu leben, weil wir uns direkt auf das „Gattungswesen" beziehen können usw. Das alles klang neu und links und kam aus der Feder von jemandem, die sich Marxistin nannte, die beiden tragenden Säulen von Marx' Denken jedoch ablehnte: die führende Rolle des Proletariats und das Paradigma der Produktion. Doch dies war nur ein Indiz für meinen erwähnten „Theseus-Schiff"-Komplex, eine Spezialität meiner persönlichen Entwicklung.

Das Buch ist sehr professionell, besonders ab dem dritten Teil, wenn Wittgenstein allmählich zu dominieren beginnt. Nur der Schlusssatz des Buches könnte den Eindruck vermitteln, es ginge um ein neues Credo. Ich zitiere hier den letzten Satz, in dem das Pathos der neuen Linken und die Rhetorik wirklich dominieren. Die Individuen unserer Zeit, die ein sinnvolles Leben führen, haben die Aufgabe und die Pflicht, eine Gesellschaft ohne Entfremdung zu schaffen, in der alle Zugang haben zu den „Glücksgütern", die Voraussetzungen für ein gutes Leben sind. Ich sprach vom sinnvollen Leben, nicht vom glücklichen, und meinte, die Welt bornierter Befriedigung könne mit dem Kommunismus nicht zurückkehren. „Die wahre Geschichte ist in der Tat *Geschichte,* ein immer wieder von neuen Konflikten bewegtes, den einmal erreichten Zustand immer wieder überschreitendes Geschehen. Und diese Geschichte, als wahre, von den Menschen bewußt gestaltete Geschichte, eröffnet die Chance, daß das Alltagsleben eines jeden Menschen sinnvoll, die Erde wirklich das *Zuhause* der Menschheit wird." (In meiner verstümmelten Version ließ ich das Wort „Kommunismus" aus, als wenn das irgendetwas geändert hätte!)

Ich war also keine Prophetin, ich habe den Mai 1968 nicht vorausgesehen. Das Buch hat trotzdem keinen schlechten Ruf. Erstens, weil ihm bald ein erklärender Aufsatz folgte, in dem ich mich auf das Buch stützte und über „die Revolution des Alltagslebens" sprach. Eine solche Revolution, schrieb ich, sei jeder Art von politischer Revolution überlegen. Nicht nur, weil mit ihr keine Gewalt verbunden sei, sondern auch, weil eine politische Revolution am menschlichen Verhalten nichts dauerhaft verändere; es bleibe partikularistisch. In der Folgezeit einer Revolution würden Männer und Frauen nicht fähiger sein, sich von ihrer Welt und sich selbst zu distanzieren (ich könnte hinzugefügt haben, sogar weniger). Ich argumentierte für eine Revolution, die nicht darauf abzielt, „die" Macht zu ergreifen, sondern solche Versuche als eher kontraproduktiv abtut und implizit alle Systeme sowjetischen Typs zusammen mit ihrer Ideologie ablehnt. Dieser Text und ähnliche über das Thema der Revolution des Alltagslebens hinterließen den Eindruck, dass ich auch in meinem Buch diese Sache vertreten hätte. Doch ich kann vielleicht erst jetzt in meiner Vergangenheit jenen Weg erkennen, der mich in die Zukunft meiner Vergangenheit führte.

Anfang der 1980er glaubte ich die Zeit gekommen, um die Fäden meiner verschiedenen, immer noch unverbundenen Gedanken zu verknüpfen, die ich in den „Dialogjahren" formuliert hatte. Ich wandte mich unter anderem auch den Problemen des Alltagslebens zu. Ich war nicht mehr naiv und verließ mich nicht mehr nur auf meine Intuition, wurde weniger innovativ, aber solider.

Beim Nachdenken über das Konzept meines (damals) über fünfzehn Jahre alten Buches fand ich in den ersten beiden Teilen Beschreibungen und Darlegungen, die es verdienten, erhalten zu bleiben, und sogar noch mehr in den Teilen drei und vier. Die Theorie der Objektivierungen, die Analyse des sogenannten „sozialen Minimums", die Aneignung des für das menschliche Überleben Notwendigen haben ihre Relevanz nicht verloren. Doch sah ich, dass etwas fehlte. Ich betonte, ja über-dokumentierte die These vom laufend sich ändernden Inhalt des Systems von Objektivierungen im täglichen Leben, aber ich hatte mich nicht darum gekümmert, herauszufinden, welche Kräfte diese oft bedeutenden Transformationen bewirken und wie. Das Ergebnis war, dass ich das konzeptuelle Netz meines frühen Buches mit einem anderen kombinieren musste, zumindest musste es ergänzt werden. In meiner langen Studie „Everyday Life, Rationality of Reason, Rationality of Intellect" [„Alltagsleben, Rationalität der Vernunft, Rationalität des Intellekts"] versuchte ich, dieser Aufgabe gerecht zu werden. Sie erschien in den 1980ern als zweites Kapitel der Sammlung „The Power of Shame" [„Die Macht der Scham"]. Sie wurde nicht in irgendeine Sammlung aufgenommen, sondern in jene, in die sie gehörte. Über dieses Buch als Ganzes werde ich später sprechen, wenn es um meine australischen Jahre geht.

Während der zweite Text der Sammlung wieder zum Problem des Alltagslebens zurückkehrte, wandte sich der erste (auf den ich ebenfalls später noch zurückkomme) wieder der scheinbar vernachlässigten Frage der Ethik aus den Dialogjahren zu (abgesehen von Aufsätzen über die Geschichte der Ethik und einem kurzen Unterkapitel des „Alltagslebens").

Die Verknüpfung der einzelnen Fäden, die in den Dialogjahren unverbunden geblieben waren, die eigentlich als letztes Handanlegen gedacht war, erwies sich in Wirklichkeit als Neuanfang, vor allem in der Ethik. Meiner Studie über die Scham folgte unmittelbar mein Buch über Gerechtigkeit und allgemeine Ethik. Doch im Falle des „Alltagslebens" blieb es dabei: nur ein letztes Handanlegen. Ich würde nie wieder zum Thema des Alltagslebens zurückkehren außer in gelegentlichen Vorlesungen. Nicht, weil ich meine Vorstellungen aufgegeben habe, sondern weil ich darüber alles gesagt hatte, was ich zu sagen hatte.

Bei der Behandlung der Frage, wie sich Lebensformen ändern, wie sie transformiert werden und durch welche Kräfte, stützte ich mich stark auf den Diskurs über Rationalität, der damals dominierte. Dieser Diskurs kreiste um eine Weber-Renaissance und eine Habermas-Mode. Fragen der Rationalität haben bereits in meinem Buch über Philosophie (aus den Dialogjahren) eine Rolle gespielt und wandten sich dann der Habermas'schen Kommunikationstheorie zu. Ich komme bald auf dieses Buch zurück. Hier folge ich der Transformation meiner Theorien über das Alltagsleben, daher werde ich vorspringen und diese Geschichte hier erzählen.

Die lange Studie „Everyday Life, Rationality of Reason, Rationality of Intellect" ist dicht. Ich plauderte nicht, es gibt keine empirischen Beispiele. Außerdem sind meine traditionellen hegelianischen Bestimmungen durch nominelle Definitionen ersetzt wie: „Mit Rationalität meine ich, vernunftgemäß zu handeln. Mit Vernunft meine ich ‚bon sense', also die Fähigkeit, gut und schlecht zu unterscheiden." Es stellte sich heraus, dass ich mit „vernunftgemäß handeln" nur die praktische Vernunft im Sinn hatte. Ich wandte mich dann dem Paradigma des Systems der Objektivierung selbst zu (dieses Mal nannte ich es Paradigma) als dem *a priori* sozialer Existenz. Wir werden mit der Geburt in dieses System geworfen. (Dies würde der Ausgangspunkt meiner gesamten zukünftigen Ethik werden.) Es folgte eine Zusammenfassung der grundlegenden Kategorien des Alltagslebens. Diese Zusammenfassung wird für den nächsten Schritt benötigt, die feine Unterscheidung zwischen verschiedenen Arten von Rationalitäten, genannt die „Sezierung eines lebenden Körpers". In diesem Zusammenhang argumentierte ich, dass keine Art von Rationalität (wie etwa formale Rationalität, substantive Rationalität, absichtsvolle Rationalität, instrumentelle Rationalität, pragmatische Rationalität und kommunikative Rationalität) die Rationalität einer Handlung oder einer Serie von Handlungen gewährleistet.

Die Kritik der „Sezierung eines lebenden Körpers" beginnt mit einer Geschichte. Es ist die Geschichte eines Serienkillers, der Prostituierte ermordet mit der Begründung, sie würden eine ansonsten gesunde Gesellschaft infizieren (ein Beispiel für Wertrationalität). Ein Freund des angehenden Serienkillers stimmt mit seinem Urteil überein (kommunikative Rationalität). Daraufhin wählt der Killer die geeignete Zeit, den Ort und die Mittel aus, um sein Vorhaben durchzuführen, was ihm gelingt (Zweckrationalität). Warum beurteilen wir dann seine Handlung als irrational? In diesem Kapitel kam ich zu dem Schluss, dass die eigentliche Tat entscheidend ist und alles bestimmt, wenn man ein Urteil über eine Reihe von Handlungen fällt (in diesem Fall die Serienmorde), in der Bewertung durch die Wertepräferenzen jener Gesellschaft, in der die Tat ausgeführt wird. In unserer Gesellschaft gilt eine solche Tat als böse, vielleicht verrückt, sie würde nicht als rational angesehen. (Der Bezug zu totalitären Gesellschaften ist offensichtlich. Nazis fanden den Massenmord an Juden rational. Rationalität ist kein intrinsischer Wert.)

Ich unterschied auf funktionaler Basis zwischen Rationalität der Vernunft und Rationalität des Intellekts. Was auch immer akzeptiert wird, was üblich ist, als gegeben angenommen wird und in einem Normensystem keine Rechtfertigung braucht, vorhersagbar, vorhersehbar, erwartet usw. wird, ist im Bezug auf die „Rationalität der Vernunft" rational. Was der Rationalität der Vernunft widerspricht, wird als verrückt oder böse angesehen. (Das Böse wird oft für einen Dämon gehalten, der den Menschen von außen ergreift.) Was die Rationalität der Vernunft für nicht rational hält, wird nicht notwendigerweise auch aus dem Blickwinkel der „Rationalität des Intellekts" für irrational, verrückt oder böse gehalten. Der „Intellekt" kann Gebräuche, akzeptierte Normen und die vorherrschenden Lebensweisen einer Welt als böse oder verrückt ablehnen. Diese Ablehnung kann rational sein, wenn und nur wenn die Quellen des Intellekts sich aus einem Wert speisen, sich in ihrer Argumentation auf einen Wert beziehen und auf dieser Grundlage Schlüsse ziehen können (zum Beispiel Freiheit). Der Intellekt kann für sich selbst nur das System der Objektivierungen als Fundament für Rationalität nutzen (unter anderem nicht institutionalisierte Religion, Philosophie, Wissenschaft, Kunst). Natürlich kann man sich auch ausschließlich auf seinen Instinkt verlassen, wenn man gegen die als gegeben angesehene Welt rebelliert, doch dann sprechen wir nicht von Rationalität.

Nachdem ich einmal begonnen hatte, die Frage der Rationalität in diesem Sinne zu durchdenken, änderte ich meine Schlussfolgerungen auch später nicht mehr. Sie gehören mit zu meinem Begriff der dynamischen Gerechtigkeit und zu jenem der „Dynamik der Moderne" und finden sich sogar in meinem Buch über die Komödie. (Bereits in unseren ersten Jahren in New York schrieben Ferenc Fehér und ich einen Essay mit dem Titel „Comedy and Rationality" [„Komödie und Rationalität"].) Doch das Thema Rationalität habe ich nie wieder als zentrales, umfassendes Thema untersucht.

Kehren wir nach diesem langen Exkurs zum Nachleben meines Buches über „Das Alltagsleben" zurück in die Dialogjahre.

*****

Unter dem Einfluss der Ereignisse von 1968 schrieb ich mein wirklich neulinkes Buch, die „Theorie der Bedürfnisse bei Marx". Das Buch wurde aus Ungarn geschmuggelt und ins Deutsche, Englische, Italienische und andere Sprachen übersetzt. (Eine gekürzte Ausgabe des Buches wurde in die Sammlung mit dem Titel „The Grandeur and Twilight of Radical Universalism" [„Größe und Elend des radikalen Universalismus"] aufgenommen, die 1991 bei Transaction Press erschien.)

Mein Marx-Buch war ein gewaltiger Erfolg. Allein in Italien erreichte es sechs Auflagen, es wurde in ungefähr acht Sprachen publiziert.

Dieser Erfolg überraschte mich schon damals. Ich fand es nicht besonders interessant, geschweige denn herausragend. Auch jetzt bin ich mit meinem ursprünglichen Urteil einverstanden. Doch ich verstehe den Erfolg des Buches nun besser.

Zu jener Zeit (und seither immer) wandte ich mich unerbittlich den „Dingen selbst" zu. Ich war überzeugt, ein Buch müsse etwas Neues sagen, das sich der Autor ausgedacht und vorgeschlagen hatte, anstatt nur die Standpunkte anderer zu besprechen. Deshalb betrachtete ich meine Studien zur philosophischen Tradition sämtlich als Fingerübungen. Auch ein Pianist muss Fingerübungen machen, aber das ist noch kein Klavierspiel und noch weniger Komposition. Ich hatte nicht die leiseste Ahnung, dass die meisten meiner zeitgenössischen Philosophen (abgesehen von den analytischen Philosophen) nicht anderes tun („Cosi fan tutte"), denn so funktioniert nun einmal die zeitgenössische Philosophie. (Inzwischen haben sich die Dinge noch weiter entwickelt und sind meiner Ansicht nach noch schlechter geworden.)

Doch in meinem Buch über Marx schrieb ich wirklich über Marx und entwickelte keine eigene Theorie der Bedürfnisse. Was zum Teufel ist dann so liebenswert an diesem Band? Vielleicht, dass ich immer noch überzeugt war, das Herz des Marx'schen Projekts zu verstehen, auch wenn ich nicht mehr an eine einzig „wahre" Interpretation glaubte.

Der Stil des Buches unterscheidet sich von allen meinen früher oder später entstandenen Werken. Es enthält zahlreiche Zitate, die ich kommentiere. Ich hasse Zitieren: Diese starke Abneigung habe ich aus der Zeit der Diktatur Rákosis, in der die meisten „theoretischen" Bücher hauptsächlich aus Lenin- und Stalin-Zitaten bestanden. Wir nannten diese damals verbreitete Praxis „Zitatologie". Ich war überzeugt, zitieren hieße, sich hinter dem Rücken eines anderen zu verstecken. Heute glaube ich das nicht mehr, aber meine Abneigung gegen das Zitieren ist geblieben (auch wegen meiner Faulheit).

Meine Absicht bei diesem Buch war offensichtlich. Dieses Mal deckten sich meine politische und meine theoretische Absicht. Ich konnte keinen Frieden machen mit einem Marx, der die „Produktivkräfte", also

Technologie und Know-how, als unabhängige Variable historischer Entwicklung bezeichnet hatte. Obwohl ich mich als Marxistin betrachtete, war ich bemüht, dieses Thema gänzlich zu umgehen. Im „Alltagsleben" hatte ich geschrieben, dass ich diese Sichtweise nicht akzeptieren könne, jedoch keine Alternativen angeboten. In meinem bereits erwähnten Büchlein über marxistische Theorie hatte ich den höchsten Wert bei Marx als „Reichtum" identifiziert, also materieller, kultureller und geistiger Reichtum, zuerst und vor allem aber Reichtum an Bedürfnissen und Reichtum als Universalität. Doch die Fragen nach Wert und Paradigma sind nicht identisch, und ich war auf der Suche nach einem alternativen Paradigma für die Entwicklung der Produktivkräfte.

Unabhängig von meiner wachsenden Unzufriedenheit mit dem Paradigma der Produktion war die Unterscheidung zwischen Interessen und Bedürfnissen seit meinen Vorlesungen von 1957 wichtig für mein Denken. In meinem neuen Buch über Marx bot ich eine Alternative zum traditionellen Marx-Verständnis. Nicht die Produktivkräfte, sondern die menschlichen Bedürfnisse dienten bei Marx als das eigentliche Paradigma. Außerdem verstand er Interessen einschließlich der Klasseninteressen als entfremdete Bedürfnisse.

(Später, als ich schon in Australien war, würde ich auf die Kritik des Paradigmas der Produktion zurückkommen. Ich erörterte das Problem nicht mehr aus marxistischer Sicht und argumentierte, Marx habe nicht klargestellt, ob er im Sinne des Paradigmas der Produktion oder des Paradigmas der Arbeit dachte. Diese beiden Paradigmen sind nicht nur verschieden, sie sind unvereinbar.)

Während ich Marx' Theorie interpretierte, erörterte ich mehrere Definitionen, Klassifikationen und Typologien von Bedürfnissen, die sich diesen aus verschiedenen Perspektiven näherten. Einige dieser Typologien waren sehr erhellend. Zum Beispiel hatte Marx darauf bestanden, Luxusbedürfnisse seien nicht substanziell, denn was man „Luxus" nennen kann und was nicht, hängt von historischen Umständen, Lebensweisen usw. ab. In diesem Sinne behauptete er, der Konsum von Gin sei für einen englischen Arbeiter kein Luxus, sondern notwendig.

Im Gefolge von Hegel betonte Marx (wie ich im Gefolge von beiden), dass man einzelne Bedürfnisse und ihre Befriedigung oder Nichtbefriedigung kaum getrennt behandeln könne, denn jede Epoche, jede soziale Schicht ist gekennzeichnet durch ein System von Bedürfnissen.

Doch das große Interesse des Publikums an meinem Buch war durch etwas anderes bedingt: durch die Erörterung der Entfremdung von Bedürfnissen und den Begriff der radikalen Bedürfnisse.

Die Theorie der entfremdeten Bedürfnisse – wenn auch nicht der Begriff – kommt von Kant und nicht von Marx (was ich anmerkte). Als „entfremdete Bedürfnisse" beschrieb ich, was Kant „Süchte" nannte: das Verlangen nach Besitz, nach Macht und Ruhm. Anders als körperliche Bedürfnisse ist solches Verlangen quantitativ und kann daher niemals befriedigt werden. Man kann nicht genug Geld haben, denn man könnte ja noch mehr haben, man kann niemals zufrieden sein mit seinem Ruhm, den man könnte ja noch berühmter sein, und man kann ganz sicher nicht gesättigt sein mit Macht, denn Macht lässt sich grenzenlos ausdehnen. Jedes nur qualitative Bedürfnis kann befriedigt werden, auch das nach Vergnügen, doch quantitative Bedürfnisse sind unendlich. Von diesen kantianischen Ideen ausgehend kam ich zu dem Schluss, dass die quantitativen entfremdete Bedürfnisse sind und dass einige qualitative Bedürfnisse zu quantitativen entfremdet werden.

Die Gleichsetzung von Entfremdung und Quantifizierung war wichtig für meine Theorie. Ich dachte vor allem über die Zunahme von qualitativen Bedürfnissen nach, das Auftauchen neuer Bedürfnisse, das eigentlich ein Segen war, denn es passte perfekt zu meiner Bevorzugung eines epikureischen Lebensstils (wie wir wissen, hat Marx seine Dissertation über Epikur geschrieben, den er bewunderte). Neben und über meine Vorliebe hinaus könnte ich mir ein modernes Leben ohne sich laufend erweiternde, sich vervielfachende Bedürfnissysteme gar nicht vorstellen. Ich erkannte zwar die Schattenseiten einer ständigen Zunahme qualitativer Bedürfnisse, trotzdem akzeptierte ich schließlich, in einem faustischen Universum zu leben, und vertraute auf authentische Individuen und ihre Fähigkeit zur Selbstbegrenzung.

In einem Text, der später in Australien entstand, mit dem Titel „The Dissatisfied Society" [„Die unzufriedene Gesellschaft"] ging ich auf das Problem im Einzelnen ein. In dieser Schrift und weiteren folgenden behandelte ich das Engagement der neuen Linken immer kritischer als eine Art Diktatur der Bedürfnisse. Insbesondere ärgerte mich Marcuse mit seiner dauernden Kategorisierung von „guten" und „bösen", „wahren" und „falschen" Bedürfnissen. Keine neue Linke konnte mich meine Erfahrungen in der osteuropäischen Diktatur vergessen lassen. Ich konnte nicht dulden, dass jemand mir oder irgendjemand anderem sagte, was unsere „wahren" Bedürfnisse und welche „falsch" seien. Mit welchen Maßstäben beurteilen sie uns? Wer berechtigt sie dazu? Ich ärgerte mich auch, als ich bei Adorno las, dass im modernen Kapitalismus jedes Bewusstsein fetischistisch sei. Ich fragte mich, woher weiß er, da er doch selbst in einer kapitalistischen Gesellschaft lebt, dass sein Bewusstsein nicht fetischistisch ist? Woher nimmt er den Mut zu solchen und ähnlichen Behauptungen?

Während ich fast schon zum Star der neuen Linken wurde, ging mir der vulgäre und dogmatische Antikapitalismus der Linken allmählich auf die Nerven. Eines der Produkte dieser Stimmung war mein Aufsatz „Can ‚True' and ‚False' Needs Be Posited?" [„Können ‚wahre' und ‚falsche' Bedürfnisse postuliert werden?"], der ebenfalls in Australien entstand und in „The Power of Shame" veröffentlicht wurde. Meiner Meinung nach ist das einer meiner besten Aufsätze. Ich beantwortete natürlich meine eigene Frage negativ und argumentierte auch, dass die Unterscheidung gefährlich und patriarchalisch sei. Die Hauptthese lässt sich so zusammenfassen: Das Bedürfnis einer Person ist das, was diese Person dafür hält und als solches empfindet. Niemand hat das Recht, ihr zu sagen, dass das nicht wirklich das ist, was sie braucht, dass sie nur glaubt es zu brauchen, dass wir es besser wissen. Das Bedürfnis jedes Menschen sollte als sein oder ihr Bedürfnis anerkannt werden. Nur auf moralischer Grundlage kann man die Anerkennung von Bedürfnissen ausschließen. Das Prinzip des Ausschließens borgte ich mir von Kant. Alle Bedürfnisse sollten anerkannt werden außer jenen, deren Befriedigung es erfordert, dass Personen (wir selbst eingeschlossen) als bloße Mittel gebraucht werden.

Aus der These, dass alle Bedürfnisse anerkannt werden sollten, folgt nicht, dass sie alle erfüllt werden sollten oder könnten. Doch wenn eine Person ihre Bedürfnisse artikuliert, muss sie diese nicht rechtfertigen. Lehnen wir jedoch ihre Befriedigung ab, müssen wir diese Ablehnung begründen. (Wenn jemand mir sagt: „Ich brauche dich", sollte sein Bedürfnis anerkannt werden. Trotzdem kann ich antworten: „Tut mir leid, ich kann dein Bedürfnis nicht befriedigen, denn ich liebe nicht dich, sondern jemand anderen.")

Schließen wir hier meine jüngste Überlegung zur Theorie der Bedürfnisse an (schon aus meiner Zeit in den USA). Ich ergänzte etwas zum Thema der Bedürfnisse, indem ich auf den Unterschied zwischen vormoderner und moderner Gesellschaft hinwies. In vormodernen Gesellschaften sind sowohl die Bedürfnisse wie auch ihre Befriedigung den Angehörigen bestimmter sozialer Gruppen, Klassen, Geschlechter und Herrschaftsbereiche zugeordnet. Das ist in der modernen Gesellschaft unmöglich. Stattdessen wird den Bedürfnissen und ihrer Befriedigung Geld (in bestimmten Mengen) zugewiesen, daher ist die Struktur der Bedürfnisse nicht mehr durch soziale Arbeitsteilung bestimmt (Marx nannte sie „naturwüchsig").

Doch kehren wir zu meinem Buch über Marx' Begriff der Bedürfnisse zurück, die „Theorie der Bedürfnisse bei Marx". Die beliebteste Idee dieses Buches war wie gesagt meine These über radikale Bedürfnisse. Gestützt auf sehr wenige Marx-Zitate, doch ohne sie zu widerlegen, formulierte ich folgende These: Die kapitalistische Gesellschaft, die erste „reine" Gesellschaft, also frei von allen natürlichen Bindungen (wie Blut, Familie, Rasse), eine revolutionäre Gesellschaft, erzeugt aus sich selbst heraus bestimmte Bedürfnisse, die sie nicht befriedigen kann. Wir wünschen uns ihre Befriedigung, doch weil sie im Kapitalismus nicht befriedigt werden können, sind wir getrieben, die Grenzen des Kapitalismus zu überschreiten. Der letzte Satz des Buches gesteht ein, dass die Geschichte noch keine Antwort zur Verwirklichung dieses Projektes gegeben hat.

Später, als meine Beziehung zu Marx sehr kritisch wurde – wenn auch respektvoll –, verwarf ich nicht nur seine Voraussage über die revolutionäre Rolle des Proletariats und die Weltrevolution, sondern auch über den bevorstehenden Zusammenbruch des Kapitalismus. Nicht wenige Leser fragten mich daraufhin: Und was ist aus den radikalen Bedürfnissen geworden? Gibt es sie nicht?

Ja doch, es gibt solche Bedürfnisse. Die moderne Welt erzeugt tatsächlich Bedürfnisse, die sie nicht befriedigen kann, die sich in Ansprüchen und Wünschen äußern. Dazu meinte ich nur: Wir können sie in keiner für uns derzeit vorstellbaren Welt befriedigen.

Die absolute Utopie von Marx war im Wesentlichen mit seiner Theorie der Bedürfnisse verbunden. Damit meine ich sein Projekt des Kommunismus als eine Welt, in der die Bedürfnisse aller vollkommen befriedigt werden können. Selbst wenn man davon absieht, dass wir nicht nur materielle Bedürfnisse haben, sondern auch geistige und emotionelle (einschließlich geliebt zu werden), funktioniert diese Theorie nicht. Sie geht von der Annahme aus, dass nur menschliche Zeit begrenzt ist, während der Reichtum der Natur grenzenlos nutzbar bleibt. Außerdem behauptet Marx, dass die Natur uns umsonst gibt, was immer wir brauchen, weil ihre Produkte keinen Wert besitzen. Wert wird ausschließlich durch menschliche Arbeit erzeugt, das einzige begrenzte Gut. Für ökologisch bewusste Leser muss ich meine Beschreibung der marxistischen Utopie als „absolut" und prinzipiell unrealisierbar nicht eigens begründen.

Doch ich habe schon wieder den Faden verloren.

*****

Wenn Sie mich fragen, wie ich von der Theorie der Bedürfnisse zur Selbstbetrachtung der Philosophie kam, könnte ich diese Frage nicht beantworten. Es passierte einfach. Mein Buch „Philosophie des linken Radikalismus. Ein Bekenntnis zur Philosophie" erschien wie erwähnt nicht auf Ungarisch, sondern in verschiedenen anderen Sprachen. (Zu meinem achtzigsten Geburtstag wurde es schließlich auch auf Ungarisch veröffentlicht.)

Ich schrieb dieses Buch zweimal, was mir vorher und nachher nie wieder passiert ist. Beim ersten Mal hieße es „1003 Thesen zur Philosophie" (angeregt durch Don Giovannis 1003 spanische Liebhaberinnen). Wie der Titel andeutet, ist es in Thesenform verfasst. Ich verwarf diese Version aufgrund von schwerer Kritik meines Freundes Misu Vajda und ersetzte sie durch die zweite, endgültige Fassung in anschaulicher Prosa. Ich spreche hier nur über die zweite, bekannte Version. (Die erste Fassung erschien anlässlich meines Geburtstages auf Ungarisch.)

Der Beginn des ersten Teils von „Philosophie des linken Radikalismus. Ein Bekenntnis zur Philosophie" ist ironisch. Ich stellte meine Liebeserklärung zur Philosophie vor, indem ich ihre Tricks verriet. Der erste Trick ist die Zirkularität aller traditionellen philosophischen Argumente, die ein Jongleur verstecken kann. Gewöhnlich verlassen sich Philosophen bei der Ausarbeitung ihrer Systeme auf eine Grundlage, ein Fundament, auf unbezweifelbare Prinzipien, zum Beispiel den höchsten Gott oder die höchste Wahrheit, und demonstrieren daran ihren Entwurf. Der Trick dabei ist, dass das Ergebnis der Demonstration bereits vorausgesetzt wird, bevor das Verfahren beginnt. Philosophen wissen, was Gott ist und die Wahrheit (hauptsächlich intuitiv), bevor sie ihre Reise philosophischer Demonstration antreten. Ich möchte das anhand eines Vergleichs veranschaulichen. Philosophen sind die Prinzen, die Dornröschen finden und sie durch ihren Kuss zum Leben erwecken, sie sind aber auch jene, die sie zunächst versteckt und zum Schlafen gebracht haben. Jeder Philosoph findet und küsst ein anderes Dornröschen, denn sie haben verschiedene versteckt, immer die eigenen.

Philosophen sind daher auf der Suche nach etwas (Gott oder die Wahrheit), das sie bereits gefunden haben. *Ens perfectissimus, ens realissimus.*

Philosophien sind rational, denn sie stellen Behauptungen auf und beweisen, was sie vorausgesetzt haben, auch wenn sie zugeben, dass sie ihre Wahrheit oder ihren Gott intuitiv gefunden haben. Sie geben es selten zu.

Es war dieses Buch, in dem ich zum ersten Mal die These formulierte, dass eine Philosophie nur verifiziert, aber niemals falsifiziert werden kann. Besser gesagt werden alle Philosophien durch den nächsten bedeutenden Philosophen falsifiziert, aber das tut ihnen nicht weh. An dieser Stelle schrieb ich auch zum ersten Mal über die spezielle philosophische Sprache, zu der auch der Gegensatz zwischen Sein und Sollen, zwischen Wesen und Erscheinung gehört.

Diesen tautologischen Charakter der Philosophie führte ich nicht nur am Beispiel der antiken Philosophen vor, sondern auch an modernen wie Heidegger und Sartre. Auch ihre Philosophie kann nicht falsifiziert werden, nur verifiziert.

Hier taucht bereits die fundamentale Interpretation des Begriffs „radikal" im Zusammenhang mit der Philosophie auf. Ich nannte sie fundamental, weil sie für alle Philosophien gilt. Jede Philosophie ist radikal, schrieb ich. Kann irgendein Denksystem radikaler sein als jenes, dass alles, was wir in unserem Allgemeinwissen für gut und richtig hielten, nur den Anschein hat, äußerlich ist, eine Meinung, ein Glaube? Kann irgendetwas radikaler sein als das, was sich unseren Glaubenssystemen und Ansichten entgegenstellt *(doxa)*, das wirklich Wahre, das wahre Gute, das wahre Schöne, von denen keiner von uns auch nur die geringste Vorstellung hatte?

Es ist schade, dass mich dieses Verständnis des Wortes „radikal" nicht zufriedenstellte und ich im letzten Teil des Buches eine andere Interpretation des Begriffs wählte.

Ich kann noch immer fast alles unterschreiben, was ich über die Rezeption der Philosophie im zweiten Teil des Buches zu sagen hatte.

Ich führte diesen Gedankengang mit der Beobachtung ein, dass Philosophie immer kindische Fragen fragt und beantwortet. (Ich wusste nicht, dass Heidegger etwas Ähnliches gesagt hatte, aber das ändert nichts an der Tatsache, dass diese Beobachtung den Nagel auf den Kopf traf.)

Philosophie ist Denken, schrieb ich. Sie empfiehlt ihren Adressaten Folgendes: „Denk darüber nach, wie man denken soll, denk darüber nach, wie man handeln soll, denk darüber nach, wie man leben soll." Im Falle einer „ganzheitlichen Rezeption" durchdenkt der Adressat alle drei Fragen im Geiste der Philosophie. Es gibt drei Arten einer „partiellen

Rezeption". Man kann eine Philosophie wissenschaftlich aufnehmen, wenn man der ersten Empfehlung folgt (darüber nachzudenken, wie man denkt); moralisch, wenn man nur der zweiten Empfehlung folgt (darüber nachzudenken, wie man handelt); und drittens, aus der Sicht der eigenen Lebensweise (darüber nachzudenken, wie man leben soll). Ich füge hinzu, dass jedes Verstehen auch ein Missverständnis sei, doch nicht jedes Missverständnis ein Verstehen. (Dies ist die Neuformulierung einer alten Idee in einem neuen Zusammenhang.) Ich fand Beispiele zu allen drei Arten der Rezeption, doch diesmal ohne geschwätzig zu werden.

Das folgende Kapitel handelt von der Neuinterpretation des Begriffs der Werte, in deren Verlauf ich *en passant* bestimmte Gedanken formulierte, die in meinen späteren Schriften eine wichtige Rolle spielen würden. Hier unterschied ich unter anderem die Beziehung der Über- und Unterordnung von der Beziehung persönlicher Abhängigkeit, eine Unterscheidung, die viel später in meinem Buch über Gerechtigkeit ausschlaggebend sein würde.

Das nächste Kapitel weckt mein heutiges Interesse, vielleicht weil ich nie auf die dort erörterten Probleme zurückgekommen bin. Ich sprach Probleme an, die damals auf der Tagesordnung standen. In jenen Jahren genoss die rationale Kommunikationstheorie von Apel und Habermas besondere Beliebtheit. Jedermann sprach von Rationalität, Kontrafaktizität, der idealen Sprachsituation und so weiter. Auch ich dachte über diese theoretischen Vorschläge nach. Ich sympathisierte mit manchen Gedanken von Apel und Habermas, besonders mit ihrer Darstellung der allgemeinen Struktur von Kommunikation, aber manche ihrer Ideen konnte ich nicht akzeptieren.

In diesem Kapitel fasste ich meine ergänzenden Gedanken als Zweifel zusammen. Ich verwarf Habermas' Konsenstheorie der Wahrheit. Darüber hinaus lehnte ich die These von der wesentlichen Differenz zwischen Dialektik und Rhetorik ab, dass man nur mit Argumenten überzeugen könne und Übereinkunft das einzige befriedigende Ergebnis eines jeden Diskurses wäre. Das gesamte Kapitel über den Werte-Diskurs wurde zur Verteidigung des Pluralismus geschrieben, von Differenz und von

Debatten. Das heißt nicht, dass ich die Möglichkeit einer Übereinkunft ausschloss. Ich unterstrich dies sogar mit einem guten Beispiel (einem Briefwechsel zwischen Lukács und Thomas Mann).

(In der Geschichte meiner Philosophie gibt es dazu keine Fortsetzung. Vielleicht habe ich das Problem für mich ein für alle Mal geklärt.)

Im Nachsatz bemühte ich mich dennoch, die Diskurstheorie mit der von den radikalen Bedürfnissen zu verbinden. Dieser unglückliche Schritt tat dem Buch nicht gut, das ansonsten voller guter Ideen steckt. Ich verwickelte mich erneut in neulinke Rhetorik, indem ich den Begriff „radikal" ein zweites Mal interpretierte. Ich bezeichnete „radikale" Philosophie nicht nur als Genre, sondern nannte nur jene Arten von Philosophie (besonders) radikal, die radikale Bedürfnisse ausdrücken und verkörpern. Unter anderem unterschied ich zwischen linkem und rechtem Radikalismus. Das war zweifellos vernünftig, doch die Komödie begann, als ich jeden in die Kategorie „linksradikal" einordnete, den ich mochte (von Marx bis zur Theologie der Befreiung), und jeden, den ich hasste, vor allem Marxismus-Leninismus, in die Kategorie „rechtsradikal". Ich machte es mir zu einfach. Schlimmer noch, ich unterstützte das Programm der „totalen sozialen Revolution" als eine gute Idee. Es nützt nichts, zu präzisieren, was ich mit „total" meinte (nicht der Welt eine Norm zu geben, sondern eine Welt der Norm). Mich überkommt immer noch ein Schaudern, wenn ich das lese.

✵✵✵✵✵

Gestern habe ich mein tägliches Pensum mit diesem letzten Satz beendet. Er klang in meinem Unbewussten bis in den Schlaf nach und ich wachte mit der klaren Erinnerung an einen Traum auf. Ich hatte geträumt, dass mein junges Selbst meinem alten vorhielt, was es geschrieben hatte. Der Text des Vorwurfs war etwas verschwommen, aber im Aufwachen verstand ich ihn deutlich. Mein junges Selbst kritisierte mich dafür, dass ich weder seine Absicht noch sein Engagement verstanden hätte. Es ärgerte sich über mich wegen meiner Gleichgültigkeit gegenüber subtilen Ideen und vor allem wegen meiner Ungerechtigkeit.

Obwohl ich die Vorwürfe im Wachzustand zurückwies, sah ich ein, dass ich meinem jungen Selbst wenn schon keine Entschuldigung, so zumindest eine Erklärung schuldig war. Schließlich überkommt mich nicht bei jeder Art von Rhetorik ein Schaudern. In den Büchern, die ich gemeinsam mit Ferenc Fehér geschrieben habe, gibt es einige rhetorische Passagen. Zum Beispiel ist der Schlusssatz in unserem Buch über die Revolution von 1956 absichtlich sehr rhetorisch, und damit habe ich kein Problem. Woran liegt das?

Ich könnte zu meiner Rechtfertigung vorbringen, dass die Bücher, die ich mit Ferenc Fehér geschrieben habe (und auf die ich später noch zurückkomme), Pamphlete waren. Rhetorik ist die Würze eines Pamphlets, sie gehört zum Genre. Doch ein Buch über Philosophie ist kein Pamphlet, sondern die ernsthafte Untersuchung eines theoretischen Problems. Was hat Rhetorik damit zu tun?

Das alles erklärt aber nicht, zumindest nicht für mich, warum ich mich bei bestimmten Sätzen in meinem Buch unwohl fühle, zum Beispiel bei der Interpretation des Linksradikalismus. Hat Philosophie nicht das Recht, ihre Vorstellung neu zu bestimmen, ungewöhnliche Nominaldefinitionen zu bieten? Zumindest, wenn sie diese konsistent verwendet? Und in dieser Hinsicht gab es keinen Fehler. Doch, so würde mein heutiges Selbst fortfahren, benutzte ich politische Kategorien, also nur empirische Kategorien, als seien sie philosophische. Der Gegensatz zwischen „ist" und „soll sein" kann nicht zwischen empirische und transzendentale Begriffe gestellt werden, als stünden sie auf derselben Ebene!

„Und warum nicht?", fragt mein junges Selbst. „Habe ich nicht das philosophische Recht, mich auf regulative, theoretische und praktische Ideen zu beziehen?" Das könnte schon richtig sein, würde mein altes Selbst antworten, aber nur auf beschreibende Weise.

„Eben", sagt mein junges Selbst, „genau das habe ich getan. ‚Auf beschreibende Weise' heißt für mich nicht, dass ich etwas einfach beschreibe, wie es empirisch ist, sondern auch, wie es als Idee oder als Behauptung hier und jetzt existiert. Das philosophische Problem ist durch die Einführung der radikalen Bedürfnisse gelöst. Was ist überhaupt falsch an der Aufgabe, eine Welt einer Norm zu geben, wenn ich zugleich darauf hinweise, dass mein Gedanke sich im Kreis bewegt, auch wenn es kein Teufelskreis ist?"

„Hast du Probleme mit meinen Ideen? Oder nur mit dem Pathos der Formulierung? Oder vielleicht mit der Utopie, die sich am Ende selbst auflöst?" So schimpft mein junges Selbst mit mir.

Was kann ich auf all diese Vorwürfe antworten?

Vor nicht allzu langer Zeit, während ich meine alten Korrespondenzen sortierte, fand ich einen Brief von mir, den ich nie abgeschickt hatte. Der Brief war an einen Mann gerichtet, in den ich sehr verliebt war. Nachdem ich ihn gelesen hatte, überkam mich ein seltsames Gefühl. Ich fand den Brief zu emotionell, zu bombastisch, und irgendwie nicht ehrlich. Ich sann über diesen „Fund" nach. Ich weiß von mir selbst, dass ich niemals etwas über meine Gedanken und Gefühle schreibe oder sage, das ich nicht tatsächlich denke oder fühle. Ich neige eher dazu, Gefühle und Gedanken für mich zu behalten. Was ist da geschehen?

Einen alten Gedanken kann ich jederzeit wieder denken. Aber ein altes Gefühl kann ich nicht wieder erwecken, wenn es weg ist, ändern sich meine Gefühle. Zu dem Mann, an den dieser nie abgeschickte Brief gerichtet war, hatte ich schon lange keine Liebe mehr empfunden. Deshalb fühlte ich mich beim Lesen des alten Briefes unwohl, stellte seine Ehrlichkeit infrage, fand ihn zu pathetisch. Doch der Brief war nicht bombastisch, er war ehrlich, er drückte meine Gedanken und Gefühle jener Zeit aus. Und wie wir wissen, kann kein Skalpell Gefühle und Gedanken auseinanderschneiden.

Meinem jungen Selbst aus meinem Traum antwortete ich so: „Wie du siehst, kann ich deine Gedanken genau nachvollziehen, aber ich kann deine Gefühle nicht wieder fühlen. Doch waren deine Gedanken und Gefühle untrennbar. Ich bin sicher, hättest du dieses Buch hier vor vierzig Jahren gelesen, hätte dich auch ein Schaudern überkommen."

„Doch ich verspreche, dir gegenüber gerechter zu sein. Ich kann jedoch nicht versprechen, anders zu fühlen, als ich jetzt fühle. Ich kann nicht so fühlen, wie du (ich selbst) vor vierzig Jahren. Das ist vielleicht schade, aber nicht zu ändern. Der ‚Liebesbrief' im letzten Teil deines (meines) Buches über Philosophie ist nicht mein Liebesbrief. Nicht mehr."

„Das ist meine Antwort auf deine Vorwürfe. Und du bist in meinen Träumen jederzeit willkommen."

Ich lege meinen Traum und die Entschuldigungen beiseite und komme wieder auf mein Buch über Philosophie zurück, zumindest auf eine seiner Konzeptionen. Diese Konzeption oder vielmehr dieser Gedanke hat eine Vorgeschichte. Er kreist um die Frage, ob ein Philosoph daran gebunden ist, seiner Philosophie gemäß zu leben. Ob die Authentizität einer Philosophie von der Bereitschaft ihres Autors abhängt, seinen Ideen zu folgen. Das ist ein traditionelles Problem, ererbt aus antiker Zeit, als Philosophen noch als weise Männer galten und Anekdoten aus ihrem Leben ebenso interessant für ihre Lehre waren, wie im berühmten Werk des Diogenes Laertius.

Wie erwähnt neigte ich in meinen früheren (und manchmal auch in meinen späteren) Büchern dazu, trotz meines Kantianismus die Einstellungen der Stoiker und Epikureer als maßgeblich für eine philosophische Lebensform anzusehen. Möglicherweise war auch Sartre am Wiederaufleben der Frage beteiligt, weil er für öffentliche Intellektuelle „Engagement" forderte, zu denen auch die Philosophen gehören.

Zum ersten Mal stellte ich diese Frage in einer Festschrift zu Lukács' siebzigstem Geburtstag. Der Titel „Die moralische Mission des Philosophen" deutet die Antwort bereits an. Die moralische Mission eines Philosophen, so argumentierte ich, ist, seiner Philosophie gemäß zu leben – und zu handeln. Mein Freund György Márkus wies mich daraufhin vehement zurecht, indem er darauf hinwies, dass Philosophen heutzutage meist Universitätsprofessoren seien, ein kleinbürgerliches Leben führten und keine andere Aufgabe hätten als so gut zu unterrichten, wie sie könnten. Die Idee sei wunderbar, aber altmodisch.

Trotzdem gab ich die Idee in meinem Buch über Philosophie nicht auf, sondern passte sie nur aktuellen Erfordernissen an. Jeder Philosoph, meinte ich, muss seiner eigenen Philosophie gemäß leben, allerdings verlangen die meisten modernen Philosophien keine bestimmte Lebensform, schon gar kein Drama. Wenn ich darauf bestand, dass man „auf paradigmatische Weise gemäß der eigenen Philosophie handeln müsse", hatte ich noch keine Wahl für eine konkrete Art von Philosophie getroffen. Nicht jede Philosophie enthält auch eine Theorie des Engagements, daher ist auch nicht jeder Philosoph daran gebunden, sich à la Sartre zu engagieren. Doch wenn diese Norm zu seiner Philosophie gehört, dann muss er sie auch erfüllen. In dieser modifizierten Version unterschreibe ich diese Idee immer noch. Wie Nietzsche gesagt hat, niemand sollte in seinem eigenen Medium lügen – schon gar kein Philosoph. Denn die Auswirkungen eines Gedanken sind unmittelbarer als beispielsweise die eines Gemäldes.

*****

Weiterhin verschlang ich Romane, besuchte Konzerte, lauschte Tonaufnahmen (meist mit Freunden), doch diese Dinge blieben Privatvergnügen und spielten in meiner Philosophie keine Rolle. Doch die „Kunst" als solche, als universaler Begriff, spielte eine Rolle, vor allem in meinem Buch über das Alltagsleben, während der Begriff des Schönen bei der Erörterung der sekundären Kategorien der Wertorientierung auftauchte. Ich hatte damals schon bemerkt, dass die Idee des Schönen ihren Ehrenplatz im System der höchsten Ideen des traditionellen philosophischen Universums verloren hatte. Ich würde zu diesem Gedanken später in meinem Buch über den Begriff des Schönen zurückkommen.

Doch es gab Ausnahmen. Ich meine nicht meine gelegentlichen Vorworte oder Nachworte zu Romanen (damit sie veröffentlicht wurden), sondern Ausnahmen von theoretischer Bedeutung.

Meinen ersten Dialog schrieb ich zur Verteidigung von Lukács' Theorie des Realismus. Eigentlich reinterpretierte und kritisierte ich das Konzept unter dem Deckmantel einer Verteidigung. Die Neuinterpretation stand nicht im Widerspruch zu einer von Lukács' Auffassungen, die einräumte, man könne jedes bedeutende Kunstwerk der Kategorie „Realismus" zuordnen. Die Kritik berührte vielmehr die Theorie von Lukács an einem empfindlichen Punkt. Nach Lukács wurde die Kunst nach der Revolution von 1848 dekadent – mit Ausnahme eines sehr eng verstandenen Realismus. In meinem erwähnten Dialog trete ich – in meinem Part – für eine Unterscheidung zwischen dekadenter Kunst und Avantgarde ein und verteidige letztere. Das war nicht bloß eine Frage des Geschmacks.

Ferenc Fehér und ich fanden es erstaunlich, dass führende Theoretiker der allgemeinen Ästhetik so oft ihren Sinn für Qualität, Geschmack, ihr ästhetisches Urteilsvermögen verlieren, wenn es darum geht, einzelne Kunstwerke zu verstehen und zu bewerten. Das war nicht nur bei Lukács ein Problem, sondern auch bei Adorno. Wir respektierten Adorno als großen Theoretiker der Musikästhetik, vor allem moderner Musik, doch wir waren immer entsetzt über sein einseitiges und voreingenommenes Urteil, wenn es um Kompositionen von Bartók oder Strawinsky ging. Wir schrieben darüber einen gemeinsamen Aufsatz, „On the Unavoidability and Unreformability of Aesthetics" [„Über die Unvermeidlichkeit und Unverbesserlichkeit der Ästhetik"]. Hier ganz kurz zu unserer Position. Die bedeutenden Arbeiten zur Ästhetik sind im Wesentlichen Geschichtsphilosophien. Daher erheben sie unvermeidlich die Frage nach dem „In-der-Welt-Sein" von Kunstwerken und beantworten sie. Doch gerade weil sie diese Aufgabe erfüllen und gut erfüllen, sind sie unverbesserlich. Indem sie die Bedeutung von Kunstwerken im Allgemeinen für die Geschichte hervorheben, scheitern sie ständig in ihrem ästhetischen Urteil über einzelne Kunstwerke. Denn kein einzelnes Kunstwerk kann dem Entwurf einer historischen Darstellung zur Gänze entsprechen.

Wir schrieben unseren gemeinsamen Aufsatz, nachdem ich mein Philosophiebuch geschrieben hatte und Lukács gestorben war, in der Zeit des sogenannten „Philosophenprozesses" von 1972. Gegen die „Budapester Schule" erging eine Resolution der Partei, unsere Arbeit wurde als „rechte Abweichung" abgelehnt und wir wurden als Anti-Marxisten denunziert. Wir verloren unsere Anstellungen, unsere Pässe wurden konfisziert, wir wurden von Informanten umzingelt und auf der Straße von Geheimpolizisten verfolgt. Ich möchte diese Geschichte nicht weiter verfolgen, denn sie gehört in meine Autobiografie, nicht zur Geschichte meiner Philosophie. Für letztere war der dramatische Wandel bei Kontakten und Funktionen von Bedeutung. Wir konnten nicht mehr an Konferenzen und internationalen Debatten teilnehmen, zumindest wurde das sehr schwierig (oder illegal). Die einzig verbliebene „Sache" war der Widerstand „daheim". Nicht nur aus diesem Grund hatte die langsame Auflösung unserer „Schule" begonnen, auch wenn wir es noch für eine Weile nicht bemerkten. Nach den aufregenden Dialogjahren war sogar der dialogische Aspekt unserer Freundschaften dabei zu verblassen. Noch immer war ich in Ungarn, noch immer im selben Freundeskreis, aber ich ahnte bereits, dass etwas im Begriff war zu enden, und etwas anderes würde beginnen, vielleicht ein philosophisches Gebäude oder eine Entwicklung.

Zunächst fasste ich eine Reihe von Büchern ins Auge, die gemeinsam ein Projekt bildeten, dass ich damals als „Sozialanthropologie" beschrieb. Wie ich im ersten Band des geplanten Projekts formulierte, würde die Reihe aus fünf Bänden bestehen: (1) Über Instinkte, (2) Eine Theorie der Gefühle, (3) Eine Theorie der Bedürfnisse, (4) Eine Theorie der Persönlichkeit, und (5) Die zweite Natur.

Aus dieser Serie wurden nur die ersten beiden Bände wirklich geschrieben, beide noch während meiner Zeit in Ungarn. Noch in Ungarn erkannte ich, dass das größere Projekt nicht funktionieren würde, ich musste es aufgeben.

Vor allem wurde mir klar, dass ich nach meinem Marx-Buch nichts Neues über Bedürfnisse sagen konnte, zumindest nichts, das einen ganzen Band erfordert hätte. Viele meiner ausländischen Freunde waren mit meiner Entscheidung nicht glücklich, denn sie hatten mich als Expertin für Bedürfnisse schubladisiert. Ich jedoch wollte nie Expertin für irgendetwas sein. Wenn ich etwas geschrieben hatte, das mich intellektuell befriedigte, war ich bereit, ihm für immer Adieu zu sagen, denn ich war bereit für neue Abenteuer.

Die beiden ersten Bände eines bankrotten Unternehmens versprachen tatsächlich neue Abenteuer, denn ich hatte mich früher nicht damit beschäftigt, die Vorstellungen von Instinkten durchzudenken, noch weniger von Gefühlen. Diese Vorstellungen waren bisher nur in Randspalten aufgetaucht. Die Theorie der Persönlichkeit war ebenso ein unbeschriebenes Blatt, doch mir wurde plötzlich klar (Intuition!), dass eine Theorie der Persönlichkeit überhaupt nicht in den Rahmen einer Sozialanthropologie passte, weil sie vor allem ein moralisches Thema ist. (Das Projekt überlebte im Untergrund und tauchte erst in „An Ethics of Personality" wieder auf.) Ich begann, „Second Nature" als Ersatzthema für eine Theorie der Geschichte anzusehen. Tatsächlich schrieb ich eine Theorie der Geschichte, doch das war schon im Rahmen eines anderen Projekts.

Die Idee des Bauens oder Konstruierens war neu für mich. Trotzdem schien mir, als wäre ich zum Anfang der Dialogjahre zurückgekehrt, zu meinem Buch über den „Menschen der Renaissance". Lebewohl sagen zur drängenden „Sache", zur Überredung, zur Rhetorik. Hier gab es wieder eine sorgfältig gesammelte, gewaltige Menge an Material: mehrere Bücher, Autoren, Theorien und Interpretationen, auf die ich mich laufend bezog, zustimmend oder ablehnend. Zehn Jahre meines theoretischen Lebens in der Epoche neulinker Dialoge, Jahre reich an Ideen, Experimenten, Hypothesen, Grundlegungen und Neuanfängen erschienen jetzt, komprimiert in zwei wesentlichen Büchern oder Buchreihen, die sie verbanden und hervorhoben. Ich könnte sogar mit einiger Berechtigung sagen, dass nicht die Emigration meine Einstellung änderte, sondern die Emigration eine Folge dieser Änderung war: Emigration war der logische Abschluss meines nie geschriebenen Projektes zur „Sozialanthropologie". Theoriebildung kann nicht dialogisch geschehen, zumindest nicht so, wie ich sie für ungefähr eine ganze Dekade betrieb. Für die Konstruktion von Theorien braucht man keine Schule. Es war kein Bruch mit Marx oder der sozialistischen Perspektive (wie für Misu), sondern der Beginn einer Aufbauarbeit, die für mich das Ende der Budapester Schule bezeichnete.

Wie gesagt, die ersten beiden Bücher der geplanten und nie beendeten Serie zur Sozialanthropologie sind geschrieben und veröffentlicht worden.

*****

„On Instincts" [„Über Instinkte"] und „Theorie der Gefühle" sind zwei verschiedene Bücher. Sie erschienen in fast allen Sprachen getrennt, nur auf Ungarisch (in der ersten Ausgabe) waren sie in ein und demselben Band enthalten.

Ich würde das Buch über Instinkte nicht wieder publizieren (wenn man mich fragen würde). Nicht weil ich seither zu neuen theoretischen Einsichten über die dort erörterten Fragen gekommen wäre, sondern weil ich mich ihnen nie wieder zugewandt habe. Freud bildet da die einzige Ausnahme, und auch mit ihm beschäftigte ich mich nur während der letzten Jahrzehnte meiner Universitätsseminare und in meiner Studie über das Trauma. Außerdem bin ich mir bewusst, dass es seit dem Erscheinen des Buches viele neue Ideen, Experimente und Theorien rund um das Problem der Instinkte gegeben hat. Ich könnte die Kriterien wissenschaftlicher Redlichkeit nicht erfüllen, sie alle zu berücksichtigen. Ich habe keine Zeit mehr dafür. Nicht weil ich kein Interesse hätte, sondern weil ich zumindest weitere dreißig Jahre benötigen würde, um dieser Aufgabe gerecht zu werden.

Der Fall der „Theorie der Gefühle" liegt ganz anders. Das Buch wurde kürzlich wieder in einer zweiten, verbesserten Ausgabe auf Englisch und Ungarisch publiziert. Von dem Werk bin ich nach wie vor überzeugt.

Natürlich hat es seit der ersten Ausgabe meines Buches in der Psychologie wie in der Gehirnforschung mehrere neue Entdeckungen gegeben, ebenso in der Theorie der Gefühle. Doch diese neuen Entdeckungen sind für die wesentlichen Aussagen des Buches von geringer Bedeutung. Außerdem befruchteten diese Aussagen mehrere meiner folgenden Bücher, vor allem jene über Ethik. Mit der Theorie der Gefühle beginnt also etwas, während das Buch über Instinkte keine Nachfolger hatte. Schließlich füllte die Theorie der Gefühle eine Lücke, nicht nur in meiner Philosophie, sondern in der zeitgenössischen Philosophie im Allgemeinen. Vielleicht wurde sie deshalb in derart viele Sprachen übersetzt.

Trotzdem muss ich zuerst etwas zum Buch über die Instinkte sagen. Auch wenn sich das Buch auf viele Quellen stützt, hatte ich dabei auch zwei „Fremdenführer" und ich hatte meinen Hauptgegner ausgesucht. Arnold Gehlen und Helmuth Plessner hatten nachgewiesen, dass die Menschen im Prozess ihrer Selbstdomestizierung ihre Instinkte zerstört hatten, sodass sie nicht mehr von Instinkten irgendwelcher Art gelenkt werden. Mein Hauptgegner war Konrad Lorenz, der jedem Angehörigen unserer Rasse einen angeborenen Aggressionstrieb zuschrieb.

Triebe, so argumentierte ich, sind Überreste der Instinkte, doch sie lösen keine instinktiven Reihen von Handlungen oder Verhaltensweisen mehr aus. Wie Gehlen meinte: Der Mensch ist eine offene Kreatur ohne eine seiner Spezies eigene Koordination von Bewegungen oder Handlungen.

Ich wandte mich gegen naturalistische Theorien, einschließlich der Theorie angeborener aggressiver Instinkte. Ich argumentierte aber auch gegen Theorien von „Selbsterhaltungsinstinkten". Meiner Meinung nach kann man keine Abstraktion erben (und ich glaube immer noch, dass ich recht hatte). Mit gleicher Vehemenz wandte ich mich allerdings auch gegen die gegenteiligen Theorien, wie den Behaviorismus von Watson und Skinner. Nachdem ich Freud verteidigt hatte, verwarf ich den Determinismus mancher neufreudianischen Schulen. Ich lehnte auch die Vorschläge einer Schule ab, die ich „persönlichkeitsbasierten Naturalismus" nannte. Zu dieser Richtung gehörte für mich auch der ansonsten sehr respektierte Erich Fromm. Ich sympathisierte mit Maslow, obwohl ich seine Theorie von der unbegrenzten Formbarkeit des Menschen mit großer Skepsis behandelte. Vielleicht deshalb, weil eine solche Formbarkeit – wenn sie überhaupt möglich ist – in meinen Augen sowohl ein Fluch wie ein Segen wäre.

Über Fromm muss ich eine kleine Geschichte erzählen. Ein amerikanischer Verleger wollte eine Sammlung von Aufsätzen und Studien zu Fromm veröffentlichen. Weil er wusste, dass ich etwas über ihn geschrieben hatte, bat er mich um einen Beitrag. Ich hatte vorher auf Anfrage eine länger Studie über seine Arbeit verfasst, zum größten Teil lobend, doch auch mit kleineren kritischen Bemerkungen über seine Sympathie für den Naturalismus. Als Fromm die Studie erhielt, bekam er einen Wutanfall und erpresste den Verleger: Wenn sie meinen Text veröffentlichten, würde er seinen zurückziehen. Obwohl der Verleger meinen Aufsatz mochte, nahm er von seiner Veröffentlichung Abstand und entschuldigte sich, indem er mir die Hintergrundgeschichte erzählte. Mich beschäftigte das nicht besonders, wen kümmert es schon, ob man bei einer Aufsatzsammlung dabei ist oder nicht? Ich fand das Ganze eher amüsant, denn es erinnerte mich an meine eigene Utopie von der moralischen Mission der Philosophen.

✳✳✳✳✳

Die „Theorie der Gefühle" besteht aus zwei Teilen. Den ersten nannte ich „Phänomenologie der Gefühle", und den zweiten „Beiträge zur Soziologie der Gefühle". Keiner der Untertitel war korrekt, denn sie wiesen nicht auf das hin, worauf sie hinweisen sollten: den fundamentalen Ansatz oder die Charakteristik der beiden Teile.

Es wäre schwer zu verstehen, warum ein Abschnitt Phänomenologie genannt wird, in dem Husserls Name nicht einmal genannt wird und der Protagonist Wittgenstein ist. Es wäre ebenso schwer zu verstehen, warum jemand einen Ansatz Soziologie nennen würde, der im Wesentlichen historisch ist und die historischen Veränderungen anhand von Werken der Literatur beschreibt. Aber Untertitel kann man ändern.

Eine Sache kennzeichnet dieses Buch im Unterschied zu allen meinen früheren: Es enthält keine Geschwätzigkeit, keine Reihen von Beispielen, nichts Überflüssiges. Im ersten Teil finden sich Beispiele, die alle aus dem Arsenal Wittgensteins kommen. Ich beschrieb einfach die verschiedenen Sprachspiele, um eine Theorie oder einen Gedanken zu veranschaulichen. Nicht ich redete, sondern die Sprache.

Diesmal führte ich das Thema auch nicht mithilfe einer Bestimmung ein, nicht einmal mit einer Nominaldefinition, sondern mit einer Frage: „Was heißt fühlen?"

Auf diese Frage bot ich als Hypothese eine vorläufige Antwort: „Fühlen heißt, in etwas involviert zu sein." Doch was bedeutet „involviert sein"? Und was ist dieses „etwas"? Die Skizze benötigt weitere Konturen, Farben. Die müssen später kommen.

Es ist wahr, dass in jedem neuen Anfang eine Wiederholung liegt. Zumindest in meinem Fall.

Als ich zur Klassifizierung der Gefühle kam, folgte ich meinem traditionellen Weg, der sich schon in den Lehrjahren abgezeichnet hatte. Ich begann mit den „natürlichen" und kam dann zu den rein sozialen und historischen Arten von Gefühlen. Diesmal führte ich gänzlich neue philosophische Figuren ein. Ich erörterte die Gefühle in folgender Reihenfolge: Triebgefühl, Affekte, Orientierungsgefühle, Emotionen, emotionale Dispositionen, Charakter- und Persönlichkeitsgefühle, Lebensgefühl, Leidenschaft. Als ich das Buch wieder las, fand ich nicht nur, dass diese Klassifizierung immer noch gültig ist, sondern auch die Beschreibung und Interpretation der einzelnen Gefühle. Ich habe seither keine bessere eingeführt und auch keine bessere gefunden. Andere könnten das natürlich getan haben.

Was die Unterscheidung zwischen partikularistischen und individualistischen Gefühlen betrifft, so verließ ich mich weiterhin auf die Vorstellung, die ich ein Jahrzehnt zuvor im „Alltagsleben" formuliert hatte. Auch meine früheren Begriffe zu Orientierungswerten gab ich nicht auf, ich interpretierte sie lediglich neu und wandte sie auf die Orientierungsgefühle an.

Als ich die zweite Auflage vorbereitete, erkannte ich, dass ich mich sogar noch nach so vielen Jahrzehnten und Änderungen in meiner allgemeinen theoretischen Sichtweise ohne wesentliche Änderungen mit dem ersten Teil des Buches identifizieren konnte. Nur eine Modifikation erschien mir dringend. Sie gehörte in das Kapitel „Wie lernt man fühlen?". Die erste Ausgabe entwirft ein klassizistisches Modell unserer emotionalen Welt und argumentiert für einen Lernprozess, der auf dieses Ideal hinführt. Ähnliche Probleme tauchen im zweiten Teil auf, besonders im Kapitel über den „Gefühlshaushalt".

In den vergangenen dreißig Jahren meines Lebens habe ich allmählich begriffen, dass meinem andauernden Drängen nach einem einseitigen Ideal Eleganz und Einsicht abgehen. In der zweiten Auflage der „Theorie der Gefühle" habe ich versucht, die harten Kanten so weit wie möglich zu glätten. Ich tat mein Bestes, die jugendliche Einseitigkeit meines Buches „Ethik der Persönlichkeit" zu korrigieren (vor allem im dritten Teil), in dem ich dem klassizistischen Ideal ein ebenso wertvolles romantisches Ideal des Gefühlshaushalts zur Seite stellte.

Trotz dieses kontroversen Themas ist mein Buch über Gefühle für mich eine abschließende Stellungnahme. Dies trifft auf den zweiten Teil noch mehr zu als auf den ersten.

Der erste Teil schließt mit der (offensichtlichen) Feststellung, dass das konkrete Gefühlsleben zwar individuell, aber auch historisch ist. Verschiedene Epochen sind durch verschiedene Arten von Gefühlshaushalten gekennzeichnet. Auch die Ausdrucksweisen von Gefühlen hängen wie ihre Referenten von der Welt ab. Ich fügte hinzu, dass ich meine Konzeption nicht durch eine Darstellung verschiedener historischer Epochen erläutern könne und beschränkte mich nur auf eine, nämlich die Epoche, die ich „bürgerliche Weltepoche" nannte.

Ich folgte den „Gefühlswelten" dieser Epoche von der Aufklärung bis in die Mitte des 20. Jahrhunderts. Ich präsentierte alle Gefühlswelten mithilfe von literarischen Texten, vor allem Romanen. Ich vermied es, sie als Kunstwerke zu analysieren, sondern versuchte vielmehr, sie als repräsentative Texte für bestimmte Gefühlswelten zu behandeln. (Dies tat auch Foucault in seiner Geschichte der Sexualität. Er wollte fünf verschiedene Epochen abdecken, doch konnte er bedauerlicherweise wegen seines frühen Todes nur drei[einhalb] Teile seiner großartigen Reihe abschließen.

Ich bemühte mich, die Tücken von Geschichtsphilosophien zu vermeiden, vor denen Ferenc Fehér und ich in unserem wesentlich früheren Aufsatz gewarnt hatten. Obwohl ich über Geschichte sprach, versuchte ich, Historizismen zu vermeiden. Ich wandte keinerlei allgemeine Theorien auf die einzelnen Arbeiten an, sondern führte die konkreten Werke nur ein und präsentierte sie, weil sie aus meiner Sicht für eine Epoche repräsentativ waren. Ich fällte auch keine ästhetischen Urteile.

Schrieb ich über die Dynamik der Gefühlswelt, „veranschaulichte" ich sie nicht. Im Gegenteil, die Werke veranschaulichen die emotionalen Konstellationen, aus denen ihre Welt besteht. Ich machte die erste Konstellation (vor dem ersten „epistemologischen Bruch") durch die Präsentation von vier Romanen sichtbar: Rousseaus „Neue Heloise", Goethes „Werther", Sades „Justine" und Austens „Emma". Auch die Periode zwischen dem ersten und dem zweiten „epistemologischen Bruch" verdeutlichte ich über vier Werke: Kafkas „Urteil", Eliots Gedichte, Musils „Mann ohne Eigenschaften" und Manns „Der Zauberberg". Erst bei der Erörterung der Zeit nach dem letzten „Bruch" nahm ich nicht ausschließlich auf literarische Werke Bezug, sondern auch auf die Briefe und letzten Zeugnisse von Männern und Frauen, die von den Nazis zum Tode verurteilt worden waren. Auch im Unterkapitel über den modernen Gefühlshaushalt verließ ich mich auf die Literatur, insbesondere Molière und Baudelaire, während ich mich bei der Erörterung der „Abstrahierung" bürgerlicher Gefühlskonstellationen auf Balzac, Heine, France und Dostojewski stützte. Das Buch endet mit einem Lob der „guten Menschen". Einem Brechtzitat folgend schrieb ich: „Daß es konkrete Enthusiasten gibt, daß es ,gute Leute' gibt, unterliegt keinem Zweifel. Daß sie mit ihrem Beispiel, damit, daß sie *nicht* in sich selbst involviert sind und doch, gerade darum, ,uns einladen', daß *wir* sie verbessern sollen, damit sie einen *befolgbaren* und zu *befolgenden* Menschentyp *verkörpern, ist ebenso unbestreitbar.*" Doch ich bezweifle stark, dass man diesem Menschentyp allgemein hier und jetzt tatsächlich nacheifern wird.

Dieser „gute Mensch" steht vor einer großen Karriere. Wenn nicht im Leben, dann zumindest in meiner Philosophie.

3. Aufbaujahre und Jahre der Intervention

(1980–1995)

Nachdem ich in Australien angekommen war, galt meine erste Sorge der Fortsetzung meiner Arbeit. Mein Englisch war schlecht, ich vermisste die gewohnten Orte, meinen Schreibtisch, meine Schreibmaschine. Unsere erste Unterkunft war eine Übergangslösung, wir blieben dort nur für eine Woche. Doch sofort, schon am zweiten Tag, saß ich am Tisch (keinem Schreibtisch) und begann zu schreiben – wenn schon kein Buch, dann doch wenigstens einen Artikel, meinen ersten Artikel über die amerikanische Unabhängigkeitserklärung und die Demokratie. Seit damals habe ich dieses – nicht nur politisch, sondern auch philosophisch – brillante Dokument demokratischer Genialität zumindest ein Dutzend Mal zitiert und analysiert.

Doch ich schreibe hier nicht meine allgemeine Autobiografie, sondern die Geschichte meiner Philosophie, deshalb überspringe ich alle autobiografischen Details und setze meinen Bericht von jener Zeit an fort, als wir bereits in unserem eigenen gemieteten Haus wohnten, in dem ich ein kleines Arbeitszimmer besaß, eine Schreibmaschine und einen Schreibtisch. Alle technischen Voraussetzungen für die Fortsetzung meiner Arbeit waren gegeben – außer Englischkenntnissen. Ich begann mit dem ersten Kapitel des ersten Buches, das in der Emigration entstand („A Theory of History") – auf Ungarisch, und versuchte anschließend, es ins Englische zu übersetzen. Die Verdoppelung der Arbeit ärgerte mich, ich hasse es, wertvolle Zeit zu verlieren, es war völlig sinnlos. Ich beschloss, auf Englisch zu schreiben, komme was wolle. Ich hatte Glück, denn als ich in Australien war, wies der Staat nicht nur Professorinnen einen Studienassistenten zu, sondern auch Dozentinnen, wie ich eine war. Die Hauptaufgabe des Assistenten war, die Manuskripte des Professors in Ordnung zu halten. Ich musste daher die angebotene Gratis-Hilfe meiner Freunde nicht annehmen. Auch während meiner beinahe fünfundzwanzigjährigen Arbeit an der New School in New York hatte ich ähnliche Studienassistenten. Sie haben auch den sogenannten Index meiner Bücher zusammengestellt, eine Aufgabe, zu der ich niemals den Mumm gehabt hätte.

Ich begann also, auf Englisch zu schreiben, und meine Manuskripte wurden von Native Speakers pflichtgemäß korrigiert und indexiert. Ich weiß noch, wer sie alle waren, denn ich habe mich immer für ihre Arbeit in den Vorworten meiner Bücher bedankt. Es stellte sich heraus, dass ich auch auf Englisch dachte, sobald ich begonnen hatte, auf Englisch zu schreiben, ich machte mir Notizen auf Englisch und ich träumte auf Englisch. Kein Studienassistent prüft die Sprache meiner Träume. Mein Tagebuch schreibe ich aber nach wie vor auf Ungarisch, wie ich es immer getan habe.

Als ich mit der Theorie der Geschichte begann, war Feri in Amerika unterwegs. Als er zurückkam, war auch die Márkus-Familie angekommen und hatte sich in Sydney niedergelassen. Wir besuchten sie sofort. Gleich beim ersten Besuch kam uns die Idee, gemeinsam ein Buch über das Sowjetregime zu schreiben. Der Geist der früheren Budapester Schule schwebte noch zwischen uns und wir waren der Ansicht, wir sollten gemeinsam eine wichtige Stellungnahme formulieren. Ich unterbrach also die „Theorie der Geschichte" nach dem ersten Kapitel (auf Ungarisch) und begann den zweiten Teil unseres gemeinsamen Buches, der mir in unserem gemeinsamen Projekt zugefallen war, direkt auf Englisch. Man lernt schwimmen, wenn man in tiefes Wasser springt. Seit dieser Zeit – bis zu meiner Rückkehr nach Ungarn – schrieb ich nur noch auf Englisch.

Der Anfang bestimmt in gewisser Weise, wie es weitergeht.

Während der „Dialogjahre" gingen Philosophie und Intervention in die Angelegenheiten der Welt direkt oder indirekt ineinander über.

Dieses Zusammengehen hatte zwei Gründe. Erstens war es in Ungarn damals völlig unmöglich, sich offen über Dinge der Welt zu äußern. Man musste ein raffiniertes Versteckspiel spielen, um Kritik oder Unzufriedenheit auszudrücken, indem man Analogien oder versteckte Vergleiche benutzte. Die philosophische Sprache schien dafür geeignet. Man könnte natürlich sagen, wenn es unmöglich ist, die Dinge der Welt offen zu besprechen, dann soll man auch keine Andeutungen machen. Man könnte sich vielleicht der analytischen Philosophie zuwenden, wie dies so viele amerikanische Philosophen in Zeiten des kalten Krieges getan hatten. Aber das war nichts für mich. Ich fühlte mich nicht einen Augenblick lang zur analytischen Philosophie hingezogen, schon gar nicht zur damals beliebten neopositivistischen Variante. Da hätte ich mich schon lieber der Astronomie zugewandt, dem Traum meiner Teenagerjahre. Doch dafür war es schon zu spät. In den Dialogjahren mischte ich mich über die Philosophie in die Politik ein.

In Australien war das nicht mehr nötig. Daher teilte sich meine theoretische Arbeit sofort in zwei Bereiche: einerseits Philosophie, andererseits Intervention.

In meinen Büchern über Philosophie begann ich, „aufzubauen". Die Probleme unserer Welt blieben zentral, aber sie vermischten sich nicht mehr mit den konkreten Problemen des Augenblicks, mit den politischen Dingen, die einfach auf der Tagesordnung standen. Ich stimmte Hegel zu, dass die Philosophie unsere Zeit in Gedanken ausdrückt, aber „unsere Zeit" bezieht sich nicht auf momentane Probleme, mögen sie auch brennend sein.

Es blieb für mich allerdings wichtig, mich in diese „momentanen" Probleme einzumischen. Ich vermischte dieses Interesse einfach nicht mehr mit meinem Interesse für Philosophie. Die politisch-theoretische Praxis nannte ich „Intervention". Ich intervenierte also, ich bildete meine Ansichten und brachte sie polemisch zum Ausdruck. Ich bemühte mich jedoch, nicht als Philosophin zu sprechen, sondern als denkender, urteilender, engagierter Mensch, der sich in einem gegebenen Kontext befand. Manchmal sprach ich über aktuelle Gegenwart, manchmal über die langfristige Gegenwart, ohne die beiden miteinander zu vermischen. Meine gewohnte Rhetorik, die ich in so vielen meiner früheren philosophischen Schriften entdeckte, beschränkte sich jetzt auf die „Interventionen". Da passte sie gut hin, denn das Genre der Intervention ist das Pamphlet, das seinerseits nicht zu den Subgenres der Philosophie gehört. In der Philosophie muss sich die Rhetorik auf wenige entscheidende Bekenntnisse beschränken (wie Kants rhetorischer Satz über den bestirnten Himmel über uns und das moralische Gesetz in uns). In meinem Buch „A Philosophy of History in Fragments" [„Eine Geschichtsphilosophie in Fragmenten"] hob ich die Rhetorik für das Kapitel „Requiem für ein Jahrhundert" auf.

Wenn man mich nach Gründen für diese Änderung meiner Einstellung fragt, kann ich mehrere angeben. Da war zunächst die neue Umgebung. Die Budapester Schule hatte aufgehört zu existieren. Was immer wir nachher schrieben, schrieben wir nicht mehr für einander, sondern für uns selbst. Und wir konnten uns auch an das allgemeine Publikum wenden. Hinzu kam, dass sich auch dieses geändert hatte. Um nur von mir zu reden, der Wechsel des Publikums änderte auch mich und umgekehrt.

In den „Dialogjahren" gehörte ich im Wesentlichen der „neuen Linken" an. In vielen Punkten kritisch, das ist wahr, aber ich gehörte dazu. Nun hatte auch die „neue Linke" sich allmählich gewandelt, und zwar in eine Richtung, die ich nicht besonders mochte. Wir standen am Ende der 1970er. Es gab immer noch Sympathien, aber die Distanz wuchs. Das war nicht mehr die neuen Linke, die gegen den Einmarsch der Sowjetunion in die Tschechoslowakei protestiert hatte, die neue Lebensformen proklamierte. Es gab dort Gruppen, die den guten János Kádár in Schutz nahmen und die polnische Solidarność-Bewegung eher ablehnten als verteidigten. Es gab auch Gruppen, die Gewalt verteidigten und anwandten. Ich war bereit, auch die Menschenrechte von Terroristen zu verteidigen, aber ich verabscheute ihre Politik. Die Distanz nahm zu, als in einem Teil der Linken die einseitige und voreingenommene Ablehnung Israels begann, die an Antisemitismus grenzte.

Schließlich konnte Feri jetzt zum ersten Mal in seinem Leben sein großes Talent zur politischen Analyse ausüben. Was die Intervention betrifft, ist sein Beitrag viel größer als meiner. Einige seiner Bücher, Studien und seine redaktionelle Tätigkeit bezeugen sein Interesse an der Tagesordnung und die Schärfe seines Verstandes bei der Deutung von Zeichen. Ohne ihn hätte ich im Bereich der Intervention nichts Erwähnenswertes zustande gebracht. Ich dachte ständig über Themen nach, bereitete Notizen und Entwürfe vor, erfand Theorien, aber mein Gedächtnis war nicht gut genug und ich hatte auch nicht die Geduld, all das „Material" zu lesen, um meine Theorien zu stützen. Alle relevanten Texte zu lesen, bedeutete viel Arbeit und auch Geduld (damals gab es kein Internet). Ich war für diese Arbeit völlig ungeeignet, wie für alles, was für mich Arbeit war, ohne mir Vergnügen zu bereiten. Unvergessen sind die vielen Stunden, in denen ich mit Feri bei einem langen Frühstück die Konzeption eines bevorstehenden Werkes besprach. Manchmal war es auch in einem Flugzeug, dass wir den Rohentwurf für ein neues gemeinsames Buch formulierten und niederschrieben.

Die Zeitungsartikel schrieb ich allerdings immer allein. Zuerst, noch in Australien, schrieb ich für italienische Zeitungen und Magazine, später, in den USA, für deutsche, schwedische und spanische Zeitungen. Meinen letzten „internationalen" Beitrag verfasste ich anlässlich der ersten Wahl von Clinton. Manchmal erklärte ich die Tatsache, dass ich mit dieser Praxis aufhörte, mit der Überlegung, dass sie zu viel von meiner Zeit verschlang. Heute glaube ich eher, dass der Systemwechsel die eigentliche Ursache war. Von 1990 an spürte ich, dass sich der Raum geöffnet hatte für die Intervention in meiner eigenen Heimat, von da an konnte ich als Bürgerin meines eigenen Landes sprechen. Und das tue ich heute noch.

Kehren wir zurück zu den Punkten, die ich vor diesem Exkurs begonnen habe. Seit der Zeit meiner Emigration war meine philosophische Arbeit von meinen Interventionen getrennt. Vielleicht hat diese Entwicklung schon früher begonnen, aber sie wurde mir erst bewusst, nachdem ich aus meinem schlecht angepassten Käfig geflogen war. „Fliegen" ist mehr als eine Metapher (und noch weniger eine gewöhnliche). Denn von Melbourne aus hatte ich tatsächlich die Möglichkeit, in alle Teile der Welt zu fliegen. Ich lernte Welten kennen, die mir bis dahin unbekannt gewesen waren. Ich, die ich fast bis zu meinem fünfzigsten Geburtstag kaum mein winziges Land verlassen konnte, begann plötzlich zu leben wie eine Weltenbummlerin. Wien war „näher" bei Melbourne als Budapest, denn man konnte es in fünfundzwanzig Stunden erreichen und musste nicht Monate auf ein Ausreisevisum warten, das man bekam oder auch nicht.

Während meiner frühen Reisen wuchs meine Kritik an bestimmten Tendenzen und Projekten der westlichen Linken. Ich betrachtete mich selbst als Linke, das war meine Tradition und mein Kontext. Meine Verärgerung wurde durch die Linke verursacht, deswegen wandte ich mich zuerst und vor allem an diese. Das war nur vernünftig.

Wie angedeutet habe ich fast alle Bücher, die ich Interventionen nannte, gemeinsam mit Feri geschrieben. Ich komme gleich darauf zurück.

Ebenso habe ich erwähnt, dass ich zugleich mit meiner neuen Beschäftigung mit Intervention auch etwas beinahe Neues in meiner Philosophie begann. Ich möchte dieses „beinahe neue" Projekt „Aufbau" nennen. Ich sage „beinahe", weil mein früherer Plan zu einer anthropologischen Reihe schon ein Vorspiel zu diesem Unternehmen war.

Für einen „Aufbau" benutzt man altes Material, aber man braucht auch neues. Das „neue Material" zeigte sich unmittelbar.

Während ich von Konferenz zu Konferenz fuhr, machte ich Bekanntschaft mit der akademischen Welt, und zu deren langweiligen Aspekten kamen auch interessante dazu. Ich traf echte Intellektuelle, und unter ihnen waren auch einige, die über ähnliche Probleme nachdachten wie ich selbst. Ich wollte an ihren Diskursen teilnehmen, weil sie mich fesselten und weil ich glaubte, dass ich etwas zu sagen hatte. Außerdem war dies das erste Mal seit zwanzig Jahren (1958), dass ich an einer Universität unterrichten konnte. Anfangs hatte ich Angst, ich hätte meine Fähigkeiten zu lehren verloren, weil mir die Praxis fehlte. Außerdem verstand ich die Sprache meiner Studenten kaum. Doch meine Befürchtungen erwiesen sich schließlich als unbegründet und ich konnte sie rasch hinter mir lassen. Doch wenn man unterrichten wollte, und das in einer Abteilung für Soziologie, musste man die Autoren kennen, die damals in Mode waren, ob ihre Beliebtheit nun begründet war oder nicht. Ich musste mir Meinungen über sie bilden und von einigen konnte ich auch profitieren. Ich spürte die Nachteile meines früheren Provinzialismus, doch ich genoss auch seine Früchte weiterhin.

Ich weiß nicht, warum ich das erst am Ende erzähle: Wie erwähnt wurde ich damals fünfzig. Ich trat in eine Lebensphase ein, in der ich eine Entscheidung treffen musste. Entweder würde ich verschiedene Fäden verweben, an denen ich früher schon gearbeitet hatte, oder andere, neue, noch nicht verbundene Fäden. Die Wahl erfolgte nicht bewusst: Ich habe sie erst später rekonstruiert. Ich wollte die früheren Fäden verweben, doch ich wollte auch neue hineinarbeiten, um einen neuen Teppich zu gestalten. Ich habe schon den Aufbau erwähnt: „mischen" ist eine ganz andere Metapher. Doch dienen beide Metaphern demselben Zweck: dem Leser zu zeigen, was für mich auf dem Spiel stand, und das Wort „System" unter allen Umständen zu vermeiden. Natürlich gibt es Systematisches sowohl beim Weben wie auch beim Bauen, doch kann man sich auf beide beziehen, ohne in den Geruch des verdächtigen und verdächtigten Wortes „System" zu kommen.

Erst in den letzten fünfzehn Jahren bin ich mit dem „Aufbau" fertig geworden und bin zu den „Dialogjahren" zurückgekehrt, allerdings nur in dieser Beziehung.

Doch in diesem Bericht sind wir erst am Beginn des „Aufbaus".

Vielleicht ist das Leben ja eine Art Weben (Platon möge mir verzeihen!).

In meiner Arbeit als Philosophin musste ich jetzt allein zurechtkommen, genau wie in meinen Lehrjahren. Feri las alles, was ich schrieb, er half, beurteilte, er war unentbehrlich wie Lukács in meinen Lehrjahren. Doch alle anderen verschwanden. Zuerst Misu, dann langsam auch Gyuri, denen ich beiden lebenslange Dankbarkeit schulde für die Rolle, die sie in meinen Dialogjahren gespielt hatten. Gyuri lebte ganz in der Nähe. Wir redeten viel, wenn wir uns trafen, auch über Dinge, an denen wir damals theoretisch interessiert waren. Doch wir hörten auf, die Werke des anderen vor ihrer Veröffentlichung zu lesen und zu erörtern. Wir hätten auch keine Zeit dazu gehabt. Ich liebe alles, was Gyuri schreibt, alles von ihm ist perfekt auf seine eigene Weise. Doch lese ich selten etwas von ihm im Manuskript, und wenn ich es gelegentlich tue, kritisiere ich nicht, denn alles steht über der Kritik, und außerdem arbeiten wir normalerweise nicht an ähnlichen Themen. In der Zwischenzeit begann mein Freund David Roberts, einige meiner Manuskripte zu lesen, und ich las seine. Ich habe viel von ihm und von einigen amerikanischen Freunden gelernt. Doch diese Art des Lesens ist mehr beruflich, auch wenn es zwischen engen Freunden stattfindet. Man verliert etwas und gewinnt etwas anderes.

Obwohl es keine Budapester Schule mehr gab, hielten wir den Anschein oder die Erinnerung aufrecht, zumindest eine Zeitlang. Dies geschah vor allem, weil die englische Leserschaft mit einigen Produkten der Schule bekannt gemacht werden sollte. Mitglieder unserer Schule gaben eine Sammlung von Aufsätzen von Lukács heraus. Ein anderer Sammelband enthielt die Schriften der Budapester Schule zur Ästhetik (gemeinsam herausgegeben von Feri und mir).

*****

Nicht alle Bücher, die Feri und ich gemeinsam schrieben, sind vom Typ her Interventionen. Es sind Sammlungen von Aufsätzen mit mehr oder weniger eng verbundenen Untersuchungen. Besonders typisch ist eine mit dem Titel „The Grandeur and Twilight of Radical Universalism" [„Größe und Elend des radikalen Universalismus"], die schon oben erwähnt wurde. Es handelt sich um eine Sammlung unserer Aufsätze zu Marx, zu orthodoxen und unorthodoxen Marxisten und Post-Marxisten. Es ist ein langes und gelehrtes Buch (wer welchen Essay verfasst hat, ist angegeben). Der erste Teil enthält Texte zu den „klassischen" Paradigmen. Von mir stammen eine gekürzte Version meines Buches über Marx' Begriff der Bedürfnisse sowie alle anderen Studien zu Marx, die ich als Vorträge auf einer der Marx-Konferenzen gehalten hatte, die im Gedenkjahr 1983 abgehalten wurden. Der zweite Teil trägt den Titel „Orthodoxie und Negativität", der dritte umfasst Aufsätze über die Auflösung des Paradigmas. Fast alle Text von mir (über Lukács, Goldmann, Arendt,

Habermas, Castoriadis) wurden ursprünglich für die eine oder andere Konferenz verfasst. Philosophische Porträts zu schreiben, gefiel mir nicht mehr, deshalb wählte ich eher begrenzte Themen, möglicherweise solche, die damals nicht so in Mode waren, wie die „Vita contemplativa" im Fall von Arendt. Wie bereits angedeutet litten wir damals schon unter einem Übermaß von Tagungen. Keine der aufgezählten Studien von mir gehören zu denen, die mir wichtig sind.

„The Postmodern Political Condition" [„Der politische Zustand der Postmoderne"] war möglicherweise unsere letzte gemeinsame Sammlung. Dort erschien mein Essay „How Can We Be Satisfied in a Dissatisfied Society?" [„Wie können wir in einer unzufriedenen Gesellschaft zufrieden sein?"] zusammen mit einer Fortsetzung, die ich völlig vergessen hatte. Mein Aufsatz über Europa, der die Sammlung als Epilog beschließt, erwies sich später eher als Vorspiel, ihm folgten wenigstens ein halbes Dutzend Texte zum selben Thema. Der Titel des Aufsatzes, „Europe, an Epilogue" [„Europa, ein Epilog"], hat seither nichts von seiner Aktualität verloren.

Eine Aufzählung aller meiner Bücher einschließlich der Aufsatzsammlungen in verschiedenen Sprachen kann ich hier nicht anbieten. Die Auswahl wechselt je nach Sprache und Verleger. So erschien zum Beispiel auf Deutsch eine Aufsatzsammlung „Diktatur über die Bedürfnisse", während das Buch, das in allen anderen Sprachen unter dem Titel „Dictatorship over Needs" erschien, auf Deutsch den Titel „Der sowjetische Weg" trug. Von jetzt an schreibe ich besser nur noch über Werke, an die ich mich noch erinnere, so, wie ich sie noch im Kopf habe.

Vor mir liegt eine dritte Textsammlung, die die Namen von Feri und mir trägt. Ich werde darüber nicht sprechen, denn es ist im Wesentlichen Feris Werk. Nur die erste Studie in der ganzen Sammlung, „Eastern Europe's Long Revolution Against Yalta" [„Die lange Revolte Osteuropas gegen Jalta"] kann als gemeinsames Produkt gelten, doch auch das nur, weil ich den Entwurf schrieb, die Ausformulierung stammt zur Gänze von Feri. Es ist eine Form von „Intervention", zu der ich fast nichts beigetragen habe.

Ich möchte wiederholen, dass ich über die Inhalte verschiedener Sammlungen von jetzt an nicht mehr berichten werde. Und was die Interventionen betrifft, rede ich nur über meine gemeinsam mit Feri entstandenen Bücher, an denen ich einen Löwenanteil hatte oder in denen ich eigene Kapitel geschrieben habe.

*****

Kehren wir zurück zur Ankunft der Márkus-Familie in Sydney und unserem Beschluss, ein gemeinsames Buch zu schreiben, in dem wir das wahre Gesicht der Sowjetgesellschaften demaskieren wollten. Wir grübelten lange über mögliche Titel nach, die Entscheidung („Dictatorship over Needs"/„Der sowjetische Weg") kam schließlich von mir – rückblickend war es keine gute.

Den ersten Teil (über Wirtschaft) sollte György Márkus schreiben, der bereits eine ähnliche Arbeit als einer der Autoren eines wichtigen und einflussreichen Buches geleistet hatte, „Is Politcal Economy Possible?" [„Ist politische Ökonomie möglich?"]. Der dritte Teil über die internationale Politik der Sowjetgesellschaft war Feris Aufgabe, während ich den mittleren Teil über Politik und Ideologie übernahm.

Ich muss zugeben, dass wir viel über das Buch stritten, vor allem Gyuri und ich. Das Problem war, dass ich die Arbeit meiner Freunde nicht mochte und sie meine nicht. Ich sage so etwas nicht oft, aber ich glaube immer noch, dass meine Intuition sich als richtig erwiesen hat.

Meine Freunde verwendeten marxistische Terminologie, zwar kritisch, aber in meinen Augen war das völlig irrelevant. Doch wie mir das immer passierte, ich vermied eine Konfrontation (Freundschaft ist in meinem Buch wichtiger als Wahrheit) und verteidigte ausschließlich meinen Teil. Mein radikales „Nein" sprach ich nicht aus, sondern bestand nur darauf, dass das Weber'sche Vokabular zum Verständnis sowjetischer Politik und Ideologie viel angemessener ist als das marxistische.

Der größte Konflikt entspann sich um meine Beschreibung des Sowjetsystems als totalitär. Man erinnere sich, sogar Hannah Arendt wurde wegen ihres Buches „Elemente und Ursprünge totaler Herrschaft" als konservativ gebrandmarkt. Es ist richtig, dass ich Arendts Definition des Totalitarismus nicht folgte (auch heute noch nicht). Stattdessen ersetzte ich sie durch meine eigene, die ich auch heute noch aufrechterhalte. Nach meiner Definition ist eine Partei, ein Staat, eine Gesellschaft dann totalitär, wenn sie Pluralismus verbietet. Weil Pluralismus modern ist, ist auch Totalitarismus modern. (Auch darüber waren sie böse mit mir: Wie konnte jemand mittelalterliche und barbarische Gesellschaften wie die Nazis und die Bolschewiken als modern bezeichnen? Natürlich sind sie das, antwortete ich. Pluralismus kann nur dort verboten werden, wo es ihn gibt.)

Eine totalitäre Partei oder Gesellschaft, ein totalitärer Staat verbietet nicht alle Meinungen, Menschengruppen oder Institutionen, sondern „nur" jene, die sie aus der Position der dominanten Ideologie heraus für gefährlich hält. Für die Nazis waren es die Juden, für die Bolschewiken waren es die Kulaken oder Trotzkisten. Darüber hinaus kann sie zum Beispiel das eine Mal abstrakte Gemälde verbieten, ein anderes Mal nicht. Außerdem sind totalitäre Gesellschaften auch historisch. In der Geschichte der sowjetischen Gesellschaften kann man eine terroristische totalitäre Periode und eine post-terroristische unterscheiden. Ich denke, meine Beschreibung des Terrors ist gültig geblieben, leider bis heute.

Ich benutzte daher Webers Kategorien, um die sowjetischen Gesellschaften zu beschreiben. Das erste Kapitel erörtert das Problem der Legitimität und unterscheidet verschiedene legitimierende Vorgänge in der Geschichte der Sowjetunion (negative Legitimierung, Legitimierung durch Charisma, Legitimierung durch Tradition), wobei ich auf das chronische Legitimationsdefizit in osteuropäischen Gesellschaften hinwies. Danach wandte ich mich dem Problem der Souveränität zu. In sowjetischen Gesellschaften fungiert die Kommunistische Partei als Souverän, denn von ihr geht alle Macht aus. Die Kommunistische Partei selbst hat totalitären Charakter. Die Partei hat den Staat totalisiert und der Staat die Gesellschaft. Ich kam auf das „Feedback" durch das Netzwerk der Informanten zu sprechen, auf die Herrschaftssprache und die erzwungene Zustimmung.

Danach wandte ich mich der Ethik und Psychologie zu. Mein nie geschriebenes Buch über Lenins Ethik kehrte an dieser Stelle zu mir zurück und übte Vergeltung. Lenin, schrieb ich, hob die Aufklärung aus einer utilitaristischen Position auf. Man sollte Terror üben, sagt er, aber er ist nicht Jakobiner genug, um ihn Tugend zu nennen. Ich zitierte eine von Lenins charakteristischen Maximen: „Wir erkennen Freiheit, Gleichheit oder Arbeiterdemokratie nicht an, wenn sie sich gegen die Befreiung der Arbeit vom Kapital richten" – will sagen: Wenn sie sich gegen uns richten.

Ich erörterte auch die Massenneurose, die von totalitären Mächten erzeugt und benutzt wird.

Dieses Buch ist jetzt über dreißig Jahre alt. Auf die umfassende Analyse des sowjetischen Totalitarismus bin ich nie zurückgekommen. Ich habe mich allerdings oft auf das eine oder andere Argument aus diesem Werk gestützt, zuletzt in meinem Aufsatz „Modernity and Terror" [„Modernität und Terror"] (anlässlich von 9/11) und in einem Vortrag über das radikale Böse. Ersterer gehört im Stil zu den „Interventionen", letzterer ist eine philosophische Studie. Ich kann daraus den Schluss ziehen, dass „Philosophie" und „Intervention" nach meiner Ankunft in Australien zwar getrennte Wege gingen, später allerdings temporäre Allianzen bilden konnten.

*****

1981 wurde der 25. Jahrestag der ungarischen Revolution gefeiert.

In meinem wie in Feris Leben war 1956 das Jahr sehr großer Hoffnungen. Unsere schönste und nachhaltigste politische Erfahrung ist mit diesem besonderen Jahr verbunden. Wann immer wir es erwähnten, mussten wir feststellen, dass unsere Begeisterung von unseren neu gewonnenen Freunden nicht verstanden und schon gar nicht geteilt wurde. Im Westen und ohne Zensur war 1956 genauso vergessen worden wie im Osten (auch) mit Zensur. Vielleicht beschlossen wir deshalb, ein Buch über die ungarische Revolution von 1956 zu schreiben. Vielleicht wollten wir aber auch nur jene Ereignisse noch einmal durchleben, die unseren Herzen und Erinnerungen so teuer waren.

Gemeinsam durchdachten wir das Buch. Ich schrieb den zweiten Teil. Ich beschrieb die Revolution als eine Art Unabhängigkeitskrieg, aber ich hob auch hervor, dass es nicht nur um eine nationale Revolution ging. Ich betrachtete sie als eine antistalinistische Revolution mit großem demokratischen und sozialistischen Pathos. Später veröffentlichte ich ein Unterkapitel aus meinem Teil mit dem Titel „The Great Republic" [„Die große Republik"], in dem ich das Modell von 1956 als beispielhaft darstellte.

Wenn ich heute an dieses Modell denke, erkenne ich darin das leichte Nachbeben meiner neulinken Jahre. Zu diesem Modell gehörten ein Mehrparteiensystem, ein demokratisch gewähltes Parlament, freie Wahlen (natürlich), verbunden mit den Einrichtungen direkter Demokratie (Räten). Die Wirtschaft bestand aus einer marktorientierten Warenproduktion mit teilweise kollektivem Eigentum. Das Modell ist utopisch, es nimmt keine Rücksicht auf soziale Dynamik, institutionelle Logik und menschliche Natur. Doch es war eine ziemlich attraktive Utopie. Ich polemisierte scharf gegen Hannah Arendt, denn sie war eine Gegnerin der repräsentativen Demokratie und hatte die Räte von 1956 als Ersatz für ein gewähltes Parlament begrüßt. Dies ging nicht nur gegen meine Überzeugung, sondern auch gegen jene der ungarischen Arbeiter/Räte, die sich in allen ihren Manifesten für ein Mehrparteiensystem und ein gewähltes Parlament aussprachen.

Großer Held der ungarischen Revolution war für uns Imre Nagy. Ein wesentlicher Teil unserer Erörterung galt seiner Persönlichkeit und seiner beispielgebenden Einstellung.

In unserer Darstellung der Vergeltungsmaßnahmen überschätzten wir die Anzahl der Hingerichteten bis zu einem gewissen Grad. Da wir damals keine Statistiken zur Verfügung hatten, halte ich das nicht für einen Mangel des Buches.

Der letzte Satz erscheint jedoch wirklich prophetisch: „Wer kann mit Sicherheit vorhersagen, dass Imre Nagy nie ein Staatsbegräbnis erhalten wird?" (Tatsächlich begann der Systemwechsel 1989 in Ungarn mit einem Staatsbegräbnis für Imre Nagy und andere ermordete Minister seines Kabinetts.) Und wir fügten hinzu: „Wenn diese Stadt erlebt, dass ihr Premierminister an seiner letzten Ruhestätte den ihm gebührenden Ehrenplatz erhält, (…) haben wir keine Zweifel, was auf den Fahnen stehen wird." Allerdings glaubten wir nicht wirklich, dass wir diesen Tag je erleben würden.

*****

Eines meiner gemeinsamen Bücher mit Ferenc Fehér, „Doomsday or Deterrence" [„Weltuntergang oder Abschreckung"], beruht weder auf Reflexion noch auf Erinnerung.

Durch Zufall befand ich mich (bei einem Besuch der Familie Roberts) zur Zeit der ersten deutschen Friedenskundgebungen in Bonn. Ich wurde gebeten, mich den Organisatoren auf dem Podium anzuschließen und zur Menge zu sprechen. (Nach wie vor genoss ich meine neulinke Reputation.) Es war eine riesige Menschenmenge, ich sprach als eine der Ersten und verteidigte pflichtgemäß die Sache des Friedens. Ich hörte zu und hörte zu, und allmählich geriet mein Blut in Wallung. Sie redeten endlos über die friedliebende Sowjetunion und die kriegstreibenden USA. Ich traute meinen Ohren nicht. Schließlich bat ich darum, noch einmal sprechen zu dürfen. Sie hegten keinen Verdacht. In dieser zweiten und letzten Ansprache bemühte ich mich, die Lüge dieser ganzen „Friedens"-Demonstration zu entlarven. Ich hatte viel zu lange in einem Land unter sowjetischer Herrschaft gelebt, als dass ich nicht ungefähr nach einer halben Stunde die sowjetischen Machenschaften hinter der ganzen „Friedens"-Kundgebung erkannt hätte. Ich kam zu dem Schluss, dass hinter der ganzen Bewegung sowjetische Agenten steckten. Das konnte ich natürlich nicht sagen. Sagen konnte ich aber, dass unsere Welt nicht von einem Armageddon bedroht sei, dass die USA das nukleare Arsenal ebenso zur Abschreckung benutze wie die Sowjetunion und dass eine einseitige europäische Abrüstung nur zu einem erheblichen Anstieg des sowjetischen Einflusses in Westeuropa führen würde. Diese „Friedensbewegung" kämpfte nicht für den Frieden, sondern gegen die Freiheit. Von diesem Augenblick an wurde ich zu ihrem Feind.

Das Buch („Doomsday and Deterrence") begann nicht gleich mit der politischen Agenda, sondern, wie es meine Gewohnheit geworden war, mit dem Problem des Wertediskurses. Es begann mit der Idee, dass Freiheit und Leben die höchsten Werte (Wertideen) der Moderne sind. So gelangte ich zur traditionellen Debatte über das Recht zur Kriegsführung. (Über meine Schlussfolgerung werde ich später im Zusammenhang mit meinem Buch über Gerechtigkeit sprechen.) Ein in diesem Buch erörtertes Problem gehört zum engeren Bereich dieses Themas. Ich argumentierte, dass die Theorie vom gerechten Krieg nicht auf nukleare Kriegsführung anwendbar sei. Der einzig legitime Grund für ein Nuklearwaffenarsenal könne nur die Abschreckung zur Verteidigung der Freiheit sein. Die Freiheit gegen das Leben zu tauschen, sei eine selbstmörderische Politik und von Angst getrieben.

Nach diesen theoretischen Überlegungen folgten konkrete politische Fragen. Erstens: Ist es wahr, dass wir näher an einem nuklearen Showdown sind als je zuvor? Unsere Antwort war „nein". Man darf nicht vergessen, dass es Zeiten der Massenhysterie waren, dass Deutsche nach Australien auswanderten, nur um ihr Leben zu retten, und dass die Filmindustrie über Armageddon einen Film nach dem anderen drehte.

Für die linke Leserschaft (und in Deutschland auch die rechte) mussten wir die sowjetische Strategie verständlich machen. Nach unserer Ansicht bestand diese Strategie darin, die amerikanischen Militärbasen in Europa loszuwerden und dann Europa zu erpressen und seinen Reichtum zu nutzen, um die sowjetische Wirtschaft vor dem endgültigen Zusammenbruch zu bewahren. (Nach der Öffnung der Sowjetarchive stellte sich heraus, dass wir der Wahrheit sehr nahe gekommen waren – nicht nur im Fall von Deutschland, sondern auch von Großbritannien.)

In Deutschland musste auch ein Teil des rechten Flügels aufgeklärt werden. Die Menschenmenge bei der Bonner Friedenskundgebung schien mir auch durch Nationalismus motiviert. Wegen seiner Nazi-

Vergangenheit war Deutschland die einzige Nation, die nationalistische Motive nicht offen zum Ausdruck bringen konnte. Der Nationalismus musste sich daher hinter einer „progressiven" Sache verbergen. Das geschah weitgehend unbewusst. (Ich achtete darauf, die Motive der Teilnehmer an den Friedenskundgebungen nicht generell zu verunglimpfen, ich vermutete eher, dass sie getäuscht worden waren.)

Doch unser deutsches Problem beschränkte sich nicht auf die Friedensbewegung. Wir schrieben eine Fortsetzung über „Germanys Way to a New Rapallo" [Deutschlands Weg zu einem neuen Rapallo"]. Auch dabei trug unsere Erfahrung zur Inspiration bei. Bei vielen Tagungen, an denen wir in Westdeutschland teilnahmen, sprachen westdeutsche Teilnehmer mit einer gewissen Sympathie von der Sowjetunion, sie lobten die kluge Führung von János Kádár und hatten sogar für die Politik der DDR ein paar gute Worte übrig. Das Gesamtkonzept des Buches und die Erörterung des historischen Vertrags von Rapallo war ausschließlich Feris Idee, ebenso die Analyse.

Ein weiterer Aufsatz, „From Red to Green" [„Von Rot zu Grün"], kritisierte die Linke aus linker Sicht. Die theoretische Botschaft kreiste erneut um den Wertekonflikt zwischen Freiheit und Leben. Hauptziel unserer Kritik waren nicht mehr die Friedensbewegungen, sondern die ersten „grünen" Bewegungen. Es ging natürlich nicht gegen die Bewegung zur Erhaltung der Umwelt, auch wir liebten dichte Wälder und saubere Flüsse, sondern gegen eine neue Form der Armageddon-Psychose. Diese konzentrierte sich nicht mehr auf den nuklearen Holocaust, sondern auf die unmittelbar bevorstehende Zerstörung unseres Lebensraumes. Wir hatten den Eindruck, dass viele Bewegungen (auch rechte) immer neue Wege fanden, um mit der Angst vor der Apokalypse zu spielen (ohne eine entsprechende religiöse Hoffnung). Die Logik ging so: „Wenn wir nicht sofort a, b und c machen, wird es morgen schon zu spät sein." Diesmal beschränkten wir uns nicht allein auf Kritik, wir konnten in der Ideologie der Bewegung auch wahre oder rationale Aspekte entdecken.

Ich würde nicht sagen, „Von Rot zu Grün" sei unser erster Schritt zu unserem viel später geschriebenen Buch über „Biopolitik" gewesen, auch wenn einige seiner Elemente bereits enthalten waren. Doch das Konzept des späteren Buches war von Michel Foucault inspiriert.

Einige Werke Foucaults lehrte ich bereits seit 1979, noch bevor ich ihn persönlich kennenlernte. Seit 1980 verschlang ich einfach alles, was er schrieb. Ich war bereits in Amerika, als ich die Bedeutung seines Begriffs der Biopolitik und seiner Interpretation dazu erkannte.

Damals wurde mir klar, dass ich die Entscheidung, Philosophie von Intervention zu trennen, nie konsequent umgesetzt hatte. Mit Ausnahme unseres gemeinsamen Buches über die ungarische Revolution standen die beiden obersten Werte der Moderne, Freiheit und Leben, und ihr möglicher Konflikt im Zentrum von Polemiken und Auseinandersetzungen. Ich hatte das Problem aus den Dialogjahren geerbt, vor allem von meinem Buch über Philosophie, in dem ich zugegeben hatte, dass es Fälle gibt, wo diese fundamentalen Werte nicht vereinbar sind und auch kein Dialog zwischen ihnen möglich ist.

Dasselbe Problem trat immer dann auf, wenn ich mich der traditionellen Frage des Glücks aus moderner Perspektive näherte, vor allem in meinem Essay „Freiheit und Glückseligkeit in der politischen Philosophie Kants" (veröffentlicht in „Ist die Moderne lebensfähig?"). Das war eine leichte Aufgabe, denn die gesamte Kant'sche Ethik dreht sich um die Achse des Vorrangs der Freiheit über das Glück. Es war besonders die unbedingte Festlegung auf die Freiheit, die mich zur politischen Philosophie Kants hinzog.

Doch bei der Biopolitik konnte ich nicht bedingungslos kantianisch bleiben. Ich wollte den Vorrang der Freiheit verteidigen und tat dies auch, ohne allerdings das gesamte System Kants zu übernehmen. Der Abgrund zwischen Natur und Freiheit, zwischen Homo *phenomenon* und Homo *nuomenon*, also die Kant'sche Metaphysik, musste aufgegeben werden.

Bereits in meiner Vorlesungsreihe von 1957 verwarf ich – wie die Vorlesungsnotizen bezeugen – „Glückseligkeit" als oberstes Ziel, denn in meinen Augen eignet es sich nur für die alten Lebensformen. Man konnte nicht für eine konstante Entwicklung und Ausdifferenzierung qualitativer Bedürfnisse stehen und zugleich das alte Verständnis von Glück bejahen. In der „Theorie der Gefühle" sowie in zwei Aufsätzen über die „unzufriedene Gesellschaft" griff ich eine faustische Idee auf: Man kann perfektes Glück nur für Augenblicke genießen. In einer modernen Gesellschaft kann man kein dauerhaftes Glück erwarten. Ich unterschreibe das heute noch – sogar gern.

All dies musste als Vorspiel zur Kritik der „Biopolitik" gesagt werden. Das geschriebene Werk über Biopolitik konnte nicht damit beginnen, diese zu kritisieren, aber es musste mit einer kritischen Note enden.

Bevor wir die Ausschließlichkeit von Körperpolitik ablehnten, mussten wir zuerst über die Befreiung des Körpers reden. Wir hatten keine Zweifel, dass wir es mit einem janusköpfigen Problem zu tun hatten. Wie so oft mit solchen Problemen war es unmöglich, das „gute" vom „schlechten" Gesicht zu trennen, denn diese Operation kann nur in konkreten Fällen vollzogen werden, und sogar dort nicht ohne Gefahren. (Vor etwa zehn Jahren kehrte ich in meinem Essay „Embodiment" [„Verkörperung"] zu diesem Problem zurück, ich formulierte die Fragen, ohne Antworten zu bieten.)

Man muss von der Befreiung des Körpers aus dem Gefängnis der Seele sprechen (Foucault), doch zugleich auch von den Gefahren, die in der „essenzialistischen" Bevorzugung des Körpers lauern, unter anderem Rassismus.

Die Befreiung des menschlichen Körpers ist insofern ein theoretisches Problem, als es die Aufgabe der Metaphysik erfordert. Menschen sind ganz, darauf bestand ich in meiner Theorie der Gefühle, auch wenn sie immer zugleich geteilt sind. (In dieser Unterscheidung ist etwas von der Kant'schen Differenzierung zwischen dem Transzendentalen und dem Empirischen erhalten, doch ohne das metaphysische Gepäck.) Diese Befreiung ist auch ein praktisches Problem. Befreiung kann zu Freiheit führen, wenn sie nicht mit essenzialistischer Ideologie betrieben wird. Um es einfach zu machen: Die Befreiung des Körpers sollte die Freiheit nicht beeinträchtigen – weder unsere eigene noch die anderer, weder in der intimen noch in der öffentlichen Sphäre.

Unser Buch thematisierte zunächst reale Probleme wie Abtreibung, sexuelle Revolution sowie sexuelle, rassische oder geschlechtliche Identität. Dann kamen wir zum Schutz des Lebens (Tiere, Natur), zur Gesundheitspolitik und zu Gesundheit als moralischer Frage. Wir wiesen auf die inhärente Mehrdeutigkeit aller besprochenen Fälle hin, ohne Zweifel darüber aufkommen zu lassen, wofür wir standen und wogegen wir waren. Doch anders als in unserer romantischen Jugend glaubten wir nicht mehr daran, dass es Gewinne ohne entsprechende Verluste geben kann. Das war schließlich eine der Erkenntnisse meiner Geschichtstheorie.

Es war nicht das erste Mal, dass ich mich weigerte, ethische Fragen zu behandeln, als seien sie klinisch. In einer meiner längeren Studien aus den Dialogjahren hatte ich bereits dagegen protestiert, dass man moralischen Verfehlungen mit psychologischen Argumenten begegnete und menschliche Freiheit und Verantwortung annullierte, indem man monokausale Determination voraussetzte. Dieses Mal hatten wir es mit einer anderen, aber ähnlichen Verkürzung zu tun. Aus realen oder imaginären Beeinträchtigungen unserer Gesundheit wurden entscheidende moralische Probleme. Fettleibigkeit oder Rauchen wurde zur Sünde Nummer eins. Wenn jemand in einem Krimi auf dem Bildschirm rauchte, wussten wir, er war der Schurke, in einem Spionagefilm der Spion. Raucher waren der Feind, Nichtraucher Freunde, jene, die aufhörten, waren reuige schwarze Schafe. Eine Frau, die keine Feministin war, wurde als Verräterin betrachtet, ein Mann, der die Figur eines Mädchens bewunderte, war ein Sexist.

Je mehr ich heute über Biopolitik nachdenke, desto weniger Bedeutung messe ich denselben Themen bei. Es gibt sie noch, aber sie stehen nicht mehr im Mittelpunkt. Das Zentrum wird von anderen Fragen besetzt, zum Beispiel zu „pastoraler Politik" (wie sie auch Foucault beschrieben hat) oder zur Transformation des menschlichen Körpers und Charakters durch genetische Technologie (auch „Optimierung" genannt) oder über technische Mittel, Leben künstlich zu erhalten, Euthanasie und so weiter. Schließlich fand ich es sehr problematisch – obwohl ich eine alte Epikureerin bin oder vielleicht eher im Geiste von Epikur –, dass wir heute alles, wirklich *alles* über unsere Körper und die der anderen wissen und weniger und weniger, fast nichts, über unsere Seelen.

✳✳✳✳✳

Kehren wir zum Anfang meiner Geschichte über die „Aufbaujahre" zurück, die von der Geschichte der Interventionen unterbrochen wurde.

Nachdem ich das erste Kapitel von „A Theory of History" aus dem Ungarischen ins Englische übersetzt hatte, schrieb ich auf Englisch weiter. Damals wusste ich noch nicht, dass dieses Buch das erste von mir gebaute Haus sein würde. Eigentlich sollte es die geplante, aber nie geschriebene „Second Nature" [„Zweite Natur"] in der Sozialanthropologie-Serie ersetzen.

Das Wort „Aufbau" bringt die räumlichen Beziehungen unter meinen verschiedenen Büchern des Projekts nicht exakt zum Ausdruck. Das Wort „Aufbau" wird normalerweise mit einer vertikalen Struktur verbunden, von einem Keller bis zu vielen Stockwerken, die von einer gekurvten Treppe erklommen werden. Das ist die „normale" Struktur eines metaphysischen Systems. Mein „Aufbau" besteht nur aus einer Struktur von sieben Häusern, von denen keines größer ist als das andere. Sie stehen in Form einer Sichel nebeneinander. Im Zentrum dieses Bogens, wo sich Ethik und Geschichtsphilosophie kreuzen, steht das Haus „Beyond Justice" [„Jenseits der Gerechtigkeit"]. Auf einer seiner Seiten (der Geschichtsphilosophie) steht „A Theory of History" [„Eine Theorie der Geschichte"], auf der anderen Seite (der Ethik) die „General Ethics" [„Allgemeine Ethik"]. Sie stehen sich gegenüber. Rechts von der Geschichtstheorie steht „A Philosophy of History in Fragments" [„Eine Geschichtsphilosophie in Fragmenten"]. Gegenüber auf der anderen – ethischen – Seite steht „A Philosophy of Morals" [„Eine Philosophie der Moral"]. Dem letzten Haus auf der Seite der Geschichtsphilosophie, „A Theory of Modernity" [„Eine Theorie der Moderne"], steht (auf der ethischen Seite) „An Ethics of Personality" [„Eine Ethik der Persönlichkeit"] gegenüber.

Auf beiden Seiten der Sichel oder vielleicht eher des Hufeisens reflektiert nur das letzte Buch direkt die Gegenwart, während das Zentrum und die vier Bücher (oder Häuser) nahe beim Zentrum im Wesentlichen Entstehungsgeschichten erzählen.

Erst jetzt kann ich das Projekt in seiner Einfachheit zusammenfassen, aber es hat Zeit gebraucht, bis ich das erkannt habe. Im Vorwort der „General Ethics" weise ich zum ersten Mal darauf hin, dass ich am Beginn eines Projekts zu einer Buchreihe stehe, von der dies vielleicht der erste Teil sein könnte. Doch über das Ergebnis war ich mir noch nicht ganz im Klaren, nicht einmal der ethischen Reihe. Mein Buch über Gerechtigkeit hatte ich bereits abgeschlossen. Sein Platz ist an der Kreuzung zwischen Ethik und Geschichtsphilosophie. Mir war bewusst, dass beide Projekte fortgesetzt werden mussten, auch wenn ich noch nicht ganz sicher war, wie ich vorgehen sollte.

Ich könnte vielleicht sagen, ich hätte in Wirklichkeit nur ein einziges Buch geschrieben, eine Theorie der Moderne, dies aber in sieben Teilen. So handelten und handeln alle meine direkten Vorgänger und Zeitgenossen, nicht nur in der Philosophie, sondern unter anderem auch in der theoretischen Soziologie. Die Vergangenheit, die vergangene Geschichte erhielt Bedeutung, indem sie als Kontrast zu unserer eigenen diente. Alle wichtigen Philosophen konzentrierten sich auf das Erscheinen der Moderne und rechtfertigen damit Hegels Weisheit, dass wir alle Kinder unseres eigenen Zeitalters sind, die ihre Zeit durch Gedanken zum Ausdruck bringen (manche wunderbar, andere weniger, einige mit großem Genie, andere mit bescheidener Begabung).

Ich schrieb immer über die Moderne, ohne sie von Anfang an zum unmittelbaren Ziel der Untersuchung zu machen. Doch kam ich sehr oft bei ihr an, häufig in den letzten Kapiteln eines Buches – so wie schon in „A Theory of History".

Ich widmete dieses Buch dem Andenken von R. G. Collingwood. Sowohl die Tatsache der Widmung als auch ihr Text sind eine Erklärung meines Sinneswandels. Ich verabschiedete mich von der Idee des universalen Fortschritts und aller seiner Theorien. Ich verabschiedete mich von meiner eigenen Jugend und meinen Überzeugungen der „Dialogjahre", von all den Hoffnungen, die sich als bloße Illusionen erwiesen. Darin eingeschlossen auch der am meisten unterdrückte Optimismus meiner alten Geschichtsphilosophie, die Theorie der „Werteakkumulation", die mir in meinem ersten Sommer in Korčula Anerkennung verschafft hatte. Meine Abschiedsparty von der sogenannten „Geschichtsphilosophie" organisierte ich in einem der Unterkapitel des Buches. (Der Begriff „große Erzählung" war noch nicht erfunden.)

Auch wenn ich die Idee eines allgemeinen historischen Fortschritts mit einer radikalen Geste verwarf, verriet ich nicht das beherrschende Pathos meiner Jugend. Ich bestand darauf, dass wir uns überall, wo wir uns befinden, in welcher Welt auch immer wir leben, am Fortschritt beteiligen können. Und dass es eine gute Tätigkeit ist, sich für Verbesserung zu engagieren. Das glaube ich immer noch.

Die Kritiker dieses Buches warfen mir vor, ich hätte schon am Beginn des Buches etwas getan, was ich versprochen hatte, nicht zu tun. Ich entwarf nämlich ein Schema, das der hegelianischen Geschichtsphilosophie allzu ähnlich war. Vor allem das erste Kapitel des ersten Teils des Buches („Historizität") stellt die „Stadien historischen Bewusstseins" dar.

Anfangs zögerte ich, den Begriff „Bewusstsein" zu verwenden für das, was mir vorschwebte. Es war die Zeit, als die sogenannte linguistische Wende in Mode war, und „Bewusstsein" hatte eine schlechte Presse. Ich experimentierte mit „Einbildungskraft" und „Weltsicht", aber alles schien schlechter als Bewusstsein. Ich tröstete mich mit guten Vorfahren, denn auch Freud hatte genau dieses Wort benutzt. Also erklärte ich, in welcher Bedeutung ich den Begriff „Bewusstsein" verwenden würde.

Das Kapitel beginnt mit der Geschichte der Geschichten. Alle Wörter haben ihre eigenen Geschichten. Diese Geschichten stellen die Frage auf Gauguins Gemälde: „Woher kommen wir? Wer sind wir? Wohin gehen wir?" In den meisten Welten geben die Geschichten Antworten auf solche Fragen, zusammen mit den Fragen. Doch es gibt auch Welten, in denen alle Antworten auf die Fragen selbst Fragen sind. Im ersten Fall können wir vom „historischen Bewusstsein" sprechen und seinen verschiedenen Stadien. Es hat nie eine menschliche Welt ohne historisches Bewusstsein gegeben, und es wird auch nie eine geben. Im zweiten Fall sprechen wir nicht nur von historischem Bewusstsein, sondern auch über das Bewusstsein von Geschichte. Zum Bewusstsein von Geschichte gehört auch das Wissen, dass wir auch die Art und Weise der Antworten infrage stellen können, die in verschiedenen Welten gegeben werden, auch unserer eigenen. Dieses Wissen bringt ein Meta-Narrativ mit sich. Schließlich können wir auch unsere eigenen Fragen infrage stellen.

Eine meiner Thesen ist, dass die Erkenntnis der Historizität der Fragen, die in verschiedenen Welten verschieden gestellt und beantwortet wurden, (das Meta-Narrativ) verhältnismäßig spät auftritt.

Weil aber das „historische Bewusstsein" das „allgemeine" ist und zu allen Zeiten existiert hat, ist es legitim, über die Stadien historischen Bewusstseins in einem Meta-Narrativ zu sprechen, das über seine Veränderungen reflektiert. Genau das tat ich in diesem Unterkapitel.

Das erste Stadium des historischen Bewusstseins nannte ich „das Bewusstsein der nicht reflektierten Allgemeinheit", während das letzte (gegenwärtige) Stadium „das Bewusstsein der reflektierten Allgemeinheit" heißt. (Das Wort „postmodern" war damals noch nicht erfunden.) Zwei der vier „Zwischenstadien" nannte ich „universal". Im Fall des (mittelalterlichen) Christentums sprach ich vom „Bewusstsein der nicht reflektierten Universalität". Im Fall der Geschichtsphilosophie (große Erzählung) sprach ich vom „Bewusstsein der reflektierten Universalität". Den Begriff „Universalität" verwendete ich als Äquivalent zu transzendental (Christentum) oder ideologisch (große Erzählung), den Begriff „Allgemeinheit" als Äquivalent zu empirisch (es existiert *de facto* überall auf unserem Globus).

Diese Klassifizierung halte ich immer noch für vernünftig. Und ich bin immer noch anderer Meinung als meine Kritiker. Man kann durchaus von Gemeinsamem und sich Wandelndem in menschlichen Historien sprechen, ohne sich zur Metaphysik oder zur großen Erzählung bekennen zu müssen. Eine Geschichte dieser Art wird nur dann zu einem Beispiel der großen Erzählung, wenn man sie als einen Vorgang des universalen und notwendigen Fortschritts (oder Rückschritts) versteht – und ihre Abschnitte als Symptome des Fortschritts (oder Rückschritts).

Ich gebe zu, dass dieses Schema vereinfacht, wie alle Schemas. Um nur ein Beispiel zu nennen: Ich verband manchmal die biblische Geschichtsdarstellung mit der griechischen, manchmal mit der christlichen. (Im Band „A Philosophy of History in Fragments", der zehn Jahre später entstand, vermied ich diese Falle.) Zwar erwähnte ich die Veränderung im historischen Bewusstsein Roms im letzten Jahrhundert der Republik, aber ich erörterte sie nicht um ihrer selbst willen. (Das würde ich erst viel später tun, in meinem Buch über den zeitgenössischen historischen Roman.)

Kehren wir zurück zur „Historizität". Das zweite Kapitel trägt den Titel „Gegenwart, Vergangenheit und Zukunft". Für mich ist die Erörterung der verschiedenen, einander nicht überschneidenden Erfahrungen und Interpretationen von Gegenwart, Vergangenheit und Zukunft die beste theoretische Anregung dieses Kapitels. Um hier nur über die Gegenwart zu reden, „Zusammengehörigkeit" ist die Gesamtheit aller Menschen, mit denen wir die Welt teilen. Sie ist die absolute Gegenwart, denn sie hat weder Vergangenheit noch Zukunft. „Geschichtliche Gegenwart" bezieht sich auf die gegenwärtige Struktur (zum Beispiel Modernität), mit der wir die historische Vergangenheit und eine – unbekannte – historische Zukunft (Diskontinuität) konfrontieren können. „Gegenwärtige Geschichte" ist das Ereignis, die Reihe von Ereignissen, parallelen Ereignissen, die nur von der Zukunft (Kontinuität) her begriffen werden können. Das „gegenwärtige Zeitalter" schließlich umfasst alles, an das wir uns erinnern können, die Vergangenheit, soweit sie in der Gegenwart wirksam ist. Das Kapitel kommt zu dem Schluss, dass wir in vier Gegenwarten (Vergangenheiten und Zukünften) leben.

Dieses Konzept hat seine Vorgeschichte im zweiten Teil der „Theorie der Gefühle", in dem ich die verschiedenen Gegenwarten des „bürgerlichen Weltzeitalters" (des gegenwärtigen Zeitalters) erörtere. Ein weiterer Gedanke, der dann im Buch über Geschichte entscheidend wird, taucht ebenfalls zum ersten Mal in der „Theorie der Gefühle" auf. Ich denke an die Idee der „planetarischen Verantwortung". Der Gedanke wurde bereits im Buch über Gefühle formuliert, auch wenn der Begriff noch fehlte.

Das dritte Kapitel des ersten Teils von „A Theory of History" („Alltägliches Geschichtsbewusstsein als Grundlage von Geschichtsschreibung und Geschichtsphilosophie") geht zurück auf meine eigene Vergangenheit („Das Alltagsleben") und weist auf meine nahe Zukunft (eine Studie zum Verhältnis von Alltagsleben und Rationalität – veröffentlicht in „The Power of Shame"). Das erste Unterkapitel dieses Kapitels erörtert das „Storytelling" als Grundlage aller Stadien historischen Bewusstseins. Ich setzte fort mit der Erörterung von Wahrheit, Objektivität, Authentizität und Tatsachen – alle in Alltagsleben und Alltagssprache. Einige in diesem Kapitel ausgearbeitete Unterscheidungen (zum Beispiel Wahrheit, Realität, Authentizität und Faktizität in Narrativen) werden in meinem kürzlich erschienenen Buch über den zeitgenössischen historischen Roman wieder auftauchen.

Grundlage ist das historische Bewusstsein des Alltagslebens. Aber was entsteht auf dieser Grundlage?

Dieses Problem wird im zweiten und dritten Abschnitt des Buches behandelt. Es konzentriert sich auf zwei relativ homogenisierte Erscheinungsformen des historischen Bewusstseins. Im zweiten und längsten Abschnitt geht es um Geschichtsschreibung, im dritten und viel kürzeren um Geschichtsphilosophie (die große Erzählung). Der relativ lange Abschnitt über Geschichtsschreibung ist auch der wissenschaftlichste Abschnitt. Ich stütze mich dort sehr auf Collingwood sowie auf Freunde und Feinde des Historizismus.

Als Einleitung zu diesem Abschnitt beschreibe ich einen Roman von Jules Verne, „Die Kinder des Kapitän Grant", ein Lieblingsroman meiner Kindheit. Dort kommen die Paradoxe des Schreibens über Geschichte, die im Einzelnen angesprochen werden sollten, wunderbar zum Ausdruck. (Ich muss sagen, ich hatte beim Schreiben viel Spaß.)

Kehren wir kurz zu den Stadien historischen Bewusstseins zurück.

Ausdruck des Bewusstseins nicht reflektierter Allgemeinheit ist der Mythos. Alle Menschen haben Mythen. Und genau deswegen *konnte ich nicht darüber sprechen.*

Das Bewusstsein reflektierter Allgemeinheit (das postmoderne Bewusstsein) ist auch von einem gemeinsamen Verständnis von Geschichte geprägt, das ich als „Theorie der Geschichte" bezeichne. Es war im vierten Abschnitt darzustellen.

Der letzte, abschließende, krönende Teil des Buches erwies sich als sein schwächster. Meine Freunde warnten mich schon damals, dass er nicht funktionierte, dass ihm die Überzeugungskraft fehlte. Ich formulierte ein Programm mit dem Anspruch, dass eine Theorie der Geschichte geschrieben werden müsse. Meine Freunde mahnten, ich hätte sie bereits geschrieben und es gebe nichts mehr zu sagen. Sie meinten auch, keine Theorie der Geschichte könnte philosophische Reflexionen über Geschichte ersetzen. Wie so oft hörte ich all diese kritischen Meinungen höflich an, ohne ihnen zuzustimmen. Und wie so oft akzeptierte ich sie einige Jahre später gebührend. Mein Sinneswandel nahm einen praktischen Weg durch das Schreiben von „A Philosophy of History in Fragments". Doch damals war ich schon in New York und bewusst mit dem „Aufbau" beschäftigt.

*****

Mein Buch zur Theorie der Geschichte brachte mich zum Problemfeld des Alltagslebens zurück. Ich habe weiter oben schon beschrieben, wie das geschah. Kurz gesagt verband ich die Analyse des Alltagslebens mit der Unterscheidung von zwei Arten der Rationalität. Die umfangreiche Studie „Everyday Life and Rationality" [„Alltagsleben und Rationalität"] erschien nicht als eigener Band, sondern sie spielt die zweite Geige im Buch „The Power of Shame". Das Werk, auf das sich dieser Titel bezieht, ist keine Studie, sondern ein langer Essay.

Dieser Essay war nicht mein erster Ausflug ins Feld der Psychologie. Nicht wenige meiner frühen Untersuchungen, wie „The Sociology of Morals or the Morals of Sociology" [„Die Soziologie der Moral oder die Moral der Soziologie"] oder mein kleines Buch über Vorurteile wagten sich auf das Gebiet der Psychologie, ebenso einige Teile meiner Bücher über Instinkte und Gefühle. Der Essay über Scham stützt sich ohnehin an vielen Stellen auf diese früheren Werke und übernimmt einige Unterscheidungen von ihnen, etwa die Differenzierung zwischen dem Affekt und dem Gefühl von Scham. Wie jedes Mal davor und danach passierte es mir auch dieses Mal, dass psychologische Probleme einen philosophischen Charakter annahmen, überdeterminiert von moralischen Überlegungen.

Im Vorwort widerspreche ich gleich Freud, der in einem seiner brillanten Werke („Das Unbehagen in der Kultur") zwei Arten von Schuldgefühlen unterscheidet. Das erste antwortet auf eine äußere Autorität, das zweite auf eine innere. Ich akzeptierte die Unterscheidung zwischen den beiden Autoritäten, aber ich argumentierte, dass „Schuldgefühl" und „Scham" nicht *differentia specifica* desselben *genus proximum* seien. Die Antwort auf die Schelte einer äußeren Autorität ist Scham, während die Antwort auf eine innere Autorität in einem schlechten Gewissen besteht. Von Schuldgefühlen kann man schließlich (in beiden Fällen) sprechen, wenn man sich *schuldig* fühlt, wie Nietzsche gemeint hat.

Meine Geschichte beginnt am Anfang, als ethisches Verhalten nur durch äußere Autorität beurteilt wurde. Diese Autorität wurde (re)präsentiert durch den Blick repräsentativer Anderer. Diese Anderen schauen immer auf einen. Ist man nicht wie sie, ist man mit einer Handlung von den Erwartungen abgewichen, hält man ihrem Blick nicht stand. Man schließt die Augen, man hat Angst, von anderen gesehen zu werden, man errötet, man möchte wegrennen. Beschämt zu werden wird als schmerzhaftes oder zumindest unangenehmes Gefühl erfahren. Die Menschen versuchen, ihm mit schamvermeidenden Techniken zu entkommen. Ein Beweis für den archaischen Ursprung von Scham ist, dass wir ihn nicht nur empfinden, wenn wir etwas Verwerfliches tun, sondern auch, wenn man uns besonders lobt – in beiden Fällen unterscheidet man sich von allen anderen. Im Falle von Auszeichnungen ist die beste Schamvermeidungstechnik, die eigenen Verdienste kleinzureden und sie anderen zuzuschreiben.

Das Gewissen als innere Autorität zur Beurteilung unseres ethischen Verhaltens tritt erst viel später auf als die äußere. Ein schlechtes Gewissen ist nicht visuell, es wird eher als innere Stimme erfahren. Der Richter thront innen.

Mein Essay über die Macht der Scham schreitet in einer quasi-historischen Sequenz voran, die den verschiedenen Phasen der Entwicklung des Gewissens folgt. Ich begann mit dem komplementären Gewissen, dann folgte das applikatorische Gewissen und schließlich das interpretative Gewissen. Sie alle treten in Kulturen auf, in denen der Blick der anderen immer noch das größte Gewicht hat (wie zum Beispiel bei „Ödipus auf Kolonos"). Ich fügte hinzu, dass äußere Autorität auch in modernen Zeiten dominieren kann (die Gelegenheit ergab sich bei der Erörterung von „Lord Jim").

Den beginnenden „Nominalismus" des Gewissens veranschaulichte ich ebenso an Literatur, besonders an Julias Monolog in „Romeo und Julia". Für Julia (und auch für Romeo) zählt der Blick der Anderen nicht. Sie hören nur auf die innere Stimme. Das Recht zu lieben, erzählt die innere Stimme, steht über allen anderen Rechtfertigungen. Äußere Verpflichtungen beruhen nur auf „Namen", nicht auf der Wirklichkeit.

Auf dem Weg von der Renaissance zur Moderne unterschied ich zwischen dem Gewissen als oberster Autorität zur moralischen Beurteilung menschlicher Handlungen und Verhaltensweisen und dem Gewissen als einziger Autorität dazu. Das Beispiel für Ersteres ist die Kant'sche Ethik in ihrer zweiten Variante (wie ich sie in meiner früheren Studie zu den beiden Ethiken Kants ausgearbeitet hatte). Das Gewissen (praktische Vernunft) als letzte Instanz der Moral nannte ich „legislatives Gewissen". In der Darstellung der „letzten Autorität" kam ich dann kurz auf das „skeptische" Gewissen – basierend auf Hegel – und das „schlechte Gewissen" – basierend auf Calvin.

Es entspricht heute nicht mehr meinem Geschmack, Idealtypen zu bestimmen. Das ging damals auf den Einfluss von Max Weber zurück. Aber wenn man berücksichtigt, dass ich damals tat, was ich nicht mehr tun würde, muss ich zugeben: Es gelang mir ganz gut.

Doch ich habe diesen Essay nicht um der Typologie willen geschrieben. Erst am Ende sprach ich jenes Problem an, das dem Ganzen zugrunde lag. Ich kam zu dem Schluss, dass das letzte Stadium der Entwicklung des Gewissens, das Gewissen als einzige Autorität moralischer Beurteilung, gleichermaßen Quelle von Gut oder Böse sein kann. Auf diesen Gedanken kam ich mehrfach zurück, zum Beispiel in meinem Buch über Shakespeare.

Ich gebe zu, es gibt Fälle, da kann das Gewissen als letzte Instanz problematisch sein. Ich stellte die Frage: „Woher weiß ich, dass ich und nur ich recht habe und alle anderen irren? Dass mein Gewissen immer das Gute und Wahre vorschlägt? Wenn der Blick der anderen missbilligend auf mir liegt, kann ich absolut sicher sein, dass die innere Stimme nicht die des Teufels ist? Es gibt Fälle, wo die Antwort ein bedingungsloses ‚Ja‘ ist, aber meistens bleibt Raum für Zweifel.“

Kehren wir zu meiner viel zu detaillierten Typologie zurück, diesmal mit dem Fall einer Unterscheidung zwischen verschiedenen Typen von „Gewissen als einzige moralische Autorität“.

Als Erstes in der Typologie steht das sogenannte „berechnende Gewissen“. Dabei geht es um die Überzeugung, dass der moralische Gehalt einer Handlung von einer erfolgreichen Berechnung abhängt, die entweder auf privatem oder einer Art von „kollektivem“ Interesse beruht. Dabei hatte ich unter anderem Lukács’ Argumente aus „Taktik und Ethik“ im Kopf. In meiner Kritik an der zweiten Variante (dem betrügerischen Argument für ein kollektives Interesse) kehrte ich zurück zur Ethik des Totalitarismus, wie ich ihn in meinem Teil von „Der sowjetische Weg“ beschrieben hatte.

Den letzten Typ des Gewissens als einzige Autorität nannte ich das Gewissen als „gutes Gewissen“. Dabei geht es um die Vergöttlichung des Menschen, den Napoleon-Komplex, den Glauben an unsere Allmacht, wo die Macht der Scham mit voller Kraft zurückkehrt. Ob nun „berechnendes Gewissen“ die einzige Instanz ist (Bolschewismus) oder „gutes Gewissen“ (Nazismus) diese Rolle übernimmt, das Gewissen verkehrt sich ins Gegenteil, verkörpert durch einen *Führer*.

Auf diese Weise annulliert es sich selbst und errichtet eine Schamkultur, bei der der Blick der Anderen nicht auf Überlieferung beruht, sondern auf Ideologie. Der Blick der Anderen wird zum Bösen Blick. (An dieser Stelle erörterte ich das berühmte Buch von Arthur Koestler, „Sonnenfinsternis". Ich schrieb: „Wir können normative Führung nicht aufgeben, ohne uns selbst aufzugeben. Darin liegt die Antinomie der praktischen Vernunft."

In diesem Essay erkannte ich den antinomischen Charakter moderner Moral sowie die Unauflöslichkeit dieser Antinomie an. Ohne Kant'sche Metaphysik nehmen Antinomien die Gestalt von Paradoxen an.

Ich bot zwar keine theoretischen Lösungen, aber ich konnte Modelle zeigen. Ich berichtete von Raskolnikow, der seine Knie beugte vor der leidenden Menschheit. Ich konnte das nicht vorzeigen, nur darauf hinweisen.

Die praktische Vernunft, so schloss ich meinen Text, beruht heute auf dieser letzten Geste. „Ohne diese letzte Geste", so schrieb ich, „wären die Kinder von Adam und Eva nicht in der Lage, Gut und Böse zu unterscheiden, sie könnten ihre Gesichter nicht mehr vor dem Angesicht des Richters verbergen, könnten anderen nicht vergeben und könnten nicht sagen ‚Verzeih mir!'". Aber, so fügte ich hinzu, die theoretische Vernunft ist verpflichtet, diese Geste zu rechtfertigen.

Damit endet der Essay. In der Folge versuchte ich, die Aufgabe zu erfüllen, die ich mir gestellt hatte.

Und dann, ganz plötzlich, wurde mir klar, dass ich die Aufgabe nicht in der Form erfüllen konnte, in der ich sie mir gestellt hatte. Niemand konnte das. Zweifellos könnte man die Annahme der letzten Geste rechtfertigen, ebenso könnte man aber ihre Zurückweisung rechtfertigen. Und zwar mit derselben Kraft. Ich hatte das bereits verstanden, als ich mit der Arbeit an meiner allgemeinen Ethik anfing. Das war der Grund, weshalb ich zur transzendentalen Fragestellung von Kant zurückkehrte. Mit der festen Überzeugung, dass die Antinomie der reinen praktischen Vernunft unlösbar ist und die transzendentale Ableitung nicht funktioniert, bleibt die Veranschaulichung der letzten Geste (nicht die Rechtfertigung!) immer noch möglich.

Eine der Randbemerkungen dieses Essays würde in meinem zukünftigen philosophischen Leben Früchte tragen. Ich sprach dort zum ersten

Mal über die drei Logiken der Moderne. Die drei Logiken würden entscheidende Veränderungen durchlaufen. In diesem Buch identifizierte ich nämlich die „politische Logik" mit der Demokratie. Weil ich in diesem Buch, wie bereits in „Der sowjetische Weg", niemals aufhörte zu betonen, dass totalitäre Gesellschaften durch und durch modern sind, verstehe ich mich selbst heute nicht mehr. Es ist aber auch richtig, dass ich mich selbst sehr bald korrigierte.

*****

Ich hatte mir eine Aufgabe gestellt, doch ich zögerte, mich ihr sofort zu widmen. Ich wandte mich ihr auf Umwegen zu.

In mehrfacher Hinsicht war „The Power of Shame" der Vorbote meines nächsten Buches, „Beyond Justice" [„Jenseits der Gerechtigkeit"].

Zu jener Zeit und in dem kulturellen Milieu, in dem ich arbeitete, sowohl in der englischen wie der deutschen Variante, hielt man es für selbstverständlich, dass von allen ethischen Fragen nur das Problem der Gerechtigkeit übriggeblieben war. In Sydney spielte das französische Denken die führende Rolle – mit Deleuze, Althusser und später Foucault und Derrida –, aber in Melbourne ging es in erster Linie um Hume, Habermas, Adorno und später Nietzsche. Etwa in dieser Zeit (den frühen 1980ern) erklärte Habermas, dass Gerechtigkeit das einzig verbliebene ethische Problem sei, und dass Hume in diesem Sinne interpretiert würde. Ich liebte Hume, aber ich mochte den Kult um ihn nicht, ich verabscheue jede Art von Heldenverehrung. Außerdem hat Hume das nicht gesagt.

All das regte mich dazu an, den Begriff der Gerechtigkeit polemisch zu überdenken. Ich beschloss, den Beweis für meine Überzeugung zu führen, dass Gerechtigkeit nur eines von vielen ethischen Problemen ist, dass sie den Platz an der Kreuzung zwischen Ethik und Sozialphilosophie besetzt und dass Moral jenseits von Gerechtigkeit steht. Der Buchtitel „Beyond Justice" bringt dies im Wesentlichen zum Ausdruck.

Ich habe es immer geliebt, gegen den Strom zu schwimmen. In diesem Fall kamen mir sowohl gesunder Menschenverstand wie auch Literatur zu Hilfe. Wenn nur Gerechtigkeit bliebe von der Ethik, was ist mit Vergebung? Warum hat Hamlet so wunderbar gesagt: „Use every man after his desert, and who should 'scape whipping? Use them after your own honor and dignity." [„Behandelt jeden Menschen nach seinem Verdienst, und wer ist vor Schlägen sicher? Behandelt sie nach Eurer eignen Ehre und Würdigkeit."]

Doch der Begriff der Gerechtigkeit selbst interessierte mich auch. In den ersten Kapiteln des Buches kam ich auf meinen alten Ausgangspunkt zurück mit der Frage „Was ist Gerechtigkeit?". Doch ich zerlegte die Frage gleich in mehrere verschiedene und folgte dabei der Interpretation: Funktion, Referent, Perspektive und Teile. Wie erwähnt wandte ich unter anderem auch meine Unterscheidung zwischen Rationalität der Vernunft und Rationalität des Intellekts an, wie ich sie in einer vorangegangenen Studie über Gerechtigkeit beschrieben hatte. Im Falle der Gerechtigkeit verwandelten sich diese Kategorien in „statische Gerechtigkeit" und „dynamische Gerechtigkeit". Diese verwandelte Version bewahrte ich mir während all meiner „Aufbaujahre" und gelegentlich auch später.

Diese Unterscheidung war für den gesunden Menschenverstand auch nichts wirklich Neues. Einerseits wusste jeder, was Gerechtigkeit ist, und doch kann man sich nicht einigen, wenn es darum geht zu entscheiden, was gerecht ist. Warum ist das so? Weil wir unwissentlich zwei verschiedene Begriffe von Gerechtigkeit anwenden.

Ich begann meine Erörterung mit einer Darstellung des formalen Begriffs von Gerechtigkeit. Weil er formal ist, bezieht er sich auf alle Fälle von Gerechtigkeit. Doch während einige Fälle von Gerechtigkeit auf der Basis des formalen Begriffs verstanden werden können, geht das bei anderen nicht.

Ich lieh mir die Definition des formalen Begriffs von Chaim Perelman, mit einer Änderung. Diese Modifikation geht zurück auf mein Buch über das Alltagsleben sowie auch auf meine Theorie der Gefühle. Es handelt von der Unterscheidung zwischen Normen und Regeln, die Perelman nie vorgenommen hat. Kennen wir eine Regel, wissen wir auch, wie sie richtig umgesetzt wird (zum Beispiel, wie ein Schiedsrichter im Falle eines Fouls entscheidet.) Kennen wir eine Norm, müssen wir selbst über Zeit, Ort und vor allem die Art ihrer Anwendung entscheiden. Es ist besser zu sagen, dass man eine Norm nicht wie eine Regel anwendet, sondern dass man ihr entspricht. Dazu müssen wir eine besondere Fähigkeit aktivieren, eine Art von umsichtigem Urteil, das Aristoteles als *phronesis* beschrieben hat.

Der formale Begriff der Gerechtigkeit kann wie folgt beschrieben werden: „Wenn bestimmte Normen und Regeln eine Gruppe von Menschen bestimmen, dann sollten diese Normen und Regeln auf alle Angehörigen dieser Gruppe gleichermaßen und dauerhaft angewendet werden." Tun wir dies nicht, beurteilen wir verschiedene Angehörige derselben Gruppe nach verschiedenen Regeln, handeln oder urteilen wir ungerecht. Das gilt für das Alltagsleben ebenso wie innerhalb von Institutionen, für strafende wie verteilende Gerechtigkeit. Eltern oder Lehrer, die Ausnahmen machen aufgrund von Sympathien, ein Richter, der zulässt, dass seine Urteile von persönlichen oder politischen Vorurteilen beeinflusst werden, ein Beamter, der jemandem nicht gibt, was ihm zusteht – sie alle sind ungerecht. Ebenso wie jemand, der Steuern hinterzieht und für sich eine Ausnahme macht.

Jedes Kind weiß, welcher Lehrer gerecht ist und welcher ungerecht. Der Lehrer ist gerecht, wenn er allen gibt, was ihm oder ihr zusteht (die korrekte Note oder angemessenes Lob). Der statische Begriff von Gerechtigkeit umfasst etwas, das alle kennen, auch wenn es nicht alle formulieren können. Seit es Normen und Regeln gibt, wissen es alle, und ohne Normen und Regeln gibt es überhaupt keine menschliche Gesellschaft. Normen und Regeln haben immer Menschengruppen bestimmt, verschiedene Normen und Regeln verschiedene (zum Beispiel solche für Männer und solche für Frauen). Als gerecht gelten jene Männer und Frauen, die die Regeln und Normen einer Gruppe auf jedes einzelne Mitglied dieser besonderen Gruppe anwenden, gleichermaßen und dauerhaft, ohne Befangenheit oder Parteilichkeit.

Statische Gerechtigkeit hat es also immer gegeben. Philosophen haben davon zu allen Zeiten berichtet. Aristoteles hat zum Beispiel gesagt, dass ein Mann gerecht ist, wenn er Gleiche gleich und Ungleiche ungleich behandelt (also die, für die andere Regeln gelten).

Die Normen und Gruppen, so fügte ich hinzu, werden von verschiedenen Gerechtigkeitsvorstellungen begleitet. Etwa „jedem dasselbe", „jedem nach seinem Verdienst", „jedem gemäß seiner Arbeit", „jedem nach seiner Leistung" oder „jedem nach seinen Bedürfnissen". Es ist die Besonderheit der Moderne im Gegensatz zu allen vormodernen Gesellschaften, dass die früher vorherrschende Idee der Gerechtigkeit, „jedem nach seinem Rang", allmählich aus den Gerechtigkeitsvorstellungen verschwunden ist.

Der statische Begriff der Gerechtigkeit ist rational, wie auch die konsistente Anwendung der Regeln. Das erwarten wir auch. Wenn wir in keiner Weise bekommen, was wir mit Recht erwarten, stürzt unsere Welt ins Chaos. Wir müssen Steuern bezahlen. Wir tun das nicht gern, aber wir verstehen es. Doch wenn uns eines Tages Soldaten das Dreifache dessen abnehmen würden, was wir an Steuern schuldig sind, würden wir die Ungerechtigkeit beklagen. Derartige Handlungen sind unvorhersehbar, willkürlich und daher auch irrational.

Im Folgenden unterschied ich den statischen und einen dynamischen Begriff von Gerechtigkeit (mit letzterem wird sich meine Vorstellung von der Dynamik der Moderne später verbinden). Der dynamische Begriff bezieht sich nicht auf Gerechtigkeit oder Ungerechtigkeit der Anwendung von Regeln, sondern auf die Regeln und Normen selbst.

Die Formel für einen entsprechenden Disput lautet: Norm oder Regel „A" ist ungerecht; sie sollte durch Norm oder Regel „B" ersetzt werden, das wäre gerecht oder zumindest gerechter.

Ist es rational, „nein" zu sagen zu Regeln und Normen, die bisher als unzweifelhaft gültig und gerecht galten? Vom Standpunkt der Rationalität der Vernunft ist die Antwort „nein", aber aus der Position der Rationalität des Intellekts ist sie „ja". Beide Antworten können rational sein, aber nur dann, wenn sich die Anfechtenden auf einen Wert berufen, der allgemein anerkannt ist, und diesen neu interpretieren. Ich zeigte sowohl theoretisch wie auch mithilfe empirisch-historischer Belege, dass diese allgemein anerkannten und nun neu interpretierten Werte immer Freiheit oder Leben (Lebenschancen) sind und dass das faktisch so ist. Alle, die gegen gültige Normen und Regeln revoltiert, sich erfolgreich über Ungerechtigkeit beschwert haben, bezogen sich in der Tat auf eine Interpretation von Freiheit oder Leben. Der moderne Kampfruf „Alle Menschen sind frei geboren" hat die überkommene Idee einer Gerechtigkeit „Jedem nach seinem Rang" zu Grabe getragen.

Schon seit meinem Buch über Philosophie hatte ich eine Grundlage schaffen wollen für meinen Ansatz, dass die beiden universalen Ideen der Moderne Freiheit und Leben sind. Bereits seit damals wollte ich auch eine gute Argumentation aufbauen für meine Annahme, dass hinter sämtlichen unlösbaren Konflikten der Moderne der eine zwischen Freiheit und Leben lauert, denn einzig dieser Widerspruch ist paradox. Ich freute mich, dass es mir gelungen war, dynamische Gerechtigkeit, die beiden Grundwerte und die Rationalität des Intellekts zu verbinden. Es ist wie ein Puzzle. Der Spielende genießt es, wenn er alle Teile zusammengefügt hat und das Bild endlich fertig ist. Und das gilt ganz besonders dann, wenn Spielerin und Erfinderin des Puzzles dieselbe Person sind wie in meinem Fall.

Nachdem ich die beiden Arten von Gerechtigkeit dargestellt hatte, begann ich ein neues Kapitel und mit ihm auch ein neues Problem. Es ging um den ethisch-politischen Begriff von Gerechtigkeit. Das ist als Bezugspunkt nicht neu, er wurde immer vorausgesetzt. „Gerechtigkeit" ist auch eine Tugend und gehört als solche in die Welt der Ethik. Eine gerechte Person ist tugendhaft. Sokrates war der Ansicht, es sei besser zu leiden als eine Ungerechtigkeit zu begehen. Nach Aristoteles ist Gerechtigkeit die Gesamtsumme all unserer Tugenden gegenüber anderen. Bei der Aufzählung verschiedener Arten von Gerechtigkeit stellte sich heraus, dass Gerechtigkeit eine eminent politische Tugend ist. Die Verbindung von Gerechtigkeit als Tugend mit einer besonderen Art der Anfechtung kommt auch ans Licht, wenn die „Gerechtigkeit auf Erden" ganz allgemein infrage gestellt wird. Die Menschen sind ungerecht – es gibt keine Gerechtigkeit auf der Welt!

Es war das erste Mal, dass ich die Bibel in einem eigenen Kapitel in eine philosophische Erörterung einführte: zuerst die Propheten, vor allem Amos, dann das Buch Hiob. (Ich würde auf das Buch Hiob viel später und auch auf andere Weise zurückkommen, in einem Text über menschliche und göttliche Gerechtigkeit).

Nach der Interpretation einer Reihe von historisch-philosophischen und religiösen Modellen einer „gerechten Gesellschaft" oder „gerechten Welt" kam ich zu dem (ohnehin vorher schon angenommenen) Schluss, dass der ethisch-politische Begriff der Gerechtigkeit in der Moderne auseinanderfällt. Erstens verbinden wir Gerechtigkeit nicht mehr mit Tugend und zweitens glauben wir immer weniger an eine ideale und vollkommen gerechte Gesellschaft. Zu letzterem Ergebnis war ich bereits gelangt (in meinem Text über die unzufriedene Gesellschaft), aber ich hatte es nicht mit dem Begriff der Gerechtigkeit in Verbindung gebracht.

Was bedeutet es in der modernen Welt, dass eine Institution gerecht oder ungerecht ist? Gerechtigkeit ist keine Substanz wie Zucker oder Salz. Man kann ihr Quantität oder Dichte nicht messen. In jeder modernen Gesellschaft kämpfen verschiedene Interpretationen von Gerechtigkeit in der Öffentlichkeit gegeneinander. Eine soziale Ordnung kann immer dann als relativ gerecht gelten, wenn eine erhebliche Mehrheit der Gesellschaft sie dafür hält. Doch nie wird eine soziale Ordnung von sämtlichen Bürgern einer modernen Gesellschaft als vollkommen gerecht betrachtet werden. Eine total gerechte Gesellschaft ist unmöglich und auch gar nicht wünschenswert. Es ist deshalb ratsam, von der Suche nach Formen einer „gerechten Gesellschaft" überhaupt abzusehen und die geschlossenen Systeme ethisch-politischer Gerechtigkeit durch offene zu ersetzen.

Natürlich verglich ich meine These mit jenen zeitgenössischer Marxisten (nicht mit der von Marx, der von Gerechtigkeit eine sehr schlechte Meinung hatte) sowie teilweise auch mit der von John Rawls aus seinem berühmten Buch „Eine Theorie der Gerechtigkeit".

All das würde ich auch heute noch unterschreiben, nicht jedoch meinen eigenen Versuch, eine offene Version des ethisch-politischen Begriffs zu entwerfen, insbesondere meinen Vorschlag zu dessen normativer Grundlage. Der ganze Abschnitt ist zu formell, zu detailliert, und, schlimmer noch, erzwungen.

Eine bleibende Leistung des Buches ist die Erörterung des sozialpolitischen Begriffs von Gerechtigkeit (verteilende Gerechtigkeit, strafende Gerechtigkeit, die Theorie vom gerechten Krieg). Unter anderem analysierte ich im Detail und in meinem eigenen Verständnis die drei bekannten Prinzipien strafender Gerechtigkeit: Vergeltung, Abschreckung und Besserung.

Das Prinzip der Vergeltung basiert auf der Idee der Gegenseitigkeit. Eine Person wird genau dafür verantwortlich gemacht, was sie getan hat, gleichgültig, ob sie bereits für ein früher begangenes Verbrechen bestraft worden ist und in welchen Umständen sie lebt. Menschen sind autonome Geschöpfe. Abgesehen vielleicht in Fällen von Geisteskrankheit. Daher ist jeder für seine Taten voll verantwortlich. Wir achten unsere Mitmenschen, indem wir den Tätern ihre Taten voll zur Last legen und sie entsprechend bestrafen.

Das Prinzip der Abschreckung geht von einer anderen Position aus – der der Gesellschaft. Die Gesellschaft muss vor Missetätern geschützt werden. Kriminelle muss man davon abschrecken, wieder ein Verbrechen zu begehen, und alle anderen, selbst kriminell zu werden. Wiederholungstäter sollten härter bestraft werden.

Dass Prinzip der Besserung geht von der Voraussetzung aus, dass das Gesetz bestraft, um den Charakter des Täters zu bessern.

Ich war ganz auf der Seite der Vergeltung, ebenso wie meine großen Vorgänger Kant und Hegel, die beide die Todesstrafe für Mörder aus diesem Prinzip heraus befürworteten. Eine solche logische Konsequenz wäre auch schwer zu vermeiden gewesen. Trotzdem versuchte ich es. Mein Grund war nicht unvernünftig. Die Todesstrafe, so sagte ich, würde ich nur als Vergeltung für offen verübten Massenmord akzeptieren, den die Täter als gerechtfertigt ansähen oder sich sogar damit brüsteten wie bei Kriegsverbrechen oder Verbrechen gegen die Menschlichkeit. (Heute würde ich diese Ausnahme kaum mehr vertreten. Es gibt keine unvoreingenommenen Urteile, am allerwenigsten in solchen Fällen.)

Das Prinzip der Abschreckung lehnte ich zur Gänze ab, auf dem die Praxis der Inhaftierung beruhte und beruht. Man wird nach diesem Prinzip nicht dafür eingesperrt, was man getan hat, sondern als vermuteter oder möglicher Übeltäter. Ein Muttermord müsste demnach geringer bestraft werden als ein Bankraub, weil man seine Mutter kein zweites Mal umbringen kann. (Ich hatte zu jener Zeit noch nicht Foucaults „Überwachen und Strafen" gelesen, der zu einem ähnlichen Schluss kommt.)

Das Prinzip „Besserung" verdient es nicht einmal, erwähnt zu werden.

Es ist vielleicht von Interesse, dass ich bei meinem einzigen Fernsehauftritt in den USA (Showtime) über die Todesstrafe und Prinzipien der Bestrafung befragt wurde.

Das Kapitel über „verteilende Gerechtigkeit" erörterte unter anderem das Problem der Umverteilung. Beim Nachdenken über Rawls konnte ich dem Vorschlag, die Einkommensverteilung zugunsten jener anzupassen, die am „schlechtesten dran" sind, wenig abgewinnen. „Am schlechtesten dran" ist nicht nur ein Einkommenskriterium, sondern auch eine qualitative Kategorie. Ein weiterer Punkt von Rawls, dass man die „durch die Lotterie der Natur" gewonnenen Fähigkeiten nicht belohnen könne, erschreckte mich. Ich schrieb diese Empfehlung einer naiven Manifestation der demokratischen Krankheit zu, die Nietzsche „Ressentiment" genannt hatte. Meine Gegenvorschläge waren allerdings zu formalistisch, wie in einigen anderen Fällen auch, wenn ich mich an der Klassifizierung von Idealtypen versuchte.

Doch was ich über das „Recht auf Krieg" schrieb, sowohl in der Philosophie wie in meinen „Interventionen", halte ich immer noch für gültig. Ich bin nie eine Pazifistin gewesen und bin es auch jetzt nicht. Es wäre gewaltige Heuchelei von jemandem wie mir, die ich, seit ich zehn Jahre alt war, den Kriegsausbruch kaum erwarten konnte – als einzigen Weg, den Nazismus zu vernichten. Natürlich setzte ich dem Recht auf Krieg enge Grenzen. Aber ich verwarf mit Abscheu das damals populäre Motto „Nichts ist es wert, dass man dafür stirbt". Wenn es nichts gibt, wofür es sich zu sterben lohnt, gab ich zurück, dann gibt es auch nichts, wofür es sich zu leben lohnt. Schließlich gibt es nicht nur den ungerechten Krieg, sondern auch einen ungerechten Frieden. Auch das gehörte zu den Erfahrungen meiner Kindheit, die ich in Ungarn unter dem Schatten des Vertrags von Trianon verbracht hatte. Auch Philosophen haben eine Lebensgeschichte, und es ist besser, nicht scheinheilig zu sein. Eine Philosophin sollte sich zumindest nach theoretischen Vorschlägen umsehen, die ihre Lebenserfahrungen nicht ignorieren. Ich suchte und fand sie.

Warum heißt das Buch „Beyond Justice"?

Nachdem ich alles über Gerechtigkeit gesagt hatte, was ich darüber im engeren Sinn sagen wollte, begann ich ein neues Kapitel. Ich entschuldigte mich dafür, dass ich von nun an nicht mehr direkt über Gerechtigkeit sprechen würde, sondern über das Selbst, über Gefühle, Moral, Kreativität und Vernunft, in der Hoffnung, dass es nicht allzu anachronistisch sei.

An dieser Stelle führte ich ein Motiv ein, das ein dominierendes Motiv aller meiner zukünftigen Ethik-Bücher sein würde: „Es gibt gerechte, rechtschaffene Menschen." Doch ich setzte unmittelbar mit der Frage fort: „Was macht sie möglich?" Diese Folgefrage würde ich nie wieder in dieser Form stellen (oder zu beantworten versuchen), und dafür habe ich gute Gründe.

In jenem Buch beantwortete ich diese Frage zum ersten und letzten Mal.

Was macht rechtschaffene Menschen also möglich? (1) Ein guter Sinn für Moral, (2) dass es bereits eine Unterscheidung gibt zwischen konkreten und abstrakten Normen und Werten, (3) dass einige dieser Werte bereits für gültig erklärt worden sind, (4) dass die Person relativ autonom ist und wählen kann, ob sie Ungerechtigkeit begeht oder erduldet, und (5) dass sie die Kraft hat, zu urteilen und Verantwortung zu übernehmen. (Hier höre ich auf, alle „Bedingungen" aufzuzählen. Manche verstehen sich von selbst, andere sind zu formalistisch, und, was am wichtigsten ist, sie beantworten die Frage nicht.) Nachdem ich dies eingestanden hatte, kam ich nie wieder auf die Fragen und ihre Antworten zurück.

Mit einer anderen Frage konnte ich allerdings nicht dasselbe tun, sie erschien mir damals relevant und ich konnte sie weder damals noch später umgehen: Was sollte eine rechtschaffene Person tun, um rechtschaffen zu bleiben? Ich zählte ein paar Normen auf, hauptsächlich von Kant beeinflusst. Zum Beispiel: Wähle niemals eine Maxime, unter deren Leitung du gezwungen bist, Personen als bloße Mittel zu verwenden, oder: Verteidige deine Menschenwürde unter allen Umständen. Das ist die Art von Normen, deren Formulierung sich anständige Menschen von der Moralphilosophie wünschen. Eine Theoretikerin, die nicht bloß auf dem hohen theoretischen Ross sitzen will, sondern ihre gewöhnlichen und anständigen Mitmenschen ansprechen möchte, kann nicht umhin, die Eleganz der reinen Philosophie zu opfern und Kompromisse mit dem Alltagsverständnis einzugehen.

Ich beschloss, dies nicht zu umgehen und derartige Opfer weiterhin zu bringen (wenn es überhaupt ein Opfer war), und zwar in meinem Buch „A Philosophy of Morals" [„Eine Philosophie der Moral"].

Was also befindet sich „jenseits der Gerechtigkeit"?

Meine Antwort war: ein „gutes Leben".

Das war keine neue Antwort, ich hatte das gute oder sinnerfüllte Leben oder die gute Lebensführung schon in den Dialogjahren mit Glück in Verbindung gebracht. Jetzt fügte ich eine Liste notwendiger Voraussetzungen für ein „gutes Leben" hinzu. Keine von ihnen reicht für sich allein, und keine von ihnen ist notwendigerweise mit den anderen beiden verbunden.

Die erste Voraussetzung ist Rechtschaffenheit. Ich schloss mich Kant in seiner Skepsis an. Rechtschaffenheit ist keine hinreichende Voraussetzung für ein gutes Leben. Zusätzlich zu ihrer Anständigkeit brauchen Männer und Frauen auch die Möglichkeit, den offenen Raum, um ihre besten Gaben zu Talenten zu formen. Schließlich gibt es kein gutes Leben ohne emotionale Intensität, sinnvolle menschliche Beziehungen und Bindungen.

Beim Aufzählen der Bedingungen für ein gutes Leben habe ich Aristoteles radikalisiert. Die sogenannten „Glücksgüter" gehören in meinem Buch nicht zu den Bedingungen für ein gutes Leben. Die Bedingungen werden allein durch die Persönlichkeit in Substanz verwandelt. Daher wird die Persönlichkeit zum Aufbewahrungsort für die Qualität des eigenen Lebens.

Was also ist „jenseits der Gerechtigkeit"? Das gute Leben. Heute mehr denn je.

Als ich an meiner neuen Reihe über Ethik zu arbeiten begann, betrat ich gut vorbereiteten Boden. Hinter mir lagen bereits meine Vorlesungsnotizen von 1957, veröffentlicht 1970 unter dem Titel „Szándékról a következményig" [„Von der Absicht zu den Konsequenzen"] mit einem Überblick über die traditionellen und bedeutenden moralischen Kategorien. Hinter mir lag mein Buch über die Ethik des Aristoteles sowie mein Buch über das Alltagsleben, in dem Ethik als eine der Organisatorinnen des Alltagslebens eine wichtige Rolle spielt. Hinter mir lag die Entdeckung des „guten Menschen" am Schluss meiner Theorie der Gefühle. Hinter mir lagen meine modernisierten Versionen und Vorlieben für eine stoisch-epikureische Ethik ebenso wie zwei Studien zur Ethik Kants. Hinter mir lag eine Erzählung über die Wechselfälle von Scham und Gewissen sowie eine Einführung der drei Bestandteile eines „guten Lebens" jenseits der Gerechtigkeit. Daneben gab noch es viele Aufsätze, Porträts und Vorträge mit laufenden Bezügen zur Ethik.

Trotzdem war es ein neues Wagnis. Vor allem weil es als erster Teil eines langen Abenteuers geschrieben wurde, das ich von Anfang an auf drei Bände anlegte. Es war auch Teil des Plans, dass das Buch über Gerechtigkeit der verbindende Teil zwischen drei Bänden über Ethik und drei über Geschichtsphilosophie werden sollte.

Die Sache entwickelte sich dennoch nicht ganz so wie geplant. Ich würde die Geschichtsphilosophie früher schreiben als den dritten ethischen Band, und dieser dritte Band nahm ebenfalls andere Formen an als vorgesehen. In diesem Kapitel meiner Geschichte lagen alle diese Bücher noch in einer fernen Zukunft.

Doch auch ohne die kommenden Schwierigkeiten vorauszusehen, und trotz der verschwommenen Sicht auf einen dritten Band, musste ich beginnen. Zunächst musste ich das Verbindungsglied zwischen drei Bänden klären, die Idee, die aus ihnen ein und dasselbe Unternehmen machen würde. Alle drei Bände unter dem vorläufigen Titel „A Theory of Morals" [„Eine Theorie der Moral"] mussten um dieselbe quasi-transzendentale Frage kreisen: „Es gibt gute Menschen, wie sind sie möglich?" Ich hätte von Anfang an sehen können (allerdings zögerte ich dabei), dass die transzendentale Frage auf der Grundlage meiner Konzeption nicht zu beantworten war. Nachdem ich die Idee verworfen hatte, den Menschen in *nuomenon* und *phenomenon* zu verdoppeln, erkannte ich später, dass Kant, wenn auch indirekt, zu einem ähnlichen (allerdings nicht demselben!) Schluss gekommen war, als er die transzendentale Ableitung von Freiheit durch das „Faktum der Vernunft" ersetzte. Ganz egal, wie ich Kant interpretierte, mein postmetaphysisches Denken musste zugeben, dass die Frage unbeantwortbar war. Trotzdem gab ich die Aufgabe nicht auf, die ich mir in meinem Buch über Gerechtigkeit gestellt hatte, nämlich dass ich stattdessen eine andere Frage beantworten konnte: „Unter welchen Bedingungen kann ein Mensch rechtschaffen, gut werden?" Ich würde versuchen, diese Frage im zweiten Band von „A Theory of Morals" zu beantworten, nämlich in „A Philosophy of Morals".

Nachdem ich für mich geklärt hatte, wie ich der ersten Falle entkommen konnte, musste ich lernen, eine andere zu vermeiden. Ich glaubte, dass Kant recht hatte: Man kann Ethik oder politische Theorie nicht auf dieselbe Weise erfinden wie eine metaphysische oder epistemologische Konstruktion. Man kann nur klären, was bereits praktiziert wird, man kann nur eine neue Formel anbieten für optimale moralische Praxis. Das bedeutete für mich, dass nur „der gute Mensch" meiner eigenen Zeit als Grundlage dienen konnte und als Bestätigung meiner Ethik.

Nicht zum ersten Mal war ich hier mit dem Dilemma zwischen formaler und substanzieller Ethik konfrontiert. Ich wusste schon seit Langem, dass es eine rein substanzielle Ethik nicht gibt, denn das wäre keine Philosophie, sondern eine Sammlung ethischer Regeln und Vorschriften. Natürlich gibt es derartige Kompendien, doch das sind keine Philosophien, denn sie unterscheiden nicht zwischen Wesen und Erscheinung, Sein von Sollen (Nietzsche nannte diese Art von Ethiken „Sittlichkeit der Sitte").

Daher war Aristoteles' Ethik (gegen Alasdair McIntyre) nicht substanziell, sondern eine Verbindung substanzieller und formaler Ethik, wobei letztere (in der Theorie der Mitte) eine bedeutende Rolle spielte.

Ethik hat immer konkrete Adressaten. Aristoteles wandte sich an die freien Bürger der Athener Polis und die freien männlichen Bürger der griechischen Welt im Allgemeinen. Er konnte sich auf die gemeinsame substanzielle Tradition seiner Zielgruppe verlassen.

Für mich gab es nicht den geringsten Zweifel, dass man nach Kant und Kierkegaard nicht mehr zum alten Modell zurückkehren konnte. Wer sind unsere Adressaten? Es sind moderne Männer und Frauen, die in einer moralisch pluralistischen, heterogenen Welt leben, mit nur sehr wenig gemeinsamen substanziellen Grundlagen, wenn es überhaupt welche gibt. Doch ich hatte auch eine sehr starke Abneigung gegen rein formale Ethik, denn sie schließt moralisch die Singularität unserer individuellen, empirischen Natur aus. Offensichtlich können weder moderne politische Theorie noch moderne ethische Theorie rein deskriptiv sein. Auch die Hermeneutik hilft hier nicht viel. Meta-Ethik allein ist überhaupt keine Ethik, denn sie verzichtet auf die eminent wichtige Aufgabe aller Ethik, nämlich, zu beraten, sich an moderne Männer und Frauen zu wenden, die verwirrt sind und sich um Rat an sie wenden. Keine Ethik entkommt dieser Verpflichtung. Die Aufgabe ist nicht elegant, denn sie bietet wenig Raum für Spekulation oder gar Einbildungskraft. Doch ich fühlte, dass ich diesen Weg nicht vermeiden konnte, schon gar nicht in einer „Philosophie der Moral".

Moderne Ethik sollte sich an moderne Männer und Frauen wenden. Weil sie nicht jeden Einzelnen getrennt ansprechen kann, musste ich mich an jeden in allen wenden.

Doch wer bin ich? Wer berechtigt mich, Männern und Frauen zu sagen, was richtig ist und was falsch? Das ist die *quaestio iuris*. Niemand hat mich berechtigt, daher habe ich keine Autorität. In wessen Namen spreche ich dann?

Das war die fundamentale Frage, der ich mich in allen drei Bänden gegenübersah. Ich beantwortete sie in allen dreien, aber auf drei verschiedene Arten.

Im ersten Band beantwortete ich sie, indem ich traditionelle moralische Fragen erörterte. Ich lieh mir die Autorität aus dem philosophischen Erbe, aus den Werken meiner Vorfahren. Im zweiten Band stellte ich mir die Aufgabe, anständige Menschen auf ihrem Lebensweg zu begleiten, bei ihren Entscheidungen, ihren Bindungen, ihren Konflikten. Im dritten Band schwieg ich und ließ andere argumentieren, rechtfertigen und handeln. Vielleicht musste das scheitern. Denn es ist doch immer das „Ich", das spricht. Das „Ich" wählt die traditionellen Fragen, das „Ich" entscheidet sich für den guten Menschen, den es begleiten will, und das „Ich" lässt andere sprechen. Trotzdem kann ich zu meiner Verteidigung anführen: Ich bemühte mich sehr, die Autorität der Philosophin zu untergraben, ohne die Autorität der Philosophie zu untergraben.

Mit diesen Vorüberlegungen wandte ich mich dem ersten und leichtesten Teil meines Unternehmens zu, dem Buch über „Allgemeine Ethik".

Es war leicht, denn das Problem der Autorität war wie gesagt noch nicht so brennend. Es war keine Meta-Ethik, aber es erinnerte an sie, denn es nahm sich ethische Probleme und Dilemmas der traditionellen Philosophie vor, wenn auch manchmal mit wesentlichen Neuinterpretationen. Weil ich dasselbe in meinem frühen Buch über Ethik getan hatte, lässt sich die Kontinuität in meinem Denken leicht nachvollziehen. Diskontinuität wird leicht erkennbar, wenn man den Ansatz betrachtet. Ich sprach nämlich sehr ähnliche Probleme aus einer anderen Perspektive an. Das frühere Buch hatte ich unter der Annahme geschrieben, dass bereits die traditionellen Kategorien die Ethik begründet hatten und dass einzig die Frage der Anwendung übrig blieb. Diesmal jedoch war mir der kontingente Charakter unserer Welt bewusst und ich kam zu der offensichtlichen Schlussfolgerung, dass, weil unsere Welt keine Grundlage hat, auch unsere Ethik keine haben kann. Das Fundament der Ethik ist einfach der anständige Mensch. Meine ganze philosophische Konzeption folgt aus dieser Erkenntnis, insbesondere die ultimative Geste einer existenzialen Wahl im Leben eines modernen Mannes oder einer modernen Frau.

Das frühere Buch beginnt mit einem Kapitel über „natürliche Bedingungen". Scheinbar geschieht etwas Ähnliches in „General Ethics".

Tatsächlich passiert aber etwas völlig anderes. Dieses „Andere" würde mein gesamtes zukünftiges philosophisches Leben begleiten. Es hat eine Vorgeschichte, denn nichts geschieht in meiner Philosophie ohne Vorgeschichte (zumindest in meinem Unbewussten). Der entscheidende Augenblick kommt immer dann, wenn ein Gedanke oder eine Idee ihre letzte Gestalt annimmt, die modifiziert und poliert, aber nicht mehr ersetzt werden kann.

Das erste Kapitel der „Allgemeinen Ethik" mit dem Titel „Die Conditio humana" würde dieses Schicksal ereilen.

Ich begann mit dem Zufall der Geburt. Menschen werden zufällig in die Welt geworfen. Ihr „genetisches *a priori*" wird in ein „soziales *a priori*" geworfen. Den Begriff *a priori* benutzte ich auf traditionelle Weise. Er bedeutet „vor der Erfahrung". Das genetische *a priori* umfasst das Universale und das Singuläre (ein Mitglied der menschlichen Spezies und ein einzigartiges – nie wiederholtes und unwiederholbares – menschliches Wesen). Das soziale *a priori*, also die Welt, in die das Neugeborene hineingeworfen wird, ist die Repräsentation des Besonderen. Die beiden *a priori* treffen im Augenblick der Geburt aufeinander. Dieses Aufeinandertreffen ist völlig kontingent. Die Erfahrung beginnt mit dem Prozess der Verzahnung der beiden *a priori*. Diese Verzahnung ist von beiden Seiten ein aktiver Vorgang: des Kindes und der Gesellschaft. Ohne eine erfolgreiche Verzahnung kann man kein Erwachsener in der Welt werden, in die man geworfen wurde. Doch die Verzahnung ist nicht ganz vollständig. Wäre sie es, würde sich im menschlichen Leben niemals etwas ändern. Die Verzahnung hinterlässt einen Hiatus (wie Gehlen es ausgedrückt hat. Dieser Hiatus manifestiert sich im Freud'schen „Unbehagen". In jeder Zivilisation leiden die Menschen unter dem Hiatus, sie leben in Anspannung. Derselbe Hiatus ermöglicht das Entstehen von kulturellem und kognitivem Mehrwert (ein Mehrwert in jedem sozialen *a priori*, in das die Menschen geworfen werden). Die Kultur blüht also auf dem Boden des Leidens (wie Nietzsche gesagt hat). Das menschliche Individuum ist weder Natur noch Gesellschaft und auch keine Verbindung oder Vereinigung dieser beiden, sondern ein singuläres, selbstreproduzierendes System (Niklas Luhmann).

Dies ist meine Geschichte und eine recht gute „Daseinsanalyse". Die Heldin von „An Ethics of Personality", Vera, wird diese Geschichte im zweiten Teil des Buches in einer etwas eingefärbten Version erzählen. In „A Theory of Modernity" [„Eine Theorie der Moderne"] griff ich dasselbe wieder auf und unterschied zwischen dem Zufälligen und dem Kontingenten. Menschen werden immer zufällig in irgendeine besondere Welt geworfen, doch von „Kontingenz" können wir nur in moderner Zeit sprechen, denn erst in der Moderne werden wir uns des zufälligen Charakters des Geworfenseins bewusst und stehen vor der beängstigenden Entdeckung, dass unsere Welt keine Grundlage hat. Dies führt dazu, dass das Bedürfnis und auch die Möglichkeit zur Selbstgrundlegung, die Aufgabe, unsere Kontingenz in unser Schicksal zu verwandeln, einen Horizont eröffnet. In meinem Buch „Immortal Comedy" würde ich mich ebenfalls auf diese Geschichte stützen, dort leite ich sowohl das Lachen wie auch das Weinen von der Erfahrung des Hiatus ab.

In den folgenden Kapiteln von „General Ethics" erklärte ich meine Interpretationen traditioneller moralischer Begriffe, ohne etwas Neues hinzuzufügen. Nachdem ich die „Sittlichkeit" erörtert hatte, stellte ich die Frage nach der Urheberschaft, nach dem Unterschied zwischen Handlung und Tat und dem Unterschied zwischen Absicht und Willen.

An diesem Punkt sprach ich ein Problem an, das mich in der Folge nie mehr loslassen würde. Es trat zwar in einem Buch über Ethik auf, aber es hatte viel weitreichendere Auswirkungen. Ich nannte die Kategorie „Wille" ein metaphysisches Konstrukt. Natürlich ist auch die Kategorie „Vernunft" eine solche. Ich schloss mich Hegels Kritik am Kant'schen „Seelensack" an. Doch Hegel spricht auch über den „Willen" in all seinen Bestimmtheiten („Grundlinien der Philosophie des Rechts"), ohne dieses metaphysische Konstrukt aufzugeben. Meine größte Sympathie gehörte schon damals Leibniz (ich werde das später erläutern, wenn ich auf mein kleines Buch über Leibniz zu sprechen komme). Ich analysierte die Autonomie in einem breiteren ontologischen Kontext und – nur in diesem Kontext – auch als moralische Kategorie. Hier wie des Öfteren auch früher und später noch betonte ich, dass menschliche Autonomie begrenzt ist. Ob dies auch für die moralische Autonomie gilt, ist eine andere Frage. (Im dritten Band von „A Theory of Morals" [„Eine Theorie der Moral"] schließt meine schon erwähnte weibliche Protagonistin Vera eine volle Autonomie nicht aus, allerdings nur in der Moral.)

Im erwähnten Kapitel über Verantwortung unterscheide ich zwischen retroaktiver und prospektiver Verantwortung. Im ersten Fall bin ich verantwortlich für das, was ich getan habe (oder gescheut habe), im zweiten Fall übernehme ich Verantwortung für jemanden oder etwas, auf das ich in Zukunft reagieren muss. (Ich verspreche etwas, ich bin die Chefin.) In diesem Zusammenhang kam ich auf eines der kontroversesten und brennendsten Probleme des 20. Jahrhunderts: „Wer trägt die Verantwortung für kollektive Verbrechen?" Ich antwortete ungefähr so: Jedes kollektive Verbrechen ist die Gesamtsumme von individuellen Verbrechen. Man ist für jene Verbrechen verantwortlich, die man – als Person – begangen hat, verantwortlich für die Verbrechen einer Gruppe ist man nur, wenn man sich dieser Gruppe aus freien Stücken angeschlossen und sich freiwillig an ihren Verbrechen beteiligt hat. (Ich hatte über dieses Problem auch schon früher in zwei Aufsätzen nachgedacht: „The Nuremberg Trials Has Not Yet Ended" [„Die Nürnberger Prozesse sind noch nicht zu Ende"] sowie in einem Text über das Drama von Rolf Hochhuth, „Der Stellvertreter".

Das Thema der „planetarischen Verantwortung" verblasste jedoch. Warum, weiß ich nicht. Die wichtigere Rolle spielte ein Wort von Dostojewski, dass jeder Mensch für alle anderen verantwortlich sei, und wenn alle das wüssten, dann hätten wir das Paradies auf Erden. Ich kannte Emmanuel Levinas noch nicht, dessen hyperbolisches Verständnis der Verantwortung ich niemals akzeptieren würde. Später formulierte ich, der Umfang meiner Verantwortung besteht in meinem Aktionsradius. Ich bin für jene verantwortlich, die sich innerhalb dieses Umkreises aufhalten, denen ich helfen oder Leid zufügen kann.

Das folgende Kapitel über die Dialektik der Absicht und ihrer Folgen ergänzte nur wenig zu dem, was ich in meinem frühen Buch geschrieben hatte. Nur die Kritik an Kant wurde besser begründet. Das Problem des moralischen Urteilsvermögens tritt hier zum ersten Mal ernsthaft auf. Meine Leitfrage ist die nach der Autorität. Wer oder was berechtigt uns, aufgrund welcher Autorität urteilen wir moralisch über unsere Mitmenschen? (Interessanterweise hat Hannah Arendt, die so viele wichtige Dinge über das Urteilen geschrieben hat, nie ernsthaft die *quaestio iuris* gestellt.) Ich kam zunächst zu dem Schluss, dass diese Frage nicht allgemein beantwortet werden kann, sondern präzisiert werden muss. Wir können nicht sagen, dass niemand das Recht hat, andere zu beurteilen, bloß weil wir alle Sünder sind. Doch können wir auch nicht beanspruchen, dass wir aufgrund unserer Position oder einer gerechten Sache *ab ovo* zu moralischer Beurteilung berechtigt sind. Wäre ich jedoch niemals zu einem moralischen Urteil berechtigt, könnte ich auch niemals vergeben. An dieser Stelle erörterte ich (zum ersten, aber nicht zu letzten Mal) Arendts umstrittenes Buch „Eichmann in Jerusalem". Ich analysierte Arendts Formel zur Verteidigung des Todesurteils für Eichmann. Weil Eichmann sich – durch seine Taten – von der menschlichen Rasse ausgeschlossen hatte, ist diese berechtigt, ihn von sich auszuschließen, meint sie. Ich fand diese Argumentation äußerst gekünstelt. Ich schrieb, wenn jemand abscheuliche Verbrechen gegen den Körper einer Nation begangen hat, haben die Überlebenden dieser Nation jedes Recht, den Täter zu verurteilen. Auch mit Arendts Versuch, der „Menschheit" als solcher ein Urteilsrecht zuzusprechen, war ich nicht glücklich. „Es gibt keine einzige effektive Norm, die irgendjemanden ermächtigt, ein Urteil im Namen der Menschheit zu sprechen", schrieb ich.

Dasselbe Kapitel lässt die Frage nach dem Bösen offen. Dass das Böse nicht den menschlichen Instinkten immanent ist, diese Frage hatte ich bereits in meinem Buch über die Instinkte geklärt. Aber wenn es dort nicht angesiedelt ist, wo dann?

Bevor ich zu dieser offenen Frage zurückkehrte, erörterte ich die Rolle des Wissens und der Gefühle bei Handlungen mit moralischem Inhalt, auch diesmal als Kant'sche Polemik. Es ist eine Theorie des Charakters. Menschen, so präsentierte ich meinen Fall, haben vier Charaktere in einem. Der erste ist angeboren, wie die Stärke unserer Affekte oder unser Temperament. Der zweite ist der psychologische Charakter, der sich in früher Kindheit entwickelt (siehe Freud) und sich nachher nicht mehr wesentlich verändert. Der dritte ist der moralische Charakter, dessen fundamentale Eigenschaften sich von der Kindheit bis zum frühen Erwachsenenalter entwickeln, die sich aber unter dem Einfluss des intellektuellen Charakters verändern können. Der intellektuelle Charakter schließlich nimmt gleichzeitig mit dem moralischen Form an, er kann die anderen drei benutzen oder kontrollieren und sich bis zum reifen Alter verändern. Die Beziehungen zwischen den vier Charakteren sind von Mensch zu Mensch verschieden, doch es gibt sie bei jedem.

In den folgenden Kapiteln besprach ich in aller Kürze Probleme, mit denen ich mich in den Ethiken meiner Jugend exzessiv beschäftigt und mich dabei auf Max Weber gestützt hatte. Es geht um das polytheistische moderne Universum, in dem jede einzelne Sphäre ihr eigenes Normensystem, ihre eigene Ethik hat. Diese sphärenspezifischen ethischen Normen (Wirtschaft, Politik, Recht, Religion, Wissenschaft und Kunst) sind autonom. Ich fügte hinzu, dass jede Sphäre – wegen ihrer Autonomie, nicht im Gegensatz zu ihr – von der Position einer anderen aus kritisiert werden kann, doch sollte keine von ihnen durch eine andere ersetzt oder mit ihr vermischt werden. (Dieses Problem wurde bereits in „Der sowjetische Weg" angesprochen, wo ich argumentierte, dass das Verbot des Pluralismus mit der Fusion verschiedener Sphären einhergeht, wie etwa Politik und Ökonomie.)

Ich versprach, auf die Frage des Bösen zurückzukommen, die ich eine Zeitlang offengelassen hatte. Das tat ich im letzten Kapitel. Zwar kehrte ich auch später noch oft zu diesem bedeutenden Problem zurück, aber hier formulierte ich einen Gedanken, den ich nie mehr aufgeben würde. Es gibt zwei Arten des Bösen, schrieb ich. Die erste ist ein böser Instinkt, der nicht in der menschlichen Natur verwurzelt ist, aber in der Natur einzelner Individuen eingepflanzt sein kann. Die andere Art des Bösen gehört zu einer pervertierten Vernunft. Pervertierte Vernunft kann in Mord und Folter alle Arten böser Instinkte übersteigen, wenn sie die Macht dazu hat. Das radikale Böse ist eine Verbindung aus beiden. Es tritt auf, wenn böse Instinkte im Dienste pervertierter Vernunft mobilisiert werden, wie das im 20. Jahrhundert geschah. Es war mein erster, aber nicht mein letzter Versuch, den Begriff des radikalen Bösen zu erklären.

*****

Der zweite Band der Reihe „A Theory of Morals" [„Eine Theorie der Moral"] mit dem Titel „A Philosophy of Morals" [„Eine Philosophie der Moral"] machte mir wesentlich mehr Schwierigkeiten als der erste. Ich hatte beschlossen, dass Moralphilosophie in einem Punkt dem aristotelischen Modell folgen musste, und zwar insofern, als es sich nicht an professionelle Philosophen wenden sollte, sondern zuerst und vor allem an durchschnittliche, aber denkende und interessierte Menschen. Zugleich sollte sie nicht einfach beschreibend sein, sondern auch normative Aspekte umfassen. Wie kann man in der modernen Welt – umgeben von heterogenen Normen, Regeln und Ansprüchen – die eigenen Zeitgenossen ansprechen, ohne in der Metaphysik zu landen, und dennoch normative Empfehlungen abgeben?

Das Unterfangen schien hoffnungslos, und vielleicht war es das auch, aber ich bemühte mich sehr darum, dass es funktionierte. Ich glaubte und glaube immer noch, dass es gehen müsste, denn es gibt Männer und Frauen, und gar nicht so wenige, die sich an die Philosophie wenden, um Sinn und Bedeutung zu erhalten, um einen moralischen Rat oder eine Orientierung, unter anderem, und dass wir ihnen behilflich sein sollten, aber nicht in Form philosophischer Grundlagen. Wenn wir nicht den grundlosen Charakter unserer sozialen Welt voraussetzten, könnten wir uns ausschließlich an unsere eigene Gemeinschaft wenden und würden auf diese Weise unvermeidlich in die Falle einer beinahe substanziellen Ethik gehen. Damit wäre die Aufgabe nicht mehr aktuell. (Es ist interessant, dass alle meine Leser in den USA, auch die Philosophen, das Problem und auch meine Antworten darauf verstanden, während die meisten philosophischen Leser in Ungarn das als eine Art langweiliger Moralpredigt sahen. Ich muss mich also fragen, ob ich alle ansprechen konnte, an die ich mich wenden wollte.)

Mir war klar, dass eine Moralphilosophie, die auch normative Elemente enthielt, in einer kontingenten Welt nicht jeden erreichen konnte. Sie würde jene nicht ansprechen, für die moralische Überlegungen irrelevant sind, die praktizierenden Nihilisten. Ebenso würden jene sie nicht lesen, die in geschlossenen Welten traditioneller Sitten und Gebräuche leben, oder jene, die in fundamentalistischen Ideologien gefangen sind, die glauben, alternative Lebensweisen seien böse, „unmoralisch". Sie wenden sich ohnehin nicht an die Philosophie, wenn sie moralischen Rat suchen. Mein Buch war auch nichts für blinde Passagiere der Moral. Das sind die, die Gut und Böse unterscheiden, wenn es darum geht, andere zu beurteilen, den Unterschied aber vergessen, wenn es gegen ihre eigenen Interessen geht.

Kurz, ich dachte, eine moderne Moralphilosophie würde jene ansprechen, die darin Rat suchten. Doch wer sucht schon Rat bei einer Moralphilosophie? Eben jene, die sich ihrer eigenen Kontingenz bewusst geworden sind, die erkannt haben, dass dem modernen Leben die Grundlage fehlt – seien sie religiös, agnostisch oder heidnisch. Sie klammern ihre Unterschiede in ihrer Ontologie, im Glauben und in ihren Überzeugungen aus und wollen als kontingente Wesen wissen, wie man anständig wird, wie sie richtig handeln. Deshalb wenden sie sich an die Moralphilosophie. Sie wollte ich erreichen. (Im dritten Band meiner Theorie der Moral, „An Ethics of Personality", formulierte ich dieselbe Idee so: Moderne Moralphilosophie bietet jenen einen moralischen Halt, die ihn benötigen.)

Für diese Einschränkung wurde ich ernsthaft kritisiert, doch nicht von jenen, die darauf beharren, dass Männer und Frauen auch ohne eine Krücke anständig sein können. Ich habe nie bestritten, dass manche das können. Wer keine Moralphilosophie als Krücke braucht, wird sie auch nicht suchen. Zuerst und vor allem wurde ich kritisiert wegen des Universalismusdefizits. Warum wandte ich mich in meiner Moralphilosophie nicht an gute wie schlechte Menschen gleichermaßen, und auch an die, die niemals moralische Fragen stellen? Warum nicht an Fundamentalisten und Nihilisten? Warum nicht alle ansprechen? Meine Antwort ist einfach. Jeder, der lesen kann, kann auch ein Buch über Moralphilosophie lesen, wenn er möchte. Vielleicht wird das Lesen eines solchen Buches in seinem Bewusstsein oder seiner Seele das Bedürfnis nach Moral wecken. Das ist jedoch unwahrscheinlich. Eine solche heilende Kraft würde ich nicht einmal einer Moralphilosophie zuschreiben, die tausendmal besser wäre als meine. Niemand ist nur deshalb moralisch geworden, weil er die Beweisführung für den kategorischen Imperativ verstanden hat. Und obwohl ich in mir eine Neigung zur Schulmeisterin entdecke, habe ich mich doch nie der Illusion hingegeben, dass meine Moralphilosophie irgendwem etwas „beibringen" würde.

Wer ist diese kontingente Person, die sich einer modernen Moralphilosophie zuwendet, wenn sie nicht weiß, was sie tun soll?

Es ist jene Person, die sich entschlossen hat, ein anständiges, gutes, aufrechtes menschliches Wesen zu sein und Rat braucht. Natürlich kann auch ein guter Freund moralischen Rat geben. Daher muss es das Bestreben moderner Moralphilosophie sein, allen kontingenten anständigen Menschen eine gute Freundin zu sein.

Die existenziale Entscheidung, wer man sein möchte, spielt in allen meinen Büchern über Moral eine zentrale Rolle. Weil ich über diese Kategorie später noch gründlich sprechen werde, wenn ich zu meinem Buch „An Ethics of Personality" komme, möchte ich sie hier zeitweilig aus meinem Gedächtnis verbannen und mich auf die besonderen Probleme und Lösungen von „A Philosophy of Morals" konzentrieren.

Kehren wir zu meiner oft wiederholten Binsenwahrheit zurück. Kein Philosoph erfindet je eine Moralphilosophie. Er beschreibt nur moralisches Handeln und Verhalten, die er als besonders beispielhaft für diese Welt erachtet. Genau darin besteht der normative Akt der Moralphilosophie. Ich vermute, dass Aristoteles seinen idealen ethischen Mann, den *megalopsychos*, nach einem seiner engen Freunde modelliert hat, so wie Kant die Person, deren Güte glänzt wie ein Juwel, nach seinen frommen Eltern gestaltet hat. Ich wollte in ihre Fußstapfen treten und habe für die Handlungen und den Charakter des „guten Menschen" meinen Vater zum Vorbild genommen.

Die Menschen erben die Moral von ihren Eltern, wenn auch nicht ausschließlich. Wenn die Eltern das können und wollen, geben sie ihre Moral an ihre Kinder weiter. Mein Vater, der kein Philosoph war und sich nicht einmal wie einer ausdrücken konnte, hat mir seine moralischen Ideen in seinem Testament weitergegeben (das ich im Vorwort zu „A Philosophy of Morals" zitiert habe). Es ist genau dieselbe Ethik, die ich als Philosophin in meiner Konzeption der existenzialen Auswahl formuliert habe, und auf diese Weise gebe ich sie meinen eigenen Kindern weiter.

Es ist nicht einfach, den Anforderungen einer doppelten Aufgabe gerecht zu werden. Sie besteht darin, eine Moralphilosophie zu schreiben, die sowohl für philosophisch Gebildete wie philosophisch Ungebildete verständlich ist. Daher sollte sich mein Buch nicht in erster Linie an Philosophen wenden (ich war noch keine Philosophin, als mir mein Vater sein Testament hinterließ), trotzdem sollte es sich nicht bloß auf meine eigenen Erfahrungen und Ideen stützen, sondern auch auf die philosophische Überlieferung.

Um dieser Aufgabe gerecht zu werden, musste ich jede auch nur minimale philosophische Autorität ablegen. Aus meinem eigenen Text konnte ich nicht heraustreten. Deshalb beschloss ich, einem anständigen Menschen auf seinem Lebensweg zu folgen, beginnend mit den einfachsten Entscheidungen des täglichen Lebens bis zu den extremen moralischen Konflikten, den Grenzsituationen. Nicht alle Menschen gehen diesen Weg zu Ende. Mein Vater hat es getan.

Ich muss zugeben, ich stehe dem typischen Ansatz der Existenzphilosophie im 20. Jahrhundert (Sartre, Jaspers) eher ablehnend gegenüber, wenn es darum geht, moralische Grenzsituationen darzustellen. Wie sich ein grausam gefolterter Mensch oder ein zum Tode Verurteilter verhält, wie sie das Äußerste ertragen, ist wirklich ein unerschöpfliches Thema für moralische Überlegungen. Zum Glück müssen sich die wenigsten der extremen Herausforderung einer Grenzerfahrung stellen, doch alle müssen lernen, sich anständig und ethisch zu verhalten, im täglichen Leben, in Arbeit, Familie, Politik und unter Freunden. Ich stelle in diesem Buch auch fest (und das ist eine persönliche Erfahrung), dass es für manche leichter ist, fünf Minuten lang ein Held zu sein, als die lebenslange Schinderei auszuhalten, die aus einem Akt der Zivilcourage folgt. Der arme Kant wurde in eine Sackgasse gelockt, als er vor das Dilemma gestellt wurde, das Leben eines ungerechtfertigt gequälten Freundes zu retten: Um ihm zu helfen, hätte er lügen müssen. Es handelte sich um eine Grenzsituation. Kant gab die falsche Antwort, weil er konsequent bleiben wollte, wo er es nicht hätte bleiben sollen, er gab in sich selbst dem Philosophen den Vorzug statt dem guten Menschen mit gesundem Menschenverstand.

Während ich anständige Menschen auf ihrem Lebensweg begleitete, geriet ich selbst in Grenzsituationen, was im tückischen 20. Jahrhundert sowieso unvermeidlich war. Ich musste eingestehen, dass die Philosophie gerade über Grenzsituationen sehr wenig zu sagen hat. Dies trifft auch auf den kategorischen Imperativ zu, wie das Kant'sche Beispiel zeigt. In einer solchen Situation sind die zehn Gebote der verlässlichere Führer. (Das fünfte Gebot „Du sollst nicht falsches Zeugnis ablegen wider deinen Nächsten" zum Beispiel gibt eine relevante Antwort auf Kants Dilemma, denn es erlaubt, falsches Zeugnis abzulegen, um den Nächsten zu retten.) Man muss zugeben, dass es moralische Konflikte gibt, bei denen man nur zwischen zwei Übeln oder Verbrechen wählen kann, und dass ein guter Mensch manchmal vor moralischen Paradoxen steht, also unlösbaren Widersprüchen, wie zum Beispiel bei einem Konflikt zwischen den Werten Freiheit und Leben.

Aber fangen wir am Anfang an. Am Anfang stand, wie in vielen meinen Vorlesungen, die offensichtliche Tatsache, dass wir alle in eine Welt geworfen sind, in der sich Menschen an bestimmte Regeln und Normen halten. Darunter sind auch solche moralischen Inhalts. Anständige Menschen können sie annehmen und ihnen folgen, wenn dadurch nicht Regeln und Normen ebenso anständiger Menschen verletzt werden, und umgekehrt. (Diese Formel tritt an die Stelle universaler Gültigkeit.)

Was für Regeln und Normen können mit dem Respekt gegenüber anderen zusammen gedacht werden?

Als Erstes zählte ich die normativen Kategorien ethischer Orientierung auf (sie orientieren, ohne die geringste inhaltliche Bestimmung).

Hier folgte ich, oder besser, wandte ich mein Verständnis von Orientierungswerten an, das ich bereits in den Dialogjahren ausgearbeitet hatte.

Ich begann mit der allgemeinen Norm der Orientierung („Sorge für andere Menschen") und setzte fort mit der Aufzählung der dazugehörigen Fälle. Zum Beispiel: „Verletze niemals absichtlich einen anderen oder jemanden, der diesem anderen nahesteht." „Lerne, Liebe und Respekt auszudrücken." „Antworte ehrlich, wenn jemand Ansprüche gegenüber deiner Person erhebt." „Tue alles in deiner Macht stehende, um das Leiden anderer Personen zu mildern." „Erkenne die Autonomie anderer Personen an" usw.

Diese Aufzählung zeigt offensichtlich, dass die meisten von mir angesprochenen Normen moralischer Orientierung nicht neu waren. Neu (und modern) ist, dass die Anerkennung der Autonomie anderer Personen Vorbedingung ist für die Anwendung aller anderen Normen. Unter den Normen der Anerkennung der Autonomie anderer sind zwei spezielle (nicht begrenzende) traditionell und zwingend: „Morde nicht" und „Verletze nicht den Körper einer anderen Person". Alle anderen sind optional. Es gibt auch nicht traditionelle Normen wie „Demütige andere Personen nicht", „Manipuliere andere nicht" oder „Hilf anderen, ihre Autonomie zu stärken". Diese Normen erfordern keine übermäßige Anstrengung, aber wenn man sie aufmerksam beherzigt, dienen sie als Wiedergutmachung für andere. (Mein Vater beachtete sie alle mühelos.)

Auch bei meiner Erörterung von Werten, Regeln und Maximen überschritt ich die Grenzen alltäglicher menschlicher Einbildungskraft nicht. Alle Adressaten können zu ähnlichen Schlüssen kommen, auch wenn sie es nicht tun. Zuerst nannte ich die Reziprozität, die wichtigste und allgemeinste, beginnend mit der Erwiderung von Geschenken in ihrer kunstvollsten Form. Man kann sie alle mit der dreieinigen Formel „geben, nehmen, erwidern" beschreiben. Liebe oder Freundschaft vorzutäuschen, zu schmeicheln oder etwas zu versprechen, was wir gar nicht halten wollen, sind Untugenden gegenüber der „gebenden" Seite, während Undankbarkeit und missbrauchtes Vertrauen typische Untugenden sind, die die Norm der Reziprozität verletzen. Sie können das Vertrauen und den Glauben an unsere Mitmenschen erschüttern.

Die meisten an dieser Stelle erörterten Maximen waren bereits in „Beyond Justice" [„Jenseits der Gerechtigkeit"] formuliert worden und noch davor. Zum Beispiel, dass man nicht Maximen folgen sollte, die die Benutzung anderer Menschen als bloßes Mittel zum Zweck voraussetzen, oder dass wir alle menschlichen Personen als freie und rationale Wesen anerkennen sollten, oder dass wir alle Bedürfnisse gelten lassen sollten, außer wenn ihre Befriedigung die Benutzung anderer Menschen als bloßes Mittel zum Zweck voraussetzt usw.

Das folgende Kapitel unterscheidet zwischen Menschen, die sich um ihre eigene Welt kümmern, und guten Bürgern. In meinen späteren Schriften, zum Beispiel in „The Two Pillars of Modern Ethics" [„Die beiden Säulen moderner Ethik"] bezog ich mich auf den guten Menschen und den guten Bürger. Beide gründen in sich selbst. Der gute Mensch gründet seine Güte in einer existenzialen Entscheidung, während der gute Bürger die demokratische Verfassung stärkt und anerkennt, die auf den Bürgern des Staates gründet. Weil ich dieses Buch vor dem osteuropäischen Systemwechsel schrieb, fühlte ich mich verpflichtet, politisch engagierte anständige Menschen auf ihrem Weg durch die Diktatur zu begleiten.

Auch heute leben zahllose anständige Männer und Frauen unter den Bedingungen einer Diktatur, sie versuchen, ihren Mituntertanen die Augen zu öffnen und nehmen Strafen auf sich, sogar Gefängnis und Tod. Sie sind die Helden der Anständigkeit, während gute Bürger keine Helden sein müssen, außer wenn – in Ausnahmefällen – die Praxis der Zivilcourage mit unverhältnismäßigen Opfern verbunden ist.

Das letzte Kapitel des Buches dreht sich um die Fragen des „guten Lebens". Hier (besser spät als nie) unterscheide ich zwischen Moralphilosophen und Moralisten. Der Moralist ist ein einsamer Wolf, der über den Eitelkeiten der gemeinen Welt steht oder das zumindest glaubt, der spottet über die kleinen Laster und die dumme Überheblichkeit der Menschen. (Nietzsche, der sich als unmoralischer Moralist bezeichnet, spottet hingegen über ihre kleinen Tugenden.) Moralisten arbeiten mit der Peitsche, ihre Waffen sind Sarkasmus und Rhetorik. Moralphilosophen hingegen tragen mit verschiedenen Sprechakten zu ethischen Diskursen bei (wie Fragen stellen, darlegen, argumentieren, zurückweisen usw.).

Ich gab auch zu, dass der guten Moral manchmal das Glück zur Seite steht, auch wenn es weder Ursache noch Bedingung dafür ist. Glücklich ist, wer nie vor dem Konflikt zwischen Leben und Freiheit stand, der nie in der Situation war, zwischen zwei Übeln wählen zu müssen. Glücklich, wer mit einem fröhlichen Naturell geboren wurde, der instinktiv das Richtige tut, der intensiv lieben kann und liebenswert ist. (Diese Frage würde ich eigens in meinem Essay „The Role of Luck in Ethics" [„Die Rolle des Glücks in der Ethik"] erörtern, und zwar am Beispiel des Grimm'schen Märchens vom „Hans im Glück".

Menschliche Anständigkeit hängt aber nicht vom Glück ab. Alle Moralphilosophen legen Wert darauf, auch wenn sie die Relativität der menschlichen Autonomie zugeben.

Als ich an diesem Punkt angekommen war (im zweiten Band meiner geplanten Reihe über „A Theory of Morals"), blieb ich stecken. Ich konnte nicht mehr weiter. Ich wusste nur zu gut, dass ich dem Leser (und mir selbst) nicht „ein" Buch, sondern „das" Buch schuldig war. Schon im ersten Kapitel von „A Philosophy of Morals" hatte ich den Ausgangspunkt präsentiert, den selbstbegründenden Charakter meiner Moralphilosophie. Ich hatte meinen Gedanken noch nicht zu Ende gedacht. Ich wich seiner Ausarbeitung eher aus. Wie ging es weiter? Würde ich das Ende meines (gewagten) Unternehmens erreichen? Die Analyse der traditionellen ethischen Begriffe und Konzeptionen hatte ich bereits abgeschlossen, ich hatte auch eine Stütze gebaut für Männer und Frauen, die in der Philosophie Antworten auf ihre Fragen suchen: Wie sie leben sollen, was sie tun sollten. Ich brütete über Kant, wissend, dass seine große Formel nicht mehr zeitgemäß ist, aber ich fand keine unserer Zeit philosophisch angemessenere Alternative. Ich versuchte eine Skizze und hörte wieder auf. Aber auch das nicht Gegründete muss philosophisch begründet werden. Ich hatte das Gefühl, das Gebiet für ein kommendes

– und äußerst wichtiges – Buch abgesteckt zu haben. Aber wie sollte es weitergehen?

Ich folgte meiner üblichen Taktik. Wenn es heute nicht geht, morgen ist auch noch ein Tag. Man kann nichts erzwingen. Ich hatte noch andere Dinge im Leben zu tun. So hatte die Fortsetzung von „A Theory of History" schon lange darauf gewartet, geschrieben zu werden. Auch das war ein fehlender Bau meines Hufeisens.

Ich ließ also das „Theorie der Moral"-Projekt liegen und kehrte zur Geschichtsphilosophie zurück. Ich begann die Arbeit an meinem Buch „A Philosophy of History in Fragments". Trotzdem zögerte ich noch. Statt das moralische Projekt weiterzuverfolgen, begann ich mit ersten Texten über eine Theorie der Moderne. Das Ergebnis war eine Sammlung von Aufsätzen, „Ist die Moderne lebensfähig?", sowie eine längere Studie gemeinsam mit Ferenc Fehér, „The Pendulum of Modernity" [„Das Pendel der Moderne"] – über sie werde ich zu gegebener Zeit sprechen.

Schließlich folgte ein weiterer Purzelbaum. Anstatt die Arbeit an der Theorie der Moderne fortzusetzen, ließ ich das in diesem Stadium bereits gut vorbereitete Projekt liegen und kehrte zu der unvollendeten „Theorie der Moral" zurück. Der abschließende Band ist neu eingekleidet, aber er hält ein altes Versprechen. Dieses Werk wurde zu „An Ethics of Personality", abgeschlossen im Sommer 1994.

Es war klar, dass ich auf dieses Projekt zurückkommen musste, denn ich kann nichts unvollendet lassen. Warum genau damals, verstehe ich nur ungefähr. Erstens, weil nach den beiden vorangegangenen Bänden sich bereits eine Theorie der Moderne in meinem Denken abgezeichnet hatte, es würde also keine allzu große Aufgabe werden. Im Gegensatz dazu schien „An Ethics of Personality" gewaltige Herausforderungen zu bieten. Das war schon lange zuvor so gewesen, als ich noch den Band „A Theory of Personality" als dritten der nie vollendeten Reihe über Sozialanthropologie geplant hatte. Und es war auch deshalb eine ganz besondere Herausforderung, weil ich – im ersten Kapitel von „A Philosophy of Morals" – nicht nur die Grundlagen meiner Neuinterpretation von Kierkegaard entworfen hatte, sondern auch das Porträt des „guten

Menschen". Schließlich war es jener „gute Mensch" gewesen, den ich auf seinem Lebensweg begleitet hatte, mit allem, was folgte.

Ich hatte zwar Stützen gebaut für die Darstellungen einer Ethik der Persönlichkeit, doch wenig über die philosophische Interpretation oder Grundlage einer Ethik der Persönlichkeit selbst gesagt. Aber konnte ich eine solche Grundlage bieten? Die alte *quaestio iuris* erschien wieder, stärker als zuvor.

Dieses Buch musste grundsätzlich und ausschließlich philosophisch werden. Ich hatte nicht das Recht, die erste Person Singular zu verwenden (das ist keine linguistische Frage). Aus demselben Grund konnte ich auch nicht die heutzutage so populäre erste Person Plural verwenden. Weil die Adressaten dieses Buches Philosophen sind, nicht die guten Menschen (die zufällig auch Philosophen sein können), konnte ich nicht länger einen guten Menschen auf seinem Lebensweg begleiten, ein Gambit, das ich bereits gespielt hatte. Wie konnte ich Philosophen über Ethik philosophisch ansprechen, wenn ich dazu nicht autorisiert war?

Die Antwort erschien offensichtlich. Ich musste verschiedenen zeitgenössischen Philosophen eine Bühne bieten und sie im Geiste ihrer jeweiligen Philosophie sprechen lassen. Sie miteinander konfrontieren, sie kämpfen, argumentieren, zeigen und ablehnen lassen. Nie habe ich derart vehement für meine eigene Philosophie argumentiert wie meine jungen Philosophenfiguren, stets konsistent, immer leidenschaftlich, für ihre.

Jede Diskussion muss mit etwas beginnen. Es schien mir am besten, meine Figuren über einen Text streiten zu lassen, mit dem sie beide vertraut waren und den sie als fordernd ansahen. Natürlich musste ich meinen Lesern diesen Text vorstellen, damit sie den Disput verstehen konnten, das *agon*, das er auslöste.

Ein halbes Jahr vor der Entscheidung zu diesem Buch hielt ich in der Graduate Faculty der New School for Social Research einen Kurs über Nietzsche ab. Unter anderem analysierte ich die „Genealogie der Moral" und die Beziehung zwischen Nietzsche und Wagner. Fünf meiner Vorlesungen schrieb ich unter dem Titel „Nietzsche und der ‚Parsifal'" nieder. Es sollte der erste Teil für „An Ethics of Personality" werden, als Sprungbrett zu den Diskussionen meiner jungen Philosophen, doch ich leugne nicht, dass es mir auch um seiner selbst willen großen Spaß machte. Ich liebte Nietzsche und auch Wagner. Es ist herzerfrischend, wenn wir über unsere Lieblinge sprechen können, und heute noch genieße ich meine witzige und – wenn Sie mich fragen – auch treffende Interpretation.

Mit dem dritten Teil von „An Ethics of Personality" hatte ich weniger Schwierigkeiten als mit dem zweiten. Ich konnte hier nicht nur auf die eine oder andere Idee meiner früheren Schriften zurückgreifen, sondern auch auf „A Philosophy of Morals". Noch einmal begleitete ich anständige Personen, wenn auch nicht während ihres ganzen Lebens: eine im Alter (Sophie, die Großmutter) und die andere (Fifi, die Enkelin) bei ihren ersten Liebeserlebnissen. Ich führte sie ein über ihre Korrespondenz.

Weder Großmutter noch Enkelin sind Philosophinnen. Sie denken nicht über Theorien und Texte nach, sondern über ihr eigenes Leben. Sophie (ein Porträt meiner eigenen Großmutter) ist weise. Fifi, das junge Mädchen (ein Selbstporträt als Teenager), ist naiv. Beide entscheiden sich für das Gute. Die Großmutter möchte, dass sich das Mädchen für das Gute entscheidet, ohne jedoch direkten Rat zu geben. Beide respektieren die Autonomie der anderen, ohne von den „Orientierungswerten" zu wissen, die in „A Philosophy of Morals" formuliert sind. Die Großmutter vertritt im Wesentlichen das stoisch-epikureische Modell, das ich in meinen früheren Schriften so oft befürwortet hatte. Im Laufe der Geschichte stellt sich wie erwartet heraus, dass es selten unmittelbar klar ist, welcher der gewählten Wege besser ist als der andere. Außerdem können auch moralisch gleichgültige Entscheidungen ausschlaggebend sein für ein gutes oder schlechtes Leben.

Wieder taucht das Thema aus dem letzten Kapitel von „Beyond Justice" auf. Erster Bestandteil eines guten Lebens ist Rechtschaffenheit, der zweite die Möglichkeit, unsere besten Gaben zu Talenten zu formen, und der dritte die Bildung sinnvoller menschlicher Gefühlsbindungen.

Der letzte Teil von „An Ethics of Personality" ist auch mit Dilemmas gespickt. Es handelt sich nicht um ethische Paradoxe, sondern Dilemmas, wie sie in einem kreativen und emotionalen Leben auftreten. An dieser

Stelle korrigierte oder modifizierte ich mein Modell des „Gefühlshaushalts" von „Theorie der Gefühle" (diese Korrektur ist in der zweiten Ausgabe teilweise enthalten). Das alte Modell erscheint mir zu klassizistisch.

In (der ursprünglichen Version von) „Theorie der Gefühle" vernachlässigte ich sowohl Temperament wie Psychologie. In „The Power of Shame" versuchte ich, diesen Mangel zu beheben. Doch erst in „An Ethics of Personality", als die Liebesgeschichte es erforderte, konnte ich meine frühere Begrenzung überwinden. Hier stellte ich sowohl „schöne" wie „großartige", sowohl „klassische" wie „romantische" Eigenschaften in den Porträts der beiden jungen Philosophen als in gleicher Weise anziehend dar. Die Heldin der Geschichte, Fifi, wird sich in den jungen Mann mit romantischem, großartigem Charakter verlieben.

Im zweiten Teil mit den drei Dialogen der jungen Philosophen musste ich mein altes Konzept von der moralischen Mission der Philosophen veranschaulichen und kritisieren. Ich kam zu dem Punkt, an dem ich zugab, dass ein Philosoph gemäß seiner eigenen Philosophie leben müsse. So etwas wie ein „philosophisches Leben" im Allgemeinen gibt es nicht. Das zeigt sich besonders im Fall einer Ethik der Persönlichkeit, in deren Geist sich der Philosoph auch selbst auswählt. Ich musste Figuren darstellen, die nicht nur selbstgewählte Persönlichkeiten besaßen, sondern auch ihre Philosophien ausgewählt hatten, indem sie sich für sich selbst entschieden.

Nicht ich erfand die beiden jungen Philosophen (ich bin keine Romanschriftstellerin). Ich gestaltete sie nach zwei meiner Jungendfreunde, mit gewissen Modifikationen, denn in jedem Dialog steckt auch ein kleiner Teil von mir. Ich gestaltete nicht nur die Philosophen, sondern auch die Situationen, denn der Charakter einer Persönlichkeit zeigt sich erst in konkreten, konfliktbeladenen Situationen deutlich, manchmal sogar für sie selbst. Ich musste Geschichten erzählen. Ich liebte sowohl Joachim wie Lawrence, auch wenn ich manchmal über sie lachen musste, zum Beispiel, wenn ich sie typisch männliche Fragen stellen ließ („Kann ich das?" „Was wird aus mir?" „Habe ich Talent?"). Ich amüsierte mich auch, als ich sie in eine Lage brachte, in der sie beide gegen den Geist ihrer eigenen Philosophie handelten, im Geiste der Philosophie ihrer Gegner. Ich ließ sie Rollen tauschen, nicht in ihrer Überzeugung, aber in Verhalten und Handlungen. Denn das passiert oft.

Die weibliche Figur, Vera, gelang mir weniger. Ich wollte sie nicht völlig zu meinem Sprachrohr machen, doch konnte ich sie auch nicht nach einer vorhandenen Figur modellieren. Obwohl ihre Texte sehr gut sind, ist ihre Gestalt doch eher symbolisch-metaphorisch als real, weil es kein Vorbild gibt (wie gesagt, ich bin keine Schriftstellerin).

Indem ich Dialoge präsentierte, Porträts darstellte und Geschichten erzählte, wollte ich schließlich die Grundlagen für meine eigene Moralphilosophie niederlegen. Eben die verbalen Duelle ermöglichten mir, sie auf komplexere Weise zu formulieren als im ersten Kapitel von „A Philosophy of Morals", und mehr Fragen offenzulassen. Vielleicht macht der Dialog als Genre die Dinge zu kompliziert. Möglicherweise verliert der Leser oder die Leserin schließlich den Faden und kann sich keine Meinung darüber bilden, wer recht hat und wer unrecht. Das wollte ich erreichen. Doch vielleicht ist das der Grund, weshalb sich so viele meiner Kritiker, die meine Moralphilosophie interpretieren möchten, lieber an das erste Kapitel von „A Philosophy of Morals" halten.

Die Frage, auf die ich in diesem Buch eine philosophische Antwort finden wollte, war: Es gibt gute (anständige) Menschen. Warum sind sie möglich?

Der erste Satz ist eine einfache empirische Feststellung, dazu braucht man keine Philosophie. Der zweite ist eine Frage, auf die es keine philosophische Antwort gibt. Wir wissen nicht, warum. A ist gut und B ist böse, weil die Quelle der Güte transzendent ist, und die Philosophie ist nicht berechtigt, Fragen zu beantworten, die sich auf Transzendenz beziehen. Wozu ist Philosophie dann gut?

Moderne Männer und Frauen sind kontingent. Wenn sie gut sind, dann deshalb, weil sie sich existenzial dafür entschieden haben. Warum sich eine Person entscheidet, gut zu sein, und eine andere nicht, ist eine Frage, die philosophisch nicht beantwortet werden kann. Doch die Philosophie kann andere Fragen beantworten: Wie entscheidet sich ein Mensch existenzial? Wie kann er oder sie ihrer Wahl gerecht werden? Wie können sie werden, was sie für sich entschieden haben? Auf solche Fragen suchte ich philosophische Antworten. Ich wollte Antworten, die bestätigen, dass moderne kontingente Menschen nicht an der Botschaft von Kants Vorschlag vorbeigehen können.

Moderne Menschen haben das Bedürfnis zu wissen, was „gut" ist, und zwar jene Art von „gut", die nicht mit konkreten Normen irgendeiner konkreten sozialen Sittlichkeit verbunden werden kann, in der die Mitglieder der Gemeinschaft diese Normen als gegeben hinnehmen, ohne darüber nachzudenken. Moderne kontingente Männer und Frauen müssen, um gut zu sein, nach etwas moralisch „Gutem" Ausschau halten. Ich brachte dies in einer ersten Formulierung mit der Metapher des Nikolaus von Kues zum Ausdruck: Wir müssen wissen (fühlen), wo das Zentrum des Kreises (Güte) ist. Wir sind in eine Welt geworfen, in der wir lernen müssen, Gut und Böse zu unterscheiden. Das Zentrum des Kreises (oder des Globus) ist das Gute. Das Zentrum bietet die Möglichkeit, perfekt zwischen Gut und Böse zu unterscheiden. Auch wenn kein einzelner Mensch direkt im Zentrum des Kreises landet, muss er oder sie doch wissen, wo das Zentrum ist, wie fern oder nah sie ihm sind und wie sie sich darauf zubewegen können.

In der modernen Welt können die geltenden Normen in unserer Umgebung nicht mehr die Rolle eines gültigen Kompasses übernehmen, der ins Innere des Kreises weist. Nicht einmal die Begriffe von Gut und Böse, die in unserer engeren Umgebung gelten, können diese Funktion erfüllen. Wir wachsen vielleicht unter Terroristen auf. Wenn wir auf sie hören, werden Kräfte unsere Idee von Gut und Böse bestimmen, die unserer innersten Seele fremd sind. Die Heteronomie bindet uns immer an eine partikularistische Welt und kann uns wehrlos gegenüber dem Bösen machen, besonders in unserer Zeit.

Es ist besser, zumindest als Hypothese, Kants Ausgangspunkt, sein Sprungbrett zu akzeptieren: moralische Autonomie. Der moralisch autonome Mensch (bei Kant die praktische Vernunft selbst) ist der, der über Gut und Böse entscheidet. Auf diese Weise bewegen wir uns von außen nach innen und nicht umgekehrt. Doch wie bereits mehrfach gesagt, bekannte ich mich zu Kants Ausgangspunkt, ohne seine Metaphysik zu unterschreiben. Ich wehrte mich gegen sein Gambit, den Menschen in zwei Personen aufzuteilen, einerseits der Mensch als Erscheinung, andererseits der Mensch als Idee der Menschheit. Ich hatte eine meiner ältesten Intuitionen, partikularistische und individualistische Persönlichkeiten gegenüberzustellen („Das Alltagsleben"), mehrfach modifiziert, doch ich hatte niemals die Idee aufgegeben, dass sie im Widerspruch zu Heidegger stand, wie auch zu Kant. „Der Mensch ist ein Ganzes", sagte ich, auch wenn für mich mehrere „Selbste" dazugehörten.

In letzter Instanz entschied ich zugunsten einer ungeteilten Persönlichkeit, der ich in streng Kant'schem Sinn Autonomie zusprach, in dem Sinn nämlich, dass sie nichts von außen bestimmt, um mit Spinoza zu sprechen, eine *causa sui.* Doch stimmte ich nicht für eine Persönlichkeit, die aus der Notwendigkeit ihrer Natur heraus *causa sui* ist, wie der Gott Spinozas (den gefährlichen Gedanken einer Vergöttlichung des Menschen lehnte ich ab), sondern Ursache ihrer selbst und somit ihr eigenes Schicksal wird – wenn auch nie zur Gänze. Vor langer Zeit hat mich eine Formulierung von Lukács tief beeindruckt. Er sagte, dass die Straße aller modernen Menschen von der Kontingenz zur Notwendigkeit führe. Ich ersetzte „Notwendigkeit" einfach durch „Schicksal".

Wie kann ein Individuum sein oder ihr eigenes Schicksal werden? An diesem Punkt half mir meine alte Liebe: Kierkegaard.

Nichts kann irgendjemanden von außen bestimmten, wenn er sich für sich selbst entschieden, sich selbst gewählt hat. Wofür immer das Individuum sich entscheidet, was immer es tut, eben die Sache oder Aufgabe, die es tut oder auswählt, wird nicht die Ursache seiner Handlungen und Entscheidungen sein, sondern deren Bedingung. Zugleich ist dies keine transzendente Freiheit, es ist nicht die Menschheit in mir, die zur Ursache meiner Handlungen und Entscheidungen wird. Kausalität durch Freiheit bedeutet in meinem Buch, dass ich selbst als ganze Person Ursache meiner Handlungen bin. Aus dieser Konzeption folgte, dass ich im Gegensatz zu Kant Gefühle und Emotionen von der Autonomie nicht ausschloss. Ich konnte es nicht, weil ich mich für die Autonomie der ganzen menschlichen Person einsetzte.

Aber, widersprachen meine Kritiker, meine Wahl müsse eine Ursache außerhalb meiner selbst haben. Wieder kam mir Kierkegaard zu Hilfe. Die Entscheidung für mich selbst, die existenziale Wahl ist ein Sprung, sie geht von uns aus, nicht von dem Boden, von dem aus wir springen.

Nachdem ich mich selbst gewählt habe, fange ich an zu werden, was ich bin.

Mit diesem theoretischen Schritt – im Zentrum jeder Ethik der Persönlichkeit (nicht nur meiner eigenen) – führte ich die Teleologie wieder in die Ethik ein. Doch es ist eine autonome, keine heteronome Teleologie. Für Aristoteles wie für jede traditionelle philosophische Ethik schenkt die Welt, in die ich geboren werde, mir jene Tugenden, die zu meiner Persönlichkeit passen. Die Teleologie verwirklicht sich über meine Aneignung dieser Tugenden. Absicht, Zweck, Ziel des Lebens eines freien Athener Bürgers ist, sich die Tugenden eines frei geborenen männlichen Bürgers anzueignen und sie zu verwirklichen. Moderne Menschen werden im Gegensatz dazu nicht durch ein *telos* geleitet, das ihre Welt anbietet, sondern durch ein selbstgewähltes, konstituiertes *telos*.

Kierkegaard war meine Inspiration, mein Ausgangspunkt. Ich verließ mich in vieler Hinsicht auf ihn, aber ich modifizierte seine Konzeptionen auch. Die Ethik der Persönlichkeit, die von einer existenzialen Wahl des Selbst ausgeht, war in der Philosophie nach Kierkegaard weit verbreitet, auch in der Literatur. Man kann das als Symptom betrachten. Philosophen, Schriftsteller und andere, die begannen, über die ethische Kategorie moderner Männer und Frauen nachzudenken, landeten oft bei einer Ethik der Persönlichkeit. Der erste Teil von „An Ethics of Personality" hatte die Aufgabe, dieses Symptom vorzustellen. Sowohl Nietzsche wie Wagner dachten in einer Ethik der Persönlichkeit. Sie stellten Charaktere dar, die eine solche Ethik verkörperten (bei Wagner ist das Parsifal). Als Nietzsche das *telos* seines Lebens in folgende Worte fasste: „zu werden, was ich bin", beschrieb er sich gemäß einer Ethik der Persönlichkeit. Meine beiden jungen Philosophen, die meinen Text über Wagner und

Nietzsche diskutierten, gingen dabei von einem Text aus, der eine Ethik der Persönlichkeit befürwortete.

Auch nach der Fertigstellung meines Buches kam ich mehrfach auf die Frage einer Ethik der Persönlichkeit zurück, zum Beispiel in Bezug auf die Dramen von Henrik Ibsen oder George Bernard Shaw. Ich veranschaulichte, wie Ibsen erfolgreiche und gescheiterte existenziale Entscheidungen gleichermaßen darstellt.

Als mir bewusst wurde, wie groß die Vielfalt existenzialer Entscheidungen ist, modifizierte ich Kierkegaards Konzept bis zu einem gewissen Grad.

Kierkegaard erörtert das Problem der existenzialen Entscheidung zum ersten Mal im zweiten Teil von „Entweder – Oder", mitten in den Betrachtungen des Gerichtsrats Wilhelm. Wenn ich mich selbst wähle, schreibt er, entscheide ich mich dafür, Gut und Böse zu unterscheiden, und wähle damit im Prinzip zugleich das Gute. Kierkegaard verbindet die existenziale Entscheidung also mit dem moralischen Stadium, später auch mit dem religiösen Stadium. Für ihn ist diese Entscheidung niemals ohne moralischen Inhalt.

Ich muss zugeben, dass Nietzsche, Wagner, Ibsen oder Shaw unter anderem auch die Ethik selbst meinen, wenn sie eine Ethik der Persönlichkeit erörtern oder vertreten. Doch sie meinen damit nicht die Wahl zwischen moralisch gut und moralisch böse im Allgemeinen.

Infolgedessen entschied ich mich dafür, zwischen zwei Arten existenzialer Wahl zu unterscheiden (das hatte ich auch schon früher getan, in meinem Buch über Geschichtsphilosophie, aber hier steht es in der logischen Folge meiner Darstellung).

Wenn ich mich für mich selbst entscheide, wähle ich mich als dies oder das. Nietzsche hat sich entschieden, Philosoph zu sein, Parsifal ist der Erlöser des Erlösers, Nora eine freie Frau. In meiner Terminologie haben sie sich selbst unter dem Stern der Differenz gewählt: Sie konstituieren ihre Teleologie unter dem Stern der Differenz. Wenn der Selbst-Wähler wird, was er beschlossen hat, zu sein, wird er seine Teleologie umsetzen. Wenn nicht, wenn er scheitert, scheitert er absolut und wird so zur gescheiterten Existenz. Nietzsche und Parsifal sind das geworden, was sie sich ausgesucht hatten. Nora verlieren wir im Moment ihrer existenzialen Entscheidung aus den Augen, während Peer Gynt scheitert (er übersetzt die Maxime „Sei du selbst" mit „Sei dir selbst genug") und in der Kelle eines Knopfgießers endet.

Alle möglichen existenzialen Entscheidungen beziehen Ethik ein, denn Tugenden sind nötig, um sich selbst treu zu bleiben. Man sollte der Verführung der Heteronomie nicht erliegen, auf dem Gebiet der Selbstwahl sollte man niemals lügen. (Mit meinem Pinsel log ich nie, sagt der Maler in Shaws Stück „Der Arzt am Scheideweg".) Uns selbst treu zu bleiben, ist die allgemeine Norm jeder Art von Ethik der Persönlichkeit. Doch erschöpfen sich nicht alle Arten von Ethik der Persönlichkeit darin, dieser Norm zu folgen. Vor allem dann nicht – und das ist mein Dilemma –, wenn man den kategorischen Imperativ durch eine andere Formel ersetzen möchte, die seine Funktion in unserer neuen Welt übernehmen kann. Die Ethik wird in der Beziehung zu anderen praktisch. Sonst ist sie nicht moralisch. Und ich setzte mir das (philosophische) Ziel, eine Ethik der Persönlichkeit als authentische moralische Theorie zu rechtfertigen. Oder zumindest die Möglichkeit einer Rechtfertigung zu vertreten.

Ich kehrte mit meinen Fragen also zu Kierkegaard zurück. Ich kann mich selbst nicht nur unter dem Stern der Differenz wählen, sondern auch unter dem Stern der Universalität. Mit „universale Entscheidung" meine ich eine für jeden offene Wahl. Im Gegensatz dazu setzt die Wahl der Differenz bestimmte Gaben voraus (ich hätte mich zum Beispiel nicht entscheiden können, eine Malerin zu werden, ich wäre ohne Zweifel gescheitert). Eine existenziale Entscheidung in der Kategorie der Universalität kann folgendermaßen beschrieben werden: Man entscheidet sich, ein anständiger und guter Mensch zu sein. Die Teleologie dieser existenzialen Wahl liest sich so: „Ich werde, was ich für mich zu sein gewählt habe, ein anständiger, guter Mensch." In der Kategorie der Differenz ist das Kriterium einer existenzialen Entscheidung einfach formal (jeder und jede füllt es mit dem selbst gewählten Inhalt), die existenzialen Entscheidungen in der Kategorie der Universalität haben einen gemeinsamen, universalen Inhalt. Alle, die sich unter dem Stern der Universalität entscheiden, wählen sich als gute, anständige Menschen und werden so, was sie sind: gute, anständige Menschen.

Die Einwände meiner Kritiker vorwegnehmend, ging ich mit Bezug auf Kierkegaard auf einen ein, bevor noch die Frage gestellt wurde (sie wurde seither oft gestellt). Verschiedene Menschen haben verschiedene Temperamente, verschiedene psychische Gaben, und sie leben unter sehr verschiedenen sozialen Bedingungen. Ihre Wahl als anständige Menschen ist vergeblich, denn die aufgezählten Faktoren machen es ihnen unmöglich, zu werden, was sie gewählt haben. Nach Kierkegaard (und ich unterschrieb das) schließt die Wahl für sich selbst ein, dass man sich auch für die eigenen Umstände entscheidet, die eigenen Eltern wählt, die eigene Zeit, den eigenen Geburtsort, die eigene Psyche, das eigene Temperament und alles andere. Wann immer man sich in der Kategorie der Universalität entscheidet, wählt man die eigene Kontingenz erneut aus. Ein Selbst-Wähler kann nicht den Lebensumständen, der Psyche, den Eltern, Zeiten usw. die Schuld geben, wenn er oder sie scheitert, denn er oder sie hat sich all das selbst ausgesucht. Die Formel lautet: Das ist, was ich bin, und wie ich bin; so, wie ich bin, werde ich ein anständiger Mensch und werde zu dem, was ich bin.

Den anderen häufig geäußerten Einwand kann man unter folgenden Fragen zusammenfassen: „Woher weiß ich, dass ich mich existenzial dafür entschieden habe, ein anständiger Mensch zu sein?" oder „Woher weiß ich, dass es eine solche Wahl überhaupt gibt?". Ich könnte antworten, dass mehrere Selbst-Wähler sich an den Augenblick, in dem es geschah, erinnern (zum Beispiel Collingwood in seiner Autobiografie), aber solche empirischen Fakten sind völlig irrelevant. Kants Antwort bleibt gültig. Woher weiß ich von transzendentaler Freiheit? Ich kann es nicht wissen, aber ich weiß davon, weil es Menschen gibt, deren guter Wille glänzt wie ein Juwel. Ich gab dieselbe Antwort. Es gibt anständige Menschen heute. Ich weiß von ihren existenzialen Entscheidungen für sich selbst als anständige Männer und Frauen, denn als kontingente Menschen, als Menschen, die auch unter dem Blick ihrer Mitmenschen nicht mehr überlieferten Normen folgen müssen, um Sanktionen zu entgehen, die in einer moralisch ungegründeten Welt leben, handeln und leben sie immer noch anständig. Sie wurden anständig, also sind sie anständig. Eine ähnliche Frage kann auch auf Kant'sche Art beantwortet werden. Wir können nicht wissen, ob es irgendjemanden gegeben hat, dessen Handlung zur Gänze vom kategorischen Imperativ bestimmt war. Wir können nicht wissen, ob es irgendjemanden gegeben hat, dem oder der es gelungen ist, sich erneut für alle ihre oder seine kontingenten Neigungen zu entscheiden, der oder die werden konnte, was er oder sie sich zu sein entschieden hat: eine vollkommen autonome moralische Person. Doch alle, die sich entschieden haben, anständige Menschen zu werden, wissen bereits, wo das Zentrum des Kreises ist und ob sie sich ihm nähern oder von ihm entfernen.

Ich möchte noch auf einen anderen Einwand eingehen. Manche haben angemerkt, meine Ethik der Persönlichkeit sei egozentrisch. Ein anständiger Mensch solle nicht sich selbst, sondern den anderen wählen. Aber, so verteidigte ich meine Theorie, wenn jemand sich entscheidet, anständig zu sein, wählt er oder sie dadurch die moralische Beziehung zu anderen. Um diese Einsicht zu stützen, fragte ich nach der Definition oder eher den Kriterien einer anständigen Person. Ich antwortete mit Sokrates. Er hatte erklärt, es sei besser zu leiden als ungerecht zu handeln. In Platons Dialogen wird deutlich, dass dieser Satz nicht beweisbar ist, und wenn er beweisbar ist, kann das Gegenteil (es ist besser, ungerecht zu handeln als sich ungerecht behandeln zu lassen) auf der Grundlage empirischer Zeugnisse ebenfalls bewiesen werden. Es ist wirklich so: Man kann nicht beweisen, dass es besser ist, zu leiden als ungerecht zu handeln (oder das Gegenteil kann ebenso bewiesen werden). Der Satz des Sokrates dient als Definition eines anständigen Menschen. Ein Mensch ist anständig, wenn dieser Satz auf ihn zutrifft. Steht jemand also vor der Wahl, jemand anderem Unrecht zu tun oder eher selbst zu erleiden, wird er oder sie das Unrecht erdulden. Ich setze für das Erdulden keine Prämie aus, ich habe mein Epikureertum nicht vergessen. Doch im obigen Fall ist das Erdulden das bessere Schlechte, denn Unrecht zu tun ist moralisch böse.

Wie kann schließlich ein Mensch anständig werden, wenn er beschlossen hat, anständig zu sein? Das ist für alle verschieden. Es gibt Menschen, die haben in der Lotterie der Natur einen guten moralischen Instinkt gewonnen. Sie brauchen keine moralischen Krücken. Es gibt Menschen, die sind von frühester Kindheit an von anständigen Menschen umgeben, sie können sich im Wesentlichen auf ihre Erbschaft verlassen. Doch die weniger Glücklichen, also die Mehrheit unserer Rasse, benötigt Krücken zur moralischen Unterstützung. Vieles kann als moralische Stütze dienen: Worte weiser Lehrer oder Geistlicher, der Rat von Freunden, Romane, Philosophien. Eine solche Stütze wollte ich mit „A Philosophy of Morals" verfassen. Keine der Stützen kann bestimmende Ursache für die Güte eines guten Menschen sein. Es ist umgekehrt. Wenn eine Person sich existenzial entschieden hat und es nun darum geht, dass sie wird, was sie gewählt hat, dann wird sie sich gegebenenfalls nach Stützen umsehen und sie auch finden. Nicht die Krücken bestimmen die Güte eines Menschen, sondern anständige Menschen finden genau die Stützen, die sie brauchen. Ich sage es immer wieder: Jeder anständige Mensch ist auf seine eigene Weise anständig.

Mit diesem Buch brachte ich „A Theory of Morals" – also meine Ethik – zum Abschluss. Ich musste nur noch einige unklare Stellen veranschaulichen, um meine Konzeption zu verteidigen und zu präzisieren. Später (in meinem Aufsatz über die zwei Säulen der Ethik) fasste ich meine Vorstellung eines „anständigen Menschen" bei der Erörterung der ersten Säule zusammen. Über die zweite Säule (den guten Bürger) hatte ich schon einiges in „A Philosophy of Morals" gesagt, doch manches blieb, das später ergänzt werden sollte.

*****

Kehren wir zum Ende der achtziger Jahre zurück, als ich das Projekt „A Theory of Morals" unterbrach, weil ich mich nicht in der Lage sah, es fortzusetzen, und beschloss, ein anderes Projekt zu verfolgen: jenes über die Geschichtstheorie, das ich etwa zehn Jahre zuvor unterbrochen hatte. In der Einleitung zum neuen Buch – es war das erste, das ich auf einem Computer schrieb („A Philosophy of History in Fragments") – versprach ich, meine zehn Jahre alte Schuld zu begleichen. Wenn Sie ein persönliches Bekenntnis nicht stört: Ich liebe dieses Buch unter allen meinen Büchern am meisten.

Alle sieben Kapitel des Buches sind Fragmente. „Ruminations on Truth" [„Überlegungen zur Wahrheit"] nimmt die Mitte ein, die jeweils drei vorangehenden und folgenden Kapitel haben ihre eigenen (konzeptuellen) Helden.

Manche Leser mögen meinen, der fragmentarische Charakter dieses Werkes komme daher, dass ich beschlossen hätte, ein paar halbverdaute Ideen zusammenzuwerfen, doch ich versichere, dass ich nie zuvor oder nachher in meinem philosophischen Leben ein Buch so sorgfältig und wohlüberlegt aufgebaut habe wie das in Fragmenten geschriebene. Es passiert mir dauernd – und ich nehme an auch anderen –, dass mir mitten im Schreiben plötzlich eine Idee einfällt und ich sie ohne Vorbereitung einbeziehe. Diesmal ließ ich für gelegentliche Einfälle keinen Raum. Wie ich im sechsten Kapitel schrieb: Fragmentierung bringt den „Geist unserer Gemeinde" zum Ausdruck. Aktuelle Geschichtsphilosophie, meinte ich, müsse den Geist unserer Gemeinde artikulieren. Tut sie das nicht, wird ihr der Zeitgeist ins Ohr flüstern: „Um Gottes willen, bitte nicht lügen!" Mein Bezug auf den Zeitgeist war ironisch gemeint, denn ich hatte zuvor behauptet, der Geist unserer Gemeinde bestünde in der Abwesenheit eines Gemeindegeistes („Der Geist der Gemeinde" ist eine Formulierung von Hegel).

Dass ein Buch aus Fragmenten besteht, ist an sich nicht besonders interessant. Das Interessante ist der Inhalt dieser Fragmente, ihre gegenseitigen Beziehungen, ihre innere Struktur, ihre Wortwahl und ihr Rhythmus.

Ich wählte die Fragmente aus und stellte sie so zusammen, dass sie einander nicht fortsetzen, sondern mit ihren eigenen Stimmen sprechen oder singen, und führte dabei ein neues (musikalisches) Thema in den philosophischen Chor ein. An einer Stelle der Erörterung schilderte ich ein Orchesterwerk von John Cage. Darin spielt jedes Instrument seine eigenen Noten, ohne Beziehung zu den Noten eines anderen Instruments, und plötzlich, unerwartet, zufällig ergibt sich Harmonie (dies ist eine der Metaphern des Geistes unserer Gemeinde). Bei der Ordnung der Kapitel achtete ich nicht nur darauf, dass sie sich voneinander unterschieden, sie sollten auch aus einer anderen Perspektive formuliert sein, als unpassende Antwort auf das Vorangegangene. Zusätzlich sollte jedes Kapitel eine andere Stimme artikulieren. Ich bemühte mich, sie als Quasi-Kontrapunkte zu komponieren, nicht nur zwischen den Kapiteln, sondern auch innerhalb. Die Musik-Metapher taucht auch manchmal in Untertiteln auf, wie etwa „Marche Funèbre" [„Trauermarsch"].

Die einzelnen Kapitel sind fragmentarisch gehalten und können die Fragen aus vorherigen Kapiteln nicht beantworten, weil sie von etwas anderem handeln. Nur das letzte Kapitel kommt auf das erste zurück. Die Schlange beißt sich in den Schwanz.

Das erste Kapitel erzählt die Geschichte unserer Kontingenz. Es unterscheidet zwischen zwei Arten von Kontingenzbewusstsein, dem von kosmischer Kontingenz und von sozialer Kontingenz. Über Letzteres spreche ich später, wenn es um meine Theorie der Moderne geht, in diesem Buch gibt ohnehin Ersteres mehr Gelegenheit zum Nachdenken. Ich spreche von „Nachdenken", denn jedes der Unterkapitel denkt über andere Fragen nach. Sie denken nicht darüber nach, um Antworten zu geben, sondern um die Fragen selbst zu veranschaulichen.

Meine Interpretation kosmischer Kontingenz gründet sich auf Pascals berühmte Wette. Wir können auf Gottes Existenz wetten, aber auch darauf, dass er nicht existiert. Pascal beweist – und er stützt sich dabei auf die Wahrscheinlichkeitsrechnung –, dass es uns besser ergeht, wenn wir alles auf „Kopf" setzen (die Existenz Gottes), auf den Glauben, dass wir nicht zufällig in diese Welt geworfen sind, sondern durch göttliche Vorsehung. Wetten wir auf Gott und gewinnen wir, gewinnen wir auch ewige Glückseligkeit. Verlieren wir die Wette, verlieren wir gar nichts. Wetten wir jedoch auf Zahl und verlieren, verlieren wir auch die Aussicht auf ewige Glückseligkeit.

Im Gegensatz zu Pascal glauben die meisten Aufklärer, wir sollten alles auf „Zahl" setzten, um dadurch unsere Freiheit zu gewinnen. Die Gleichgültigen weigern sich einfach, zu wetten.

Ich für meinen Teil schlage vor, an der Wette teilzunehmen und alles darauf zu setzen, nicht daran teilzunehmen. Das ist keine Indifferenz, denn ich habe ja an der Wette teilgenommen und auf etwas gesetzt. Worauf? „Ich sollte nicht lügen, noch sollte ich mich täuschen." Ich bezog mich auf eine von Schillers Balladen [„Der Handschuh"]. Der Ritter holt den Handschuh des schönen Fräuleins nicht um einer Belohnung willen aus der Löwengrube und auch nicht, um seine Freiheit zu beweisen. Er setzt sein Leben einfach deshalb aufs Spiel, weil er sich selbst treu bleiben will, indem er tut, was seine Ehre verlangt. (In keinem meiner Bücher spielt Glaube oder Unglaube an Gott so eine wichtige Rolle wie in diesem.)

Kehren wir für einen Augenblick zur Schlange zurück, die sich in den Schwanz beißt.

Im letzten Kapitel des Buches nannte ich unser Zeitalter das „Zeitalter universaler Hermeneutik". Wir können die Fragmente nicht zu einem malerischen Schauspiel zusammenfügen, ebenso wenig, wie wir eine Pyramide aus großartigen Ideen oder eine Kathedrale letzter Wahrheiten bauen können. Es ist mehr unsere Aufgabe, zu bewahren und zu erhalten, den Worten unserer Vorfahren neue Bedeutungen zu verleihen. Wir pumpen das Blut der Alten in unsere blutarmen Venen. „Es gibt keine Gewissheit. Das Spiel ist offen. Der Croupier erwartet unseren Einsatz sofort. ‚Faites vos jeux!' Manche bringen ihren Einsatz, andere setzen aus, aber niemand kann weglaufen."

Wie gesagt, es ist unter meinen Büchern mein Lieblingsbuch. Und das trotz seiner gewaltigen Menge an Fußnoten und Verweisen. Bevor ich es schrieb, musste ich viel lesen, denn um meine Idee umzusetzen, musste ich einige Nebengedanken ins Zentrum stellen – Gedanken von repräsentativen Philosophen und weniger wichtige Arbeiten bedeutender Künstler (das hatte ich von Foucault gelernt).

Hier gleich das musikalische Thema des fünften Kapitels, bestimmt zur Reflexion über Kultur: „Einladung von Immanuel Kant zum Mit-

tagessen". Tatsächlich hat Kant seine Freunde zum Mittagessen eingeladen. Er beschrieb oder besser schrieb wirklich vor, worüber die Gäste
bei welchem Gang der Mahlzeit sprechen sollten und wann auch die
„Damen" teilnehmen durften. Für ihn war der kulturelle Diskurs die
wichtigste Übung moderner Kultur. Das Gespräch unter Freunden über
gemeinsame Probleme, Texte, Ereignisse und Erfahrungen ist nicht nur
lehrreich, sondern auch unterhaltsam. Ziel eines solchen Diskurses ist
nicht Konsens, nicht einmal Überredung oder Entscheidung. Es gibt
keine Gewinner oder Verlierer, denn alle Teilnehmer amüsieren sich und
gewinnen dabei.

(Ich würzte das alles mit einem Stückchen freudianischer Skepsis.)

Das Thema dieses launigen Kapitels (das auch getrennt publiziert
wurde) taucht später in einer ernsteren Variante in „A Theory of Modernity" [„Eine Theorie der Moderne"] als drittes Kulturkonzept wieder auf.
Als Nachsatz zu den Überlegungen zur Kultur folgt noch das Thema der
„alles verschlingenden Moderne".

Alle Kapitel dieses Buches haben Unterkapitel. Eines der Unterkapitel des letzten Kapitels heißt zum Beispiel „Über den Bahnhof" und ist
ebenfalls kontrapunktisch komponiert. Die Darstellung unserer Welten als Welten universaler Hermeneutik habe ich bereits erwähnt. Doch
bezieht sich der Titel nicht auf dieses Motiv, sondern auf eine andere
dominierende Metapher.

Wir leben auf dem Bahnhof der Gegenwart.

Es gab eine Zeit, da waren die Reisenden überzeugt davon, nur wenig
Zeit auf dem Bahnhof der Gegenwart zu verbringen, denn die Eilzüge
trafen rasch ein. Reisende der Gegenwart mussten nur einen der Züge
besteigen, um mit zunehmender Geschwindigkeit zur Endstation zu
fahren, der glänzenden historischen Zukunft. Seither haben wir gelernt,
wohin die Züge ideologischer Fantasien fahren, und zwar nicht bloß
metaphorisch: zur Endstation, nach Auschwitz und ins Gulag.

Die Bewohner der zeitgenössischen postmodernen Welt (hier verwendete ich zum ersten Mal durchgehend den Ausdruck „postmodern")
lernen allmählich, dass sie sich auf dem Bahnhof der Gegenwart nieder-

lassen müssen. Hier werden wir geboren, hier müssen wir leben und sterben. Wir können den Bahnhof verbessern, indem wir ihn wohnlicher gestalten, wir können ihn aber auch zur Hölle machen.

Diese Metapher bot mir zahlreiche unterhaltsame Möglichkeiten. Ich suchte nach Entwürfen, Zeichnungen und Fotografien von Bahnhöfen aus der Zeit, in der Karl Marx „Das Kapital" schrieb. Ich las Geschichten von Bahnhöfen und studierte zeitgenössische Gemälde von Zügen und Bahnstationen (zum Beispiel Monet). Dieselbe Metapher bot Gelegenheit, über die Beziehungen zwischen Welt und Heimat nachzusinnen, einschließlich der Bedeutung des sozialen Raumes. (Viel später, während meiner „Wanderjahre" kehrte ich in einem meiner besten Aufsätze „Wo sind wir zu Hause?" zu diesem Thema zurück.

Ich amüsierte mich über Kants Mittagessen, aber es gab Unterkapitel, die mich eher zum Weinen brachten, wie der „Trauermarsch", ein Nachruf auf die Leichen vieler Millionen Opfer des Totalitarismus, die nicht zu den Klängen eines Trauermarsches beerdigt werden konnten, weil man ihnen auch noch die Möglichkeit zum Heldentod genommen hatte. Dieser Nachruf dient als Kontrapunkt zu *kairos* einerseits und der Apokalypse andererseits. Sowohl *kairos* als auch die Apokalypse werden aus Sicht ihrer Zeitlichkeit erörtert, mit Blick auf die enorme Gefahr, wenn sie vereint werden. Die Mischung ist ein tödlicher Trank, das Gift totalitärer Ideologie, in diesem Fall der tödliche Trank des Nazismus.

Während ich Fragment neben Fragment stellte, tauchten manchmal die modernen Begriffe und Erfahrungen von Zeitlichkeit auf. (Ich würde in meinen „Wanderjahren" in Form einer Vorlesung [mit dem Titel „Time!" [„Zeit!"] auf sie zurückkommen, doch bis heute bin ich mit den mageren Ergebnissen unzufrieden.)

Im dritten Kapitel (Fragment) des Buches kehrte ich zum liebsten Zeitvertreib der Philosophen zurück (ich hatte ihm schon einmal gefrönt, in meinem kleinen Buch über Philosophie aus den Dialogjahren): über Philosophie selbst zu sprechen. Doch diesmal anders. Es ging mir nicht um die Vorgangsweise traditioneller Philosophien. Ich suchte vielmehr in der Überlieferung nach Gedanken und Methoden, die durch Umgestaltung verjüngt und für eine postmetaphysische Philosophie fruchtbar gemacht werden konnten.

Traditionelle philosophische Kategorien erörterte ich, als seien sie dramatische Gestalten, Schachfiguren, Marionetten, deren Fäden die Philosophen auf der Weltbühne ziehen. Jeder Philosoph schreibt ein anderes Stück für sie (sein Stück), und er wechselt dabei Kostüm und Gestalt der Figuren, damit sie in sein spezielles Drehbuch passen. Besondere Aufmerksamkeit schenken die Philosophen der *Vernunft,* denn die ist von Kopf bis Fuß eine philosophische Konstruktion. Sie wurde aus mentalen Fähigkeiten wie Denken, Argumentieren, Urteilen und Unterscheiden sowie zusätzlich der optimalen Umsetzung oder dem Ergebnis dieser Fähigkeiten wie Wissen, Einsicht, Erkenntnis, erwartungsgemäßem Handeln usw. konstruiert. Nachdem der Begriff der *Vernunft* erdacht war, begannen die Philosophen, ihn zu umschwärmen und anzubeten wie einen Gott. Auch *Wille* wurde ein wichtiger Begriff, zumindest seit spätrömischer Zeit, doch hat er inzwischen seine herausragende Rolle verloren, trotz Nietzsches „Wille zur Macht".

Im sechsten Kapitel geht es um Hegels „absoluten Geist" – in ironischer und selbstironischer Darstellung. Den „Geist unserer Gemeinde" und meine ironische Interpretation dazu habe ich bereits erwähnt. Ich kam zu dem Schluss, dass wir nicht nur Gefangene unserer Geschichtlichkeit sind, sondern uns unserer Gefangenschaft auch bewusst werden, wenn wir über unsere Welt ernsthaft nachdenken (was wir als Philosophen nicht vermeiden können). Kann man in einem Weltdrama Regie führen, sein Libretto schreiben, wenn man weiß, dass wir die Figuren erfunden und gestaltet haben und es nicht das Drama „der" Welt sondern bestenfalls das Drama „unserer" Welt sein wird?

Wie ich (in diesem Kapitel) schrieb, hat die griechische Schwester der Philosophie, die Tragödie, die aus der Mythologie geerbten Figuren allmählich abgeschafft. Ein Orest, eine Antigone wanderten zunächst auf die Opernbühne und später an den Rand des Geschehens. Die Tragödie wandte sich neuen Figuren zu, zunächst aus der Geschichte, später aus dem bürgerlichen Leben. Könnte die Philosophie eine ähnliche

Kraftprobe überstehen? Können wir philosophische Welten erschaffen, obwohl wir wissen, dass wir nicht über unsere Nasenspitze hinaussehen? Obwohl nicht nur wir sterblich sind, sondern auch unsere Welt? Bis heute komme ich auf solche und ähnliche nabelbeschauenden Fragen zurück.

Das Zentrum, der Nabel des Buches ist wie gesagt das Kapitel über Wahrheit. Natürlich war das Absicht.

Die Frage nach der Wahrheit wird in jedem Teil unserer Welt anders beantwortet. Am Allgemeinsten fragt man „Was ist wahr?" (und was ist unwahr, also eine Lüge?). Ohne diese Frage und ihre Beantwortung gibt es kein menschliches Leben. Analytisch kann man in dieser Frage verschiedene Varianten unterscheiden (im Buch tue ich das), doch der normal Sprechende wird in der Anwendung dieses Begriffs kaum Unterschiede wahrnehmen.

Die erste Metafrage über die Wahrheit ist: „Was ist Wahrheit?" Diese Frage stellen wir normalerweise dann, wenn unsere Existenz oder die eines anderen auf dem Spiel steht. Sie wird meist von Religionen gestellt und beantwortet, vor allem von monotheistischen.

Doppelgängerin der Metafrage ist die philosophische. Wir fragen zunächst: „Was meinen wir mit ‚Wahrheit'?" Erst danach können wir weitere Fragen beantworten wie „Was ist die Wahrheit?" oder „Was ist wahr oder falsch?" oder „Was ist wahres Wissen, und was ist nur Meinung oder Glaube?" Wie Popper gesagt hat, kann in der Darstellung die Abfolge umgedreht werden, nicht aber in der Erkenntnis.

Ich beendete das zentrale Kapitel mit der Erörterung einiger moderner Begriffe von Wahrheit, etwa dem Hegel'schen (das Ganze ist die Wahrheit) und dem Kierkegaard'schen (Wahrheit ist Subjektivität). Schließlich wandte ich mich Heideggers Geschichte des Seins zu sowie dem altgriechischen Verständnis der Wahrheit als *aletheia* (Unverborgenheit) in der Interpretation Heideggers.

Meine Schlussfolgerung steht jener Heideggers nahe, auch wenn ich sie auf meine eigene Art formulierte: „Die Frage der Wahrheit ist also historisch, doch lernen wir nichts (oder sehr wenig) über die Wahrheit, wenn wir das feststellen. … Die Antwort auf die Frage nach der Wahrheit ist der Kristallisationspunkt der Kulturen. Der vorherrschende Begriff von Wahrheit einer Epoche manifestiert die vorherrschende Kultur dieser Epoche. Können wir sagen, dass es dort, wo es keinen vorherrschenden Begriff von Wahrheit gibt, auch keine vorherrschende Kultur gibt? Oder sollten wir die Möglichkeit erkunden, dass das Fehlen eines vorherrschenden Begriffs von Wahrheit in Wirklichkeit die Manifestation der vorherrschenden Kultur der zeitgenössischen (postmodernen) Welt ist?"

Die Frage legt die Antwort nahe: „Ja, natürlich ist sie das."

Ich habe die Frage der Wahrheit seither viele Male neu durchdacht, aber weiter bin ich nicht gekommen. Doch weil ich zu der Erkenntnis gekommen war, dass es in unserer Zeit keinen vorherrschenden Begriff von Wahrheit gibt, fühlte ich mich frei, jenen anzunehmen, der am besten zu meinem Charakter und zu meiner Philosophie passte. Ich setzte also auf Kierkegaards Verständnis von Wahrheit: Wahrheit ist Subjektivität. Das bedeutet, Wahrheit ist (für mich) die Erkenntnis, die Entdeckung, dass etwas „so ist", in die ich all meine Anstrengungen gesteckt habe. Ein „Sosein", das meine ganze Existenz betrifft, wofür ich stehe, für das ich die Verantwortung übernehme.

*****

Es wäre dumm, wenn ich sagen würde, dass ich an diesem Punkt zur Theorie der Moderne kam. Was immer ich dachte oder schrieb, immer dachte und schrieb ich (auch) über die Theorie der Moderne.

Kommen wir auf einen der Leitgedanken von „A Philosophy of History in Fragments" zurück, nämlich, dass wir immer im Gefängnis unserer Gegenwart eingesperrt sind. In Zeiten, in denen wir das nicht wussten, waren wir keine Gefangenen, wir verstanden den ganzen Kosmos, die ewige Wahrheit, die immerwährende Weltordnung voller Selbstvertrauen von unserer Gefängniszelle aus. Heute hingegen, wo wir wissen, dass wir im Käfig der Gegenwart sitzen, ist die traditionelle Straße, die Straße der

Metaphysik, für uns versperrt. Was auch immer wir schreiben, als Philosophen, Soziologen oder Ökonomen, sei unsere Arbeit bedeutend oder unbedeutend, wir schreiben über unsere Gegenwart.

Um mich wieder auf die Geschichte meiner Philosophie zu beschränken: Dies war für mich von Anfang an der Fall, bis auf den heutigen Tag.

Im Folgenden möchte ich daher keine Kurzdarstellung meiner Theorie der Moderne schreiben, sondern nur über mein Buch mit dem Titel „A Theory of Modernity".

Doch zunächst ein paar Worte über mein Buch „Can Modernity Survive?", „Ist die Moderne lebensfähig?". Das Datum der englischen Veröffentlichung ist 1990, aber die enthaltenen Texte sind früher entstanden. Die späteren (spanischen, ungarischen und deutschen) Übersetzungen enthalten zusätzliche Texte, die nach der englischen Ausgabe geschrieben wurden. Manchmal habe ich auch einen Text durch einen anderen ersetzt.

Hier soll es vor allem um die englische Ausgabe und insbesondere um ihren Titel gehen. Ich hatte bereits seit Langem gesagt, dass unsere moderne Welt ungegründet ist. Den Inhalt dieses bedeutungsschweren Satzes hatte ich jedoch nie umfassend erklärt. Natürlich wissen wir alle, dass „nichts ewig dauert", aber das steht hier nicht zur Debatte. Die Beunruhigung entstand, weil ich die Gleichgewichtsprobleme der modernen Welt erkannt hatte, ihre Instabilität. Plötzlich konnte die Überlebensfrage nicht mehr in die ferne Zukunft verschoben werden. Ich hatte das Problem nicht angesprochen, um eine jederzeit modische apokalyptische Vision auszumalen, eine Vorstellung, die ich damals wie heute für völlig unauthentisch halte. Ich hatte es vielmehr aufgebracht, um es in eine andere Frage zu verwandeln: „Wie kann die Moderne überleben?" Ich machte auch deutlich, wozu ich mich bekannte: zum Überleben der Moderne.

„Ist die Moderne lebensfähig?" ist eine Sammlung von besonders sorgfältig zusammengestellten Studien und Essays. In Stil und Länge sind sie verschieden. Eines haben sie gemeinsam: Sie versuchen, sowohl Voraussagen wie auch Rhetorik und Kulturkritik zu vermeiden.

Wie in beinahe allen meinen Sammelbänden habe ich auch in diesem einen Favoriten. Es ist ein ursprünglich auf einer Konferenz in Honolulu gehaltener Vortrag: „Moses, Hsüan-tsang und die Geschichte". Ich mag ihn nicht nur wegen seines Inhalts (eine Analyse Freuds, die metaphorische Interpretation von Wasser, die Wassertaufe, die Überquerung des Ozeans), sondern auch, weil er gut geschrieben ist. In diesem Essay sprach ich von all jenen, die ihre irdische Reise (wie ich) voller Vertrauen beginnen – doch ohne zu wissen, ob sie das gelobte Land erreichen werden. Da wir nicht vorhersehen können, was die Zukunft bringen wird, weiß niemand, was am anderen Ufer des „Ozeans" liegt. Die gegenwärtigen Seeleute wissen allerdings eines, nämlich, dass das nächste Kapitel der Moderne von ihnen geschrieben werden wird.

Dieser Aufsatz schließt die Sammlung ab, die von einer langen Studie unter dem Titel „Von einer Hermeneutik in den Sozialwissenschaften zu einer Hermeneutik der Sozialwissenschaften" eröffnet wird. In dieser Studie geht es um Probleme, die ich zuvor nicht angerührt hatte und die ich auch später nicht mehr aufgreifen würde.

Die Sozialwissenschaften, schrieb ich, wurden in der Moderne geboren. Ebenso die Hermeneutik. Ich erörterte die gegenseitigen Beziehungen der beiden. Wie erwähnt, würde ich bald darauf in meiner (bereits besprochenen) Geschichtsphilosophie zur Hermeneutik zurückkommen. Ich würde das letzte Kapitel des Geschichtsbuches sogar mit einer Erörterung von Hermeneutik und moderner Kultur abschließen. Doch was die Beziehung zwischen Sozialwissenschaften und Moderne betrifft, war dies mein letztes Wort.

Warum? Wahrscheinlich verabschiedete ich mich mit dieser Studie von der Soziologie. Ich war zehn Jahre lang Soziologin am Institut für Soziologie in Ungarn gewesen (dort abgestellt, weil die kommunistische Partei die Philosophie vor mir schützen wollte). In Australien unterrichtete ich später für neun Jahre in einer Abteilung für Soziologie. Auch wenn ich dort hauptsächlich Philosophie lehrte, gingen die neunzehn Jahre Ehe mit der Soziologie doch nicht spurlos an meinem Denken vorüber. Da ich nun wieder die Hauptrichtungen der Philosophie an einem Institut für Philosophie unterrichtete, musste ich meine Scheidung von den Sozialwissenschaften arrangieren. Es wurde eine sehr freundschaftliche

Scheidung. Ich schloss meinen Text mit Hegels Überzeugungserklärung und Warnung: „Hier ist Rhodos, hier springe!" Ich würde auf diesen Satz als meine eigene Überzeugungserklärung später noch öfter zurückgreifen. Die Sozialwissenschaften, erklärte ich, bieten den Bewohnern der modernen Welt Wissen über sich selbst, ohne die falschen Lorbeeren „der" Wahrheit, „der" Sicherheit, „des" Absoluten zu beanspruchen.

Alle meine Texte, Vorlesungen und Aufsätze dieses Bandes zwischen den „Sozialwissenschaften" und dem Essay über Geschichtsphilosophie griffen einzelne und zu jener Zeit modische Theorien auf, die die Hoffnungslosigkeit und „Dekadenz" der Moderne beklagten. Es ging mir nicht darum zu beweisen, dass die trendigen Klagen falsch waren, das ist eine leichte und vergebliche Mühe. Stattdessen rückte ich die apokalyptischen Visionen der Kulturkritik als Beispiele von elegantem Kulturpessimismus zurecht.

In der zweiten Studie des Bandes ging es um das Problem der „Kolonialisierung der Lebenswelt" (Habermas). Der nächste Text stellte die Frage, ob wir tatsächlich in Zeiten emotionaler Verarmung leben, eine weitere Untersuchung galt der Bedeutung des Slogans „Der Tod des Subjekts", gewürzt mit nicht wenig Ironie. Der nächste Text, „Was ist praktische Vernunft, und was ist sie nicht?", galt wieder der damals dominierenden Kontroverse über den sensationellen Fall Heidegger, während der mit dem Titel „Wieder einmal über den Begriff des Politischen" ein Beitrag war zum Begriff des Politischen, wie ihn Carl Schmitt vorgeschlagen hatte (Freund – Feind). In der Studie „Freiheit und Glückseligkeit in der politischen Philosophie Kants" gab ich erneut meine Stimme für die Freiheit ab, wie es auch Kant getan hatte. Der Essay „Die Rechte, die Moderne und die Demokratie" trat für die Vereinigung der Prinzipien von Demokratie und Liberalismus in einer gut funktionierenden Demokratie ein. Dieser Text hatte auch eine kritische Seite: die theoretische Widerlegung oder besser Zurückweisung des Antiliberalismus von Alasdair MacIntyre, den er in seinem Buch „Whose Justice? Which Rationality?" entwickelt hatte. Ich sollte noch hinzufügen, dass ich die Materie in einem in Pisa gehaltenen Vortrag (veröffentlicht auf Italienisch mit meinen anderen Pisaner Vorlesungen) auf komplexere Weise erörterte und zwischen zwei Arten von Liberalismus und zwei Arten von Demokratie unterschied.

An dieser Stelle springe ich etwas, um kurz über mein gemeinsam mit Ferenc Fehér geschriebenes Buch „The Pendulum of Modernity" [„Das Pendel der Moderne"] zu sprechen.

Da ich beinahe alles, was ich im ersten Kapitel dieses Buches schrieb, bereits in „A Theory of Modernity" im Einzelnen entwickelt hatte, beschränkte ich mich darauf, die Aussage zu erklären, die der Titel andeutete. Dank der ökonomischen Krise der letzten Jahre hat das Buch zusätzliche Aktualität gewonnen.

Fehér und ich kamen zu dem Schluss, dass alle Sphären der Moderne bis zu einem gewissen Grad durch eine Pendelbewegung geprägt sind. Wir konzentrierten uns allerdings auf den ökonomischen Bereich. In der modernen Welt sorgt der Markt für die Verteilung von Waren, Menschen, Dienstleistungen, Eigentum und allem anderen. Den sich selbst regulierenden Markt nannten wir Kapitalismus. Der Markt war nie zur Gänze selbstregulierend. Bereits im 19. Jahrhundert griff der Staat (England) regelnd in den Markt ein. Es war höchste Zeit für eine Intervention, denn wenn der sich allein regulierende Markt Amok läuft, zerstört er sich selbst. Wie Karl Polányi vor langer Zeit in seinem berühmten Buch „The Great Transformation" gezeigt hat, waren selbstregulierenden Märkte die negative Utopie des frühen 19. Jahrhunderts. Staatliche Intervention und Regulierung verbreiteten sich zunehmend, vor allem in der sogenannten „Ersten Welt", bis Umverteilung als wichtigste Aufgabe des Staates galt. (Arendt hat dies scharf kritisiert.) Das Pendel bewegte sich von einem nie ganz erreichten Extrem (dem selbstregulierenden Markt) zum anderen Extrem, das eine funktionierende Wirtschaft nie ganz erreichen kann: totale Umverteilung, totaler Wohlfahrtsstaat, alias Sozialismus.

Gewinnt die Regulierung zu sehr die Oberhand, beginnt die Wirtschaft zu stagnieren. Das Pendel schlägt dann wieder in die andere Richtung zurück, zum selbstregulierenden Markt und zum reinen Kapitalismus, wo schließlich Chaos und Selbstzerstörung drohen. Danach schwingt das Pendel jedoch wieder zurück zu staatlicher Intervention und Umverteilung (vielleicht unterstützt durch neue Technologien – das geschieht derzeit). Aber was hält das Pendel in Bewegung? Wer oder was drückt das Pendel von einem Extrem zurück zum anderen? In Demokratien geben die Wahlen den entscheidenden Impuls.

Kommen wir nun zu meinem Buch „A Theory of Modernity".

Bisher hatte ich dafür den Boden bereitet, jetzt wurde es Zeit, mit dem Schreiben zu beginnen. Der Platz des Buches war lange vorher festgelegt worden: Es würde das letzte Gebäude auf der einen Seite des Hufeisens, gegenüber „An Ethics of Personality" sein, ohne es zu berühren. Die Bauten existieren, aber sie bilden kein System.

Mit diesem Buch beendete ich die Aufbauarbeit, mit ihm endeten meine Aufbaujahre. Ich sagte *adieu* zum Aufbau. Etwas Neues würde folgen.

Ich bin noch immer eine Erklärung schuldig. Ich erzähle hier die Geschichte meines philosophischen Lebens in vier Fortsetzungen oder Teilen. Alle vier Perioden dauerten jeweils fünfzehn Jahre, und bis jetzt hat alles gut ins Schema gepasst. Doch „A Theory of Modernity" wurde nach 1995 geschrieben, also in der nächsten Periode (nach zwei Büchern, die ich im vierten Teil besprechen werde). Es sieht so aus, als hätte das Buch über die Moderne seinen Platz in der Reihe verlassen.

Die Sache war die, dass „A Theory of Modernity" nur ein Kompendium bereits früher entwickelter Theorien war, eine verfeinerte und überarbeitete Zusammenfassung früherer Gedanken. In diesem Buch geschieht nichts überraschend Neues. Es fasst nur eine Linie aus meinem vergangenen Denken, meiner Hauptinteressen zusammen. Alle, die die Ergebnisse meiner lebenslangen Beschäftigung mit der Moderne kennenlernen möchten, sollten dieses Buch lesen. Sie sparen sich den langen Weg, den ich selbst nicht vermeiden konnte. Ich bin diesen Weg Schritt für Schritt gegangen, manchmal musste ich umkehren, manchmal neu beginnen, um schließlich zu einer Art von Zusammenfassung zu gelangen. Das Buch war in meinem Kopf so gut wie fertig, bevor ich mich hinsetzte, um es zu schreiben.

Mein Ausgangspunkt war nicht zum ersten und auch nicht zum letzten Mal die sogenannte „postmoderne Perspektive". Ich griff die Allgemeinplätze der 1990er-Jahre polemisch auf und schickte voraus, was ich mit dem Begriff „postmodern" meinte. Keine Periode, kein Zeitalter nach der Moderne, keine Posthistorie. Aber eine neue Sichtweise, eine neue Art von Selbstverständnis der Moderne. Unser Selbstverständnis, also das der Moderne, hat sich seit der „Hochmoderne" stark verändert. Indem ich diesen Wandel darstellte, fasste ich viele Dinge neu, die ich zuerst in meinen beiden Büchern über Geschichte formuliert hatte. Wir betrachten unsere Zeit nicht mehr als Übergang, eingeklemmt zwischen einer bekannten Vergangenheit und einer völlig anderen Zukunft, sondern eher als Bahnhof der Gegenwart, in dem wir uns niederlassen sollten. Wir glauben nicht mehr an die Doktrinen vom allgemeinen Fortschritt oder Rückschritt, wir teilen nicht mehr die Illusion, dass wir eine privilegierte Position in der „Geschichte der Menschheit" einnehmen. Wir können uns nicht mehr aus der Zukunft legitimieren, denn unsere Wahrheiten erscheinen alle paradox. Wir können uns nicht mehr rühmen, zu jenen zu gehören, die endlich den Stein der Weisen gefunden haben.

Philosophen suchen Vorläufer. Ich finde sie in den Autoren der maßgeblichsten Theorien der Moderne, wie Hegel, Marx und Weber, ohne dass ich irgendeine ihrer Konzeptionen zur Gänze übernehme.

Ich hatte die zwei Komponenten der Moderne zuvor des Öfteren analysiert (die Dynamik der Moderne sowie die moderne soziale Gliederung), zum Beispiel im ersten Kapitel von „The Pendulum of Modernity". Jetzt entstand eine genauere und detailliertere Version. Dies gilt auch für meine Erörterung der drei Logiken der Moderne, denn ihre erste, wenn auch skizzenhafte Fassung stand bereits am Anfang meiner Aufbaujahre.

Worin also besteht die „Dynamik der Moderne"?

Seit es Philosophie gibt, hat sie immer folgende Feststellung wiederholt: „Nicht *dies* ist wahr (schön, gut), sondern *etwas anderes* ist in Wirklichkeit wahr (schön, gut)." „X" ist nur Meinung oder Annahme, „Y" hingegen wahres Wissen. Wir sind dieser Gegenüberstellung bei der Erörterung der dynamischen Gerechtigkeit begegnet. Werden die Normen, Regeln, Sitten, Gesetze oder Glaubenssysteme einer traditionellen Welt durch die oben beschriebenen Sprechakte über längere Zeit von breiten Massen delegitimiert, bricht diese Welt zusammen und verschwindet von der Erde. Eine andere Welt nimmt ihren Platz ein. In einer modernen Gesellschaft geschieht jedoch genau das Gegenteil. Der Sprechakt (das ist nicht gut, etwas anderes ist gut usw.) bedroht ihr Überleben nicht, er ist vielmehr ihre Rettung, eine Vorbedingung für ihr Fortbestehen. Unsere Gesellschaft ist eine unzufriedene Gesellschaft, sie erhält sich dadurch, dass sie die Legitimität ihrer konkreten Normen, Regeln, Glaubenssysteme und die Gerechtigkeit ihrer Institutionen infrage stellt. Deswegen haben wir die Zeitungen erfunden. Nicht nur die moderne Politik, Ökonomie und Wissenschaft, sondern auch Literatur und Mode tanzen nach dieser Pfeife. Das „Neue" nimmt laufend den Platz des „Alten" ein. Was heute gültig ist, wird morgen ungültig, was heute wahr ist, wird morgen unwahr sein. Das nannte ich die „Dynamik der Moderne". In diesem Sinne kann die moderne Gesellschaft als Verwirklichung (traditioneller) Philosophie angesehen werden.

Obwohl diese Dynamik Vorbedingung für Existenz und Funktion der Moderne ist, ist die Dynamik der Moderne nicht zwangsläufig modern. Sie kommt in Krisenzeiten auch in traditionellen Gesellschaften vor. Normalerweise führt sie (nach einer Zeit des Chaos) dazu, dass die alte Welt durch eine neue, ebenfalls traditionelle ersetzt wird (wie beim Sieg der christlichen Welt über das heidnische römische Reich).

Die andere Komponente der Moderne nannte ich „Die moderne soziale Gliederung". In einer der Perioden europäischer Geschichte wurde die starke Präsenz der Dynamik der Moderne zur Geburtshelferin einer neuen sozialen Gliederung. Ihr Erscheinen war nicht „notwendig", sie hätte auch nicht entstehen können. Aber es gab zweifellos einen Punkt (den ich nicht genau bezeichnen kann), an dem die Entstehung der modernen Gesellschaft nicht mehr aufzuhalten war.

Auch mein Verständnis einer modernen sozialen Gliederung beschrieb ich, indem ich früheren Spuren folgte. Mein Ausgangspunkt war wieder einmal die soziale Kontingenz. Wie so oft nahm ich eine Metapher zu Hilfe.

In einer traditionellen Gesellschaft wird das genetische *a priori* eines Neugeborenen in einen Umschlag gesteckt und an eine bestimmte Zeit, Familie, ein soziales Milieu, Leute usw. adressiert (zum Beispiel ein männlicher Sklave in Athen im fünften Jahrhundert vor Christus, oder eine römische Plebejerin im ersten Jahrhundert nach Christus). Die Schicksale der Neugeborenen standen schon an ihrer Wiege, die Möglichkeiten, sie zu ändern, waren begrenzt. In der Moderne hat der Umschlag keine Adresse. Die Menschen müssen ihre eigenen Umschläge adressieren.

In der modernen Welt betrachten wir den grundlegenden Satz der Moderne, „Alle Menschen sind frei geboren", als selbstverständlich. Durch eben diesen Satz gründet sich eine Welt ohne Grundlegung. Wenn wir länger darüber nachdenken, ist dieser selbstverständliche Satz überhaupt nicht selbstverständlich. Das kann er gar nicht sein, denn er ist ein bedeutungsloser Satz („sinnlos" im Sinne Wittgensteins). Doch Funktion und Einfluss eben dieses Satzes sind unermesslich. Wird dieser Satz unterschrieben (wie in allen demokratischen Staaten), sind alle Unterzeichner verpflichtet, alle Menschen als gleich und frei geboren anzusehen und sie auch so zu behandeln.

Auf diese Weise gründen wir die moderne Welt auf Freiheit, doch ist Freiheit eine Grundlage, die nicht grundlegt. Es ist wahr, dass nicht alle diesen grundlegenden Satz unterschreiben, dass alle Menschen frei geboren und gleichermaßen mit Vernunft und Gewissen ausgestattet sind. Rassisten zum Beispiel tun das nicht. Die Gültigkeit des grundlegenden Satzes hängt von den Bewohnern der modernen Welt ab.

Die moderne soziale Gliederung kehrt die Struktur aller vorangegangenen Strukturen um. In allen traditionellen Gesellschaften bestimmt der Platz, auf den man zufällig geworfen wird, jenen Ort, den man in der sozialen Hierarchie einnimmt (soziale Arbeitsteilung). Man muss genau jene Funktionen ausüben, für die man durch seinen ursprünglichen Geburtsort in der sozialen Hierarchie bestimmt ist (Luhmann nannte es das Schichtprinzip). Moderne Gesellschaften basieren hingegen auf Funktionen. Der Platz, den eine Person in der sozialen Hierarchie einnimmt, hängt nicht von ihrem natürlichen Geburtsort ab, sondern von ihrer Funktion. Schon das erklärt den zunehmenden Einfluss von Bildung und der Hierarchie der Bildungsinstitutionen. Deshalb wurde Chancengleichheit zum Ideal der modernen Gesellschaft. Sie löste auch die drei Emanzipationswellen aus (Emanzipation der Juden, des Proletariats, der Frauen).

Natürlich denke ich an das „Modell" der Moderne, nicht ihren empirischen Zustand. Doch das fruchtbarste Territorium, um die Gerechtigkeit anzuzweifeln, ist immer eben jener Ort, an dem die Spannungen zwischen dem Modellzustand und dem empirischen Zustand einer modernen Gesellschaft am stärksten spürbar werden.

Nachdem ich die beiden Komponenten der Moderne unterschieden hatte, wandte ich mich der Darstellung der drei Logiken der Moderne zu. Wie erwähnt musste ich die ursprüngliche Version dieser Theorie überarbeiten, nachdem mir klar geworden war, dass sie nicht zu meiner Beschreibung des totalitären Staates passte. Zuvor hatte ich die drei Logiken bestimmt als: (1) Markt, (2) Wissenschaft und Technologie, (3) Demokratie. Ich hatte erkannt, dass auch der totalitäre Staat modern ist (weil er zwei der drei Kriterien erfüllt), und musste daher das Verständnis und die Beschreibung der dritten Logik, der politischen, modifizieren. Die erste Logik der Moderne blieb die Logik des Marktes, die zweite die Logik von Wissenschaft und Technologie, die dritte wurde zur dauernden Einführung neuer politischer Formen von Staaten, Regierungen und anderer Institutionen.

Was den „Staat" und seine Formen und Institutionen betrifft, war es die Moderne, in der Absolutismus, konstitutionelle Monarchie, Liberalismus, liberale Demokratie, Bonapartismus, totalitäre Diktatur und Wohlfahrtsstaat erfunden wurden. In Verbindung mit Letzterem entstanden auch Menschenrechte, Bürgerrechte, Gewaltenteilung, Konstitutionalismus, Aufteilung und proportionale Aufteilung der Steuern, allgemeine Wehrpflicht und so weiter.

Moderne Wissenschaft und Technologie exemplifizieren die Dynamik der Moderne auf radikale Weise. Sie haben von der Religion die Rolle der vorherrschenden Welterklärung übernommen – was das Wissen betrifft.

Die Regelung von Lebensformen und Ethik wurde nicht ausschließlich zu ihrem Geschäft, denn sie gehören nicht unmittelbar zum Wissensbestand. In diesem Bereich haben Wissenschaft und Technologie sowohl traditionelle wie neue Mitbewerber. Unter den Traditionellen findet sich die Religion, und zu den neuen gehört zuerst und vor allem die Welterklärung des Historizismus.

Der Markt seinerseits beseitigt die Zuordnung und Zuteilung von Bedürfnissen und den Mitteln zu ihrer Befriedigung an Männer und Frauen nach dem Ort, den sie in der sozialen Schichtung einnehmen. In der Moderne nehmen Männer und Frauen ihren Platz in der sozialen Hierarchie nach der Funktion ein, die sie innehaben, deshalb können ihnen konkrete Bedürfnisse und Mittel zu ihrer Befriedigung nicht mehr zugeordnet werden. Zugeordnet werden können und werden hingegen die quantitativen Mittel zur Bedürfnisbefriedigung: Geld. Da ich meine jugendliche Romantik hinter mir gelassen hatte, sah ich in dieser Sachlage nicht ausschließlich „Entfremdung", sondern auch eine Erweiterung unserer Freiheit, auch wenn ich meine Kritik an der Quantifizierung der Bedürfnisse nicht zurücknahm. Aber wenn ich ein wenig nachdenke, dann ist *auri sacra fames* [„der verfluchte Hunger nach Gold"] nicht der Ursprung unserer modernen Welt.

Die drei kurz besprochenen Logiken der Moderne können sich gegenseitig unterstützen, doch sie können auch kollidieren. In unserem gemeinsamen Buch „The Pendulum of Modernity" erörterten Feri und ich eine diese Kollisionen: den Konflikt zwischen dem verteilenden Markt und dem umverteilenden Staat. Heute treten auch Konflikte auf zwischen dem Anspruch der Wissenschaft auf ungestörtes Entwickeln und Experimentieren und den Grenzen, den die Gesetzgebung dieser Freiheit auferlegt, zum Beispiel im Falle des Klonens von Menschen. Jede Logik kann von den anderen beiden begrenzt werden, zumindest eine Zeitlang, aber die weltweite Eliminierung von nur einer Logik würde zweifellos zum Zusammenbruch der modernen Welt führen, mit unabsehbar katastrophalen Auswirkungen. Da taucht wieder meine Frage auf: Kann die Moderne überleben?

Nachdem ich die drei Logiken der Moderne erörtert hatte, wandte ich mich der Kultur zu. Ich unterschied dabei drei Begriffe von Kultur. Die ersten beiden übernahm ich von George Márkus (den anthropologischen Begriff und den der „Hochkultur"). Der Dritte ist von mir, ich habe ihn zum ersten Mal im Kant-Kapitel von „A Philosophy of History in Fragments" erörtert. Es ist die Kultur der Konversation, in der die Themen sehr verschieden sein können, wo jeder sich äußern kann und wo es nicht um Entscheidung oder Konsens geht, sondern um die Freude des gemeinsamen Denkens, die niemanden beleidigt (außer er ist extrem eitel oder neidisch) und jeden anerkennt.

Ich bezog mich auf auf eine Bemerkung von Arendt, die ich für sehr aufschlussreich hielt. Sie hatte gesagt, dass wir von kultivierten Menschen nur im Falle eines möglichen Vergleichs zwischen „uns" und „ihnen" sprechen können, wenn das Andere als beispielhaft gilt. Auf diese Art waren in den Anfängen unserer Geschichte einige Römer „kultivierte Menschen", weil sie Griechisch sprachen und griechische Autoren im Original lesen und kommentieren konnten.

In modernen Zeiten ist das ebenso. Eine kultivierte Person der Renaissance musste antike Autoren auf Griechisch oder Lateinisch zitieren – nicht in mittelalterlichem Latein. In Europa hat es in der Folge immer kanonisierte Künstler und Autoren gegeben (zum Beispiel Dante, Shakespeare, Goethe, Raphael, Leonardo, Cézanne, Proust, Mozart, Beethoven), die jeder kennen, diskutieren und zitieren musste, der jemals den Anspruch erhob, als „kultiviert" zu gelten. Der Kanon wurde immer weiter ausgedehnt. Schließlich sind wir an einem Punkt angekommen, wo er praktisch unbegrenzt ist. An dieser Stelle sprach ich von der „alles verschlingenden Moderne". Kann man sich überhaupt noch auf „kultivierte Menschen" beziehen? Und wenn es sie gibt, können wir von einer kulturellen Elite sprechen? Das soziale Aufgabengebiet der Philosophie reicht nicht bis zur Beantwortung dieser Fragen. Ich stellte daher eine Frage, die ich als Bürgerin eines modernen Staates zu beantworten das Recht habe: „Braucht die Demokratie eine kulturelle Elite?" Auf diese Frage gab ich eine bejahende Antwort.

Man muss Spenglers Theorie nicht übernehmen, um Kultur von Zivilisation zu unterscheiden (vorausgesetzt, man denkt nicht ausschließlich innerhalb des anthropologischen Begriffs). Ich hielt Norbert Elias' Buch „Über den Prozess der Zivilisation" für die beste Interpretation des Wesens und der historischen Entwicklung von Zivilisation. So, wie ich es sah, begann der Fluss des Zivilisationsprozesses, wie ihn Elias beschrieben hat, seit den 1960er-Jahren rückwärts zu fließen. Und weil der soziale Hintergrund des Zivilisationsprozesses nach Elias das Auftreten einer bürgerlichen Klasse und die Ausbreitung eines bürgerlichen Lebensstils in Konkurrenz zu dem feudalen, aristokratischen gewesen war, ist die Umkehrung des Prozesses auch nicht verwunderlich. Die besonderen bürgerlichen Ideen, Vorurteile und Praktiken in Bezug auf Sexualität, Kleiderordnung, Familienbeziehungen, Essgewohnheiten, Bildung, Feierlichkeiten und Mode sind in einer klassenlosen Gesellschaft (wie der unseren) im Wesentlichen obsolet geworden.

Meiner Erörterung der Moderne ließ ich die Analyse zeitlicher und räumlicher Erfahrung folgen. Ich verließ mich dabei im Wesentlichen auf die Theorien meiner engsten Zeitgenossen. Doch ich übernahm auch eine Unterscheidung Kants zwischen „der Welt, die wir haben" und „der Welt, die wir kennen". Der Unterschied zwischen den beiden hat sich inzwischen zu einem Abgrund ausgeweitet. Zudem gibt es immer weniger „bevorzugte Orte", die mit der „Welt" identifiziert werden können (wer sie kannte, kannte die Welt, im 19. Jahrhundert etwa Rom, London und Paris). Im zwölften Kapitel des Buches sowie in einem meiner besten Essays, „Wo sind wir zu Hause?", überdachte ich unsere eigenen Raum- (und Orts-) Erfahrungen. Dabei geht es um den Wandel im Verständnis, in der emotionalen Aufladung sowie der Auswertung des Begriffs und der Erfahrung von „Heimat", von „zu Hause sein".

In den abschließenden Kapiteln des Buches über Ethik, Authentizität und Gesetzgebung fasste ich meine Konzeptionen aus früheren Schriften zusammen und stellte sie in eine relative (sehr relative!) Ordnung.

Mehrere Fragen bleiben im Buch unbeantwortet. Trotzdem schloss ich dieses Kapitel meines Lebens mit dem Geständnis ab, dass ich viel mehr Fragen beantwortet hatte, als ich hätte beantworten sollen.

Punkt. An dieser Stelle höre ich wirklich auf und beschließe fünfzehn Jahre meines philosophischen Lebens – ihre Ergebnisse werde ich immer darlegen können, wenn mich jemand darum bittet, meine Philosophie zusammenzufassen. Dies tat ich in Turin im Jahre 2008.

Genug ist genug. Ich hatte genug vom „Aufbau". Ich musste etwas anderes beginnen. Ich hatte das schon so empfunden, bevor ich mich der „Theory of Modernity" widmete, aber dieses Buch war ich mir noch schuldig. Mein neues Leben musste noch ein wenig warten.

In mehreren Interviews erklärte ich meinen Sinneswandel, indem ich sagte, ich hätte die Aufgabe meines Lebens bereits erfüllt. Ich hatte mir selbst versprochen, die dreckigen Geheimnisse des 20. Jahrhunderts zu lüften, das Geheimnis des unerhörten Massenmords vieler Millionen von Genoziden und dem Holocaust „produzierter" Leichen, alle im Zeitalter des modernen Humanismus und der Aufklärung! Wie konnten Menschen das alles anrichten? Ja sogar mit Freuden, mit Begeisterung? Wie konnte eine Welt, die in Stein gemeißelt hatte, dass alle Menschen frei geboren sind, die Voraussetzungen, Ermutigungen, Belohnungen für völlig irrationale Verbrechen schaffen? Ich gab immer zu, dass ich keine dieser Fragen beantworten konnte, meine intellektuellen Kräfte reichten nicht einmal für eine geringere Aufgabe. Ich sprach dabei insofern die Wahrheit, als ich sagte, was ich dachte. Es blieb mir nichts anderes zu sagen übrig.

Heute bin ich nicht mehr so sicher, ob diese Erklärung ausreicht.

Ein Menschenleben hat einen Rhythmus, eine Art Dynamik, die uns manchmal zu Veränderungen drängt: Wohnsitz, Themen, Lieben, Interessen und andere Dinge zu verändern. Menschen folgen normalerweise ihrem Instinkt. Zumindest habe ich das immer getan. Rückblickend kann ich erklären, warum ich tat, was ich tat. Aber das ist keine Antwort, nur ein weiteres Fragezeichen.

4. Wanderjahre

(1995–2010)

Ich schreibe von meinen Wanderjahren, aber ich versuche nicht, Goethes „Wilhelm Meister" nachzuahmen.

Bereits in den Dialogjahren war ich ein wenig gereist, doch weil ich selten eine Ausreiseerlaubnis erhielt, konnte ich nicht allen Einladungen folgen. Wann immer ich die ungarische Grenze hinter mir ließ, machte ich neue Erfahrungen. Wann immer sich die Grenze hinter schloss, rief ich meine Erinnerungen wach. Unter allen meinen Konferenzerfahrungen nimmt Korčula den Ehrenplatz ein. Herausragende Bedeutung hatte auch eine Konferenz in Frankreich Anfang 1968, organisiert von Lucien Goldman, auf der ich Adorno und Löwenthal traf und meine ersten Eindrücke von einer zukünftigen neuen Linken bekam. Denkwürdig waren drei Besuche in Westdeutschland und eine private Reise mit Freunden nach Italien. Aus späterer Zeit, als ich fahren konnte, wohin ich wollte, sind mir viel weniger dauernde Erinnerungen geblieben.

Das Bewusstsein, dass ich (von Australien aus) reisen konnte, wann und wohin immer ich wollte, erfüllte mich mit Begeisterung, beginnend mit der ersten Reise nach Israel. Allmählich gewöhnte ich mich daran. An Gutes gewöhnt man sich schnell, auch an Schlechtes, wenn auch etwas langsamer. Den Beginn meiner „Wanderjahre" setze ich jedoch nicht mit meiner Ankunft in Australien an, auch nicht mit meinem Aufenthalt in New York. Von Amerika aus besuchte ich vor und nach dem Systemwechsel in Osteuropa nahezu den ganzen Globus. Wenn ich auf dem amerikanischen Kontinent herumfuhr, hatte ich das Gefühl, Nachbarn zu besuchen. Auch damals gab es unvergessliche Reisen, besonders nach

Mexiko, Argentinien, Kolumbien, Brasilien, Peru, aber viele von ihnen habe ich doch fast vergessen.

Meine Wanderjahre, wie ich sie hier nennen werde, begannen 1995 mit dem Tod meines Mannes. Seit dieser Zeit verbrachte ich die meiste Zeit „zu Hause" in Budapest – abgesehen von den fünf Monaten, die ich jedes Jahr in New York unterrichtete. Von New York aus konnte ich kaum noch reisen, denn (dank eines Freisemesters) war ich verpflichtet, im Herbst mehr Lehrveranstaltungen abzuhalten als gewöhnlich. Die durch Wochen auf Reisen ausgefallenen Termine hätte ich nicht aufholen können. Ich konnte also nur in Budapest abheben und wieder landen. Man beginnt seine Reise zu Hause und kehrt nach der Reise auch dorthin zurück.

Seit Feri 1994 gestorben war, musste ich immer alleine reisen. Das Reisen wurde zu meiner Lebensform. Es scheint, als hätte ich erst alt werden müssen, damit der große Traum meiner Kindheit wahr wird. Als ich neun oder zehn war, entschloss ich mich unter dem Einfluss der Lektüre von Reisetagebüchern, „Weltreisende" zu werden, wenn ich erwachsen wäre. Mein Vater fragte mich, wer das bezahlen würde. Jetzt habe ich die Antwort. Ich genoss es und tue das immer noch. Weil man mich dauernd fragt, ob das viele Reisen mich nicht erschöpft, muss ich hier antworten: Das tut es nicht.

Seit 1994 verlasse ich mich nicht mehr allein auf mein Gedächtnis. Ich führe ein Tagebuch, in dem ich Aufzeichnungen über meine Reisen mache (etwa zwölf im Jahr). So kann ich sie ohne Fehler nachvollziehen. Einmal habe ich mit der Idee gespielt, die Geschichte meiner Reisen zu schreiben, zumindest für mich selbst, doch ich gab sie bald wieder auf, ich fand, das war eine schlechte Idee.

Inwiefern gehören die Reisen zur Geschichte meiner Philosophie?

Für jede einzelne Konferenz muss man einen Vortrag schreiben (mit Ausnahme einiger weniger Workshops). Ich gehöre zu einer alten und gewissenhaften Generation, für die es zu den ungeschriebenen Regeln gehört, dass man denselben Vortrag in derselben Sprache nicht zweimal hält, auch in entlegenen Teilen der Welt, und dass man niemals einen bereits veröffentlichten Text vorträgt, auch wenn die Zeitschrift oder Textsammlung, in der er veröffentlicht wurde, völlig unbekannt ist. Im Allgemeinen schreibe ich also für jede Tagung einen neuen Text.

Ich werden als „Spezialistin" für bestimmte Bereiche angesehen (was ich nie war), deshalb musste ich mehrere verschiedene Vorträge über dasselbe oder ein ähnliches Thema halten – zum Beispiel Ethik, Glück, totalitäre Diktaturen, Demokratie, Geschichtsphilosophie und Fundamentalismus – wie auch über einige wenige Denker, etwa Hegel oder Arendt. Über jedes der aufgezählten Themen habe ich mindestens vier Vorträge verfasst. Doch weil ich nach meinen Aufbaujahren aufgehört hatte, zu diesen Themen Neues zu erfinden, konnte ich nichts mehr sagen, das mich selbst anregte oder begeisterte. Ich habe mich immer bemüht, den Zuhörern etwas Neues oder Überraschendes zu bieten, aber das war nie mein besonderes Anliegen. Ich liebe das Schreiben, aber nur, wenn es mit Begeisterung geschieht, und das geht nur, wenn ich etwas Neues für mich entdecke. Deshalb musste ich etwas Neues in jeden dieser Vorträge schmuggeln, auch wenn es keine wesentlichen Ideen betraf.

Diese Vorträge wurden meist in Sammelbänden zu Konferenzen publiziert, in Zeitschriften und manchmal auch in Sammlungen meiner Texte, vor allem auf Italienisch, Spanisch, Katalanisch und Ungarisch. Ich erinnere mich nicht an alle, aber manche mag ich.

Zu ihnen gehört auch das bereits erwähnte „The Two Pillars of Modern Ethics" [„Die beiden Säulen moderner Ethik"], mit „dem anständigen Menschen" als erster Säule, dessen Beschreibung einfach eine Zusammenfassung dessen ist, was ich in meinen Ethik-Büchern darüber geschrieben hatte. Die zweite Säule ist „der gute Bürger". Beim Nachdenken über den „guten Bürger" konnte ich auf die Erörterung der Unabhängigkeitserklärung zurückgreifen (die ich am Beginn meines Australienaufenthaltes begonnen hatte), diesmal in Verbindung mit der Theorie des „Naturrechts". Meinen Lieblingsessay „Wo sind wir zu Hause?" habe ich bereits erwähnt. Ich mag auch „European Master Narratives About Freedom" [„Europäische Masternarrative über Freiheit"]. Dort biete ich eine neue Theorie über „Masternarrative" an – auch eine Ergänzung zur Kulturtheorie. Jede

Kultur hat ihr eigenes Masternarrativ, schrieb ich, also Erzählungen, die organisch in ihre Textur verwoben sind, im kollektiven Gedächtnis, auch im Gedächtnis jener, die die Geschichten selbst gar nicht kennen. Die Masternarrative der europäischen Kultur sind in meinen Augen einerseits die Bibel und andererseits die griechisch-römische Geschichte und Philosophie. Außerdem gefällt mir mein Essay über die Schönheit der Freundschaft (er ist meines Wissens nur auf Englisch in einem Band über Freundschaft erschienen) und „Politics After the Death of God" [„Politik nach dem Tod Gottes"], wo ich unter anderem die Nachwirkungen von Nietzsches berühmtem Diktum (des „tollen Menschen") über den Tod Gottes erörtere. Da ich Nietzsche erwähne, muss ich auch auf meinen Essay über Zarathustra unter Titel „Does It Matter to Whom We Speak?" [„Spielt es eine Rolle, mit wem wir reden?"] hinweisen sowie auf meine Studie zu Sartres Verhältnis zu den drei Hs (Hegel, Husserl, Heidegger). Die beiden letzten wurden nur auf Ungarisch publiziert.

In einigen meiner Texte, die auf Ungarisch geschrieben und/oder in ungarischen Sammelbänden veröffentlicht wurden, geht es um aktuelle Probleme ohne Bezug zu meinen Büchern. Meist umkreisen sie das Thema „Identität". Nach wie vor mag ich „Der Fremde" sowie „Die Repräsentation von Identität oder Anderssein". Einer, „Das mehrdeutige Erbe des Hylemorphismus", wurde durch eine Ausstellung chinesischer Bronzen im New Yorker Guggenheim Museum angeregt und entstand auf Ungarisch für eine Konferenz. Ich verfolgte (eine Zeitlang) die Idee, allseits beliebte und selbstverständliche Metaphern der philosophischen Vergangenheit zu enthüllen und auseinanderzunehmen, wie „Materie und Form", „rein", „Körper und Geist", „natürliches Recht" und so weiter. Nachdem ich den Aufsatz über Hylemorphismus (Materie und Form) geschrieben hatte, folgte ich diesem Interesse nicht mehr und griff die Idee nur noch gelegentlich auf, zum Beispiel in einem Essay mit dem Titel „Verkörperung" (nur auf Ungarisch). Auf einen Text möchte ich noch zurückkommen, nämlich „Time!", in dem ich nicht „Zeit" analysiere, sondern die verschiedenen Vorstellungen von Zeit, die im modernen Diskurs vorkommen.

Zahllose Konferenzen wurden (und werden) über berühmte und hervorragende philosophische Gestalten veranstaltet. Hegel und Arendt habe ich bereits erwähnt wie auch die vier Texte, die ich über sie geschrieben habe. Hinzu kamen (neben den antiken Philosophen) Lukács, Nietzsche, Rorty, Heidegger, Derrida und Foucault. Am nächsten ist mir wohl immer noch der Text über den Unterschied zwischen Erinnerung und Gedächtnis bei Hegel (nur auf Deutsch). Zu meinen Lieblingen gehört auch der Text für den Kant-Kongress in Berlin. Nicht nur, weil ich über das geliebte Thema „Kritik der Urteilskraft" schrieb, sondern auch, weil ich darüber etwas Neues zu sagen hatte (was nicht einfach ist), und zwar bei der Charakterisierung der musikalischen Metaphern in der latent politischen Philosophie der dritten „Kritik". Meine subjektivsten Texte entstanden zu Lukács, Foucault und Derrida, weil ich diese Männer sehr mochte.

Ich habe keine Einladung abgelehnt, weil von mir nur eine Variation eines alten Themas erwartet wurde, aber ich war immer begeistert, wenn es um eine brandneue Herausforderung ging. Dann musste ich über etwas nachdenken, über das ich vorher noch nie ernsthaft nachgedacht hatte. Ich liebte und liebe immer noch Aufträge, die wohltuende Abenteuer auf neuen Gebieten versprechen.

Ich hatte das Glück, dass mich Gudrun Wagner einlud, Proben zu Wagners Musikdramen in Bayreuth zu begleiten. Fünf Jahre lang verbrachte ich eine Woche im Sommer mit Wagner. Und nicht nur mit Wagner, sondern auch mit Musikwissenschaftlern, Musikkritikern und Musikphilosophen. Darunter waren Manfred Frank (der später ein Buch über Wagner geschrieben und dabei die gemeinsame Zeit in Bayreuth mit einiger Nostalgie erwähnt hat), Lydia Goehr, Otto Kolleritsch, Theo Hirsbrunner und andere. Es war eine unvergessliche Erfahrung, nicht nur die Aufführungen selbst, sondern auch die Gespräche, Interpretationen während der langen Pausen und nachher in einem Restaurant, jedes Jahr mit denselben Personen.

Ich hatte schon viel früher über Musik geschrieben, auch wenn ich eine völlige Dilettantin war und blieb, zum Beispiel in meinen Lehrjahren, über Kierkegaards Musikphilosophie. Nach einer Weile wurde ich vorsichtiger und achtete mehr darauf, meine große Liebe zur Musik nicht mit Expertise zu verwechseln.

Dies gilt bis heute. Vor einigen Jahren hätte ich gern etwas über Händels Oratorien geschrieben, inspiriert von einem meiner Lieblinge aus den Teenagerjahren zum selben Thema (ich glaube, der Autor war Romain Rolland). Ich kaufte alle Oratorien, die ich finden konnte (nicht alle waren lieferbar) in verschiedenen Aufnahmen. Ich gebe zu, ich habe sie bis heute nicht alle angehört (außer die von „Samson"). Denn inzwischen war mir klar geworden, dass dieses Thema nicht von einer Dilettantin behandelt werden konnte, dass es eine Grenze gibt, auch für mich.

Trotzdem führten die Juli-Begegnungen zu zwei Texten. Der erste entstand für einen Band über das Nachleben von Don Giovanni. Mit großem Selbstvertrauen wählte ich ein Thema, das keine musikalische Expertise erforderte: den entzückenden und klugen Don Giovanni, wie ihn George Bernard Shaw in „Mensch und Übermensch" karikiert hat. Der Titel, „Don Juan im Schatten Nietzsches", weist auf Shaws meisterhafte Vereinigung seiner (und meiner) beiden Lieblinge in einem Theaterstück hin. Meine zweite „musikalische" Studie wurde für eine Konferenz in Graz mit dem Ziel geschrieben, zeitgenössische Operninterpretationen, Opernregie und die Art zu verteidigen, wie Opern heute auf die Bühne gebracht werden. Dieser Aufsatz hatte Folgen, nicht nur in meinen Schriften, zum Beispiel in „What is Postmodern?" [„Was ist postmodern?"] und anderen, in denen ich mich ebenfalls für die moderne Opernregie einsetzte, sondern auch im persönlichen Leben. Ich lasse keine Gelegenheit aus, neue, innovative Opernaufführungen zu genießen.

Unter den Auftragsstudien für verschiedene Sammelwerke mag ich vor allem meine ausführliche Studie über die Frankfurter Schule. Das Thema gab mir die Möglichkeit, meine Geschichte vom Untergang der Schulen zu erzählen. Außerdem versuchte ich, Horkheimers unverdienten Ruhm zu untergraben.

Hier noch andere Studien, die ich für erwähnenswert halte – sie wurden für Konferenzen geschrieben. Es gibt zum Beispiel eine mit dem Titel „World" [„Welt"], in der ich den Begriff „Welt" sowohl in seiner

Singular- wie in der Pluralform zerlege. Eine andere ist „The Non-Tragic Drama as the Myth of the American Democracy" [„Das nicht tragische Drama als Mythos der amerikanischen Demokratie"] für eine amerikanische Konferenz. Ich mag sie, weil sie mir Gelegenheit bot, über den Mythos des Wilden Westens sowie über Ethik und Wirkungen amerikanischer Gerichtsdramen zu sprechen.

*****

An dieser Stelle muss ich die Geschichte meiner Philosophie kurz unterbrechen.

Ich muss zugeben, ich kann nicht leben, ohne mich irgendwie in Politik oder bei Themen einzumischen, die ich für politisch halte. Das unersättliche Interesse keimte bereits, als ich vier Jahre alt war und mein Vater mir vom Aufstand der Wiener Arbeiter und vom ersten offen rassistischen ungarischen Ministerpräsidenten Gyula Gömbos erzählte. Man könnte sagen, mein eigenes Leben hat eine Wendung genommen, die mich diese frühen Lehren nie vergessen ließ. Doch diese Erklärung reicht nicht aus. Wie viele Überlebende des Holocaust (wie meine Mutter) betonten immer wieder, dass sie genug hätten von Krieg, Mord und Politik und dass sie nie wieder etwas davon hören wollten?

Ich selbst jedoch blieb an „Politik" (was immer das heißt) mein ganzes Leben lang zutiefst interessiert. Was in der näheren und weiteren Welt vor sich ging, hat mich immer leidenschaftlich interessiert. Nicht nur zu Kádárs Zeiten, in denen mein Schicksal (und das meiner Freunde) weitgehend von Politik abhängig war, sondern auch danach, in Österreich und Amerika, dann wieder in Ungarn und bis zum heutigen Tag. Anfangs hegte ich die Illusion, dass ich den Lauf der Welt ändern könnte, aber auch als ich sie aufgab, äußerte ich weiterhin meine Meinung und stellte mich in den Dienst mancher Anliegen, ob ich sie nun genau bestimmen konnte oder nicht.

In meinem Bericht über die Jahre in Australien habe ich erwähnt, dass ich meine Philosophie von meinen politischen oder gar ideologischen Interventionen trennte. Doch in den gemeinsam mit Feri entstandenen

Büchern, denen, die ich als Interventionen betrachtete, schrieb ich auch immer als Theoretikerin. Nur in meinen Zeitungsartikeln versuchte ich das zu vermeiden, doch es gelang mir nicht immer.

Der Systemwechsel in Ungarn war ein Wendepunkt.

Zum ersten Mal in meinem Leben fühlte ich mich als Bürgerin im eigenen Land. Mit dem neuen Status ging auch ein Wandel meines politischen Engagements einher. Solange Feri lebte, schrieben wir einige Artikel gemeinsam. Hätte er länger gelebt, hätten wir vielleicht weiterhin wie zuvor im Bereich der Intervention gearbeitet. Das kann ich natürlich nicht sicher wissen. Tatsache ist, dass ich nicht weitermachte.

Sie könnten mich fragen, was ich denn dann tue? Sind meine Texte über die sogenannte „jüdische Frage" und vor allem mein kleines Buch „On the Unresolvability of the Jewish Question" [„Über die Unlösbarkeit der jüdischen Frage"] keine Interventionen? Ich denke nicht, und ich glaube auch nicht, dass Schubladendenken wichtig ist.

Natürlich haben meine Schriften über die jüdische Frage (auf die ich noch zurückkommen werde) auch direkte politische Implikationen. Doch wenn ich diese anspreche, dann nicht als Theoretikerin, sondern vor allem als Staatsbürgerin. Das gilt auch, wenn ich in einem konkreten politischen Zusammenhang über Demokratie oder Fundamentalismus spreche. Wenn ich gefragt werde und etwas zu sagen habe, vermeide ich überall, in allen Medien philosophische Terminologie und spreche eine Sprache, die jeder verstehen kann.

Es ist kein Geheimnis, dass ich Philosophin bin, und ich werde das auch nicht verbergen. Als Philosophin, die viel von der Welt gesehen und viele Erfahrungen gemacht hat, genieße ich eine gewisse Autorität. Aber ich möchte niemals den Eindruck vermitteln – auch jenen nicht, die meine Ideen mögen –, dass meine Art, ein Problem zu sehen und zu erörtern, die einzig richtige ist. Ich bin eine von vielen Stimmen.

Viele meiner Freunde kritisieren mich dafür. Warum trete ich im Fernsehen auf? Warum all diese Selbstdarstellung?

Ich rate niemand anderem, dasselbe zu tun, wenn er dazu nicht neigt. Ich hingegen habe bis zum heutigen Tag das Gefühl, dass es sich lohnt, seine Meinung zu sagen, sogar wenn niemand zuhört. Wenn doch jemand zuhört, nehme ich das als Bonus.

Ein paar letzte Worte noch zu meiner „populären Seite", bevor ich zur Geschichte meiner Philosophie zurückkehre.

Mein populärstes Werk in Ungarn habe ich nicht selbst geschrieben. Es ist meine Autobiografie „Der Affe auf dem Fahrrad", zusammengestellt aus einer Reihe von langen Interviews mit János Kőbányai. (Sie wurde auch auf Deutsch und Holländisch veröffentlicht.) Dank János Kőbányai kennen mich auch Leser, denen meine philosophischen Bücher zu schwierig sind.

Ich habe auch Memoiren geschrieben, „New York Nosztalgia", die sich an meine ungarischen Freunde wenden. Wie der Titel vermuten lässt, schaue ich auf die mehr als zwanzig Jahre meines Lebens in New York zurück – mit Wärme und Zuneigung.

Als Kämpferin für eine Ethik der Persönlichkeit kann ich nicht abstreiten, dass das Leben einer Person vor allem ihr eigenes Werk ist, und das trifft auch auf mein eigenes Leben zu. Doch ein Leben hat mehrere Geschichten. Über dasselbe Leben kann man verschiedene Geschichten erzählen, auch meines. Dies ist nur eine davon.

*****

Jetzt, da ich endlich bei der Geschichte der letzten fünfzehn Jahre meines Leben angekommen bin, gerate ich ziemlich in Verlegenheit. Es war leicht, Werke und Gedanken zusammenzufassen, die mich in den fünfzehn Jahren davor beschäftigt haben, doch es ist schwierig, dasselbe mit den Jahren nach 1995 zu tun. Da ich nichts „aufgebaut" habe, gibt es auch keine Gebäude. Erst besticke ich einen Mantel, dann den nächsten, dann wieder einen dritten. In diesem Sinne kehre ich zu meinen Dialogjahren zurück. Es gab keine andere enge Beziehung zwischen den vier Büchern, die ich damals für maßgeblich hielt, nur meine Persönlichkeit und mein Engagement. In der Periode, um die es jetzt geht, gibt es fünf solcher Bücher, aber das macht keinen wesentlichen Unterschied. Diese fünf Bücher sind – in der Reihenfolge ihres Erscheinens: „The Concept of the Beautiful" [„Der Begriff des Schönen"], „The Time is Out of Joint" [„Die Zeit ist aus den Angeln"], „Immortal Comedy" [„Unsterbliche Komödie"], „Behold, Here I Am/Imhol vagyok" [„Siehe, hier bin ich. Philosophische Interpretationen des Buches der Schöpfung"] und „The Contemporary Historical Novel" [„Der zeitgenössische historische Roman"].

Die Variationen, Verzweigungen und Verästelungen der Hauptmotive oder Themen sind vielfältig, aber es gibt auch Waisenthemen ohne Familienanhang. Einer der Gründe könnte die Zunahme von Auftragsarbeiten sein. Manche von ihnen sind Fremde für meine Vergangenheit, aber sie werden für meine Gegenwart immer spannender.

Das war das Schicksal zweier Essays von mir, einer über die Romane von Singer, der andere über die von Stefan Zweig. Ich liebte Singer, seit ich seine Romane und Kurzgeschichten gelesen hatte, doch war es mir nie in den Sinn gekommen, darüber zu schreiben, bevor ich den Auftrag dazu erhielt. Stefan Zweig hatte ich schon vergessen, erst ein Auftrag führte dazu, dass ich ihn mit großer Freude wiederentdeckte. Um über Imre Kertész und seinen „Roman eines Schicksalslosen" zu schreiben, benötigte ich keinen Auftrag, ich liebte das Buch gleich beim ersten Lesen und schätzte es als großen Roman und als poetisch authentischstes Porträt des Holocaust in seiner breitesten Dimension. Wenn es mir gestattet ist, mich kitschig auszudrücken: Ich schrieb diesen Essay mit Herzblut.

In diesen Jahren beeinflussten Freud und die Psychoanalyse mein Denken. Der Einfluss blieb rein theoretisch, denn ich war selbst nie in Analyse. Freud inspirierte mich zu einem Beitrag zum Streit über sein Moses-Buch und später zu einem dünnen Buch („Trauma"), von dem das meiste für eine australische Konferenz vorbereitet wurde. Es erörtert das Phänomen des Traumas theoretisch und veranschaulicht es anhand verschiedener Fälle, wie Donna Anna aus Mozarts Oper (Vergewaltigungstrauma), wie dem Holocaust-Trauma und anderen.

Es gab auch Philosophenporträts. Zusätzlich zu den Porträts toter Meister, die mich in allen vier Lebensphasen beschäftigten, zeichnete ich auch intellektuelle Porträts von Freunden aus meiner Jugend, George Márkus und Mihály Vajda – als Zeichen der Dankbarkeit, die ich ihnen schuldete. Ich malte auch kürzere oder längere Porträts von oder Betrachtungen über meine großen älteren und jüngeren Zeitgenossen, wie Foucault, Derrida, Heidegger, Habermas, Putnam, Rorty und andere. Zudem reflektierte ich philosophische Texte meiner jüngeren ungarischen Freunde.

Unter all diesen Arbeiten ist mein Buch über Leibniz die anspruchsvollste. Ich beendete es 1993 auf Englisch, auf Ungarisch erschien es 1995, bisher noch in keiner anderen Sprache. Dieses Buch hat nichts mit Aufbau zu tun und war auch kein Auftragswerk. Ich schrieb es allein zu meinem Vergnügen. Ursprünglich wollte ich ein Buch mit dem Titel „Leibniz and Other Unorthodox Platonists" [„Leibniz und andere unorthodoxe Platoniker"] zusammenstellen. Mein Herz sehnte sich danach, in die Zeit der Renaissance zurückzukehren, die ich mehr als dreißig Jahre zuvor verlassen hatte. Die beiden anderen „unorthodoxen Platoniker" des Buches wären Nikolaus von Kues und Marsilio Ficino gewesen. Das Buch über Leibniz erschien ohne sie. Die Aufsätze über beide schrieb ich trotzdem. Sie erschienen unabhängig voneinander in zwei ungarischen Bänden.

Natürlich lebte Leibniz nicht in der Renaissance. Doch ganz ähnlich wie Goethe, einem meiner Lieblinge in den Dialogjahren, bewahrte auch er etwas vom Geist des Platonismus der Renaissance, zumindest in seiner Metaphysik und besonders in seiner Theorie der Monaden.

Ich habe erwähnt, dass das Leibniz-Buch auf Ungarisch für sich erschien, und das auch noch in einer entstellten Form. Aufgrund von Umfangbegrenzungen wurde das letzte Kapitel weggelassen, das als modernes Kronjuwel gedacht war (modern in dem Sinne, dass es ironisch war). Der Titel klingt so: „Fragmente aus dem Briefwechsel zwischen Kundera und Leibniz". Es geht um einen imaginären Dialog oder eine imaginäre Korrespondenz zwischen Leibniz, wie er in Kunderas Roman „Die Unsterblichkeit" auftritt, und Leibniz' Geist, seiner Monade, seinem Astralleib aus dem Jenseits. Es war als ernsthafter Scherz gedacht.

Der Text war zwar scherzhaft, aber auch ernst gemeint, denn ich schlug darin eine alternative Leibniz-Interpretation vor. Ich liebte dieses Kapitel und wollte es eigentlich nicht weglassen. Es wurde später auch publiziert (in einer Sammlung), aber ohne den Kontext hat es keine Bedeutung.

Auch ein anderes, längeres Buch aus dieser Zeit, „The Concept of the Beautiful" (auf das ich gleich noch zurückkomme), schließt mit Scherzen.

Danach gab ich das philosophische Scherzen auf, denn in meinem Buch über die Komödie konnte ich viel bessere Scherze präsentieren als meine eigenen.

*****

Wenn ich vom letzten Teil des Buches absehe, macht „The Concept of the Beautiful" [„Der Begriff des Schönen"] (übersetzt aus dem englischen Original und – ohne das einführende Kapitel – nur auf Ungarisch veröffentlicht) den Eindruck eines Kompendiums mit nostalgischem Einschlag. Ich kehrte zu vielen meiner Lieblingsthemen und Lieblingsautoren zurück, und zu den meisten sagte ich auch *adieu*. Das Buch ist zugleich eine Ouvertüre, das Vorspiel zu meinen zukünftigen Büchern mit ästhetischen Themen.

Ich glaube nach wie vor, dass es kein schlechter Zug war, die Welt der Kunsttheorie mit einem Buch über das Schöne zu betreten. Ich kannte die Werke von Hans Belting noch nicht. Hätte ich von ihm gewusst, hätte ich einen Grund mehr gehabt, mit dem Verlust der Vorherrschaft des Begriffs von „Schönheit" zu beginnen. Nach Belting war die dominierende Frage der Kunsttheorie im 19. Jahrhundert „Was ist Schönheit?". Im 20. Jahrhundert wich sie der Frage „Was ist Kunst?" (Belting würde ich später in einem längeren Essay „Autonomy of Art or the Dignity of the Artwork" [„Autonomie der Kunst oder die Würde des Kunstwerks"] erörtern.)

Das Problem des Niedergangs des Begriffs von Schönheit war nicht ganz neu für mich, ich hatte schon früher vom Schicksal der drei metaphysischen Ideen des Wahren, Guten und Schönen gesprochen, vom Wandel aller drei und vom zunehmend problematischen Charakter des

Begriffs des Schönen. Diesmal begann ich eine genaue Analyse der Metamorphose des „Schönen", auch im Bezug auf – unter anderem – eine Arbeit des jungen Lukács, der das „Schöne" als metaphysische Kategorie beschrieb. (Wie erwähnt erschien die Einführung zum Buch – „What Went Wrong With the Concept of the Beautiful?" [„Was ist mit dem Begriff des Schönen geschehen?"] – auch gesondert auf Deutsch.)

Der erste Teil des Buches behandelt die historischen Wechselfälle der Idee. Trotzdem ist es keine Geschichte der Philosophie. Eine Rolle spielen nur jene Philosophen, die ein Masternarrativ über die Schönheit durch ein anderes ersetzt haben. Platon, der das erste Masternarrativ erfand, beherrschte den Diskurs fast 2000 Jahre lang, die modernen Innovatoren folgten einander in einem Staffellauf von zunehmender Geschwindigkeit, bis sie am Ende das Staffelholz verloren. (Man muss nicht an die Dynamik der Moderne denken, um das zu erkennen.)

Den ersten Schlag erlitt die metaphysische Idee des Schönen in der „kopernikanischen Wende", die in der Ästhetik früher umgesetzt wurde als in der Epistemologie (von Adam Smith bis Kant). Es war nicht mehr die Idee des Schönen, der man sich nähern musste, sondern das Geschmacksurteil, das die Schönheit bestimmte. Ich sprach vom Versuch Hegels, die Objektivität der Schönheit zu retten, indem er den Begriff mit dem eines perfekt gestalteten Kunstwerks gleichsetzte, und ich erzählte auch die Geschichte vom Scheitern des Versuchs.

Der zweite Teil des Buches erörtert die Fragmentierung des Begriffs des Schönen in der postmetaphysischen Ära. Bereits im Hegel-Kapitel der „Philosophy of History" hatte ich darauf hingewiesen, dass Fragmentierung ein Symptom unserer Zeit ist. Ich hatte gezeigt, wie verschiedene postmetaphysische Philosophien das eine oder andere Fragment der vorangegangenen „holistischen" Idee bewahren. Kierkegaard spricht von schönen Lebensformen („Entweder – Oder"), Nietzsche über die schöne Traumwelt („Die Geburt der Tragödie"), Freud über die Schönheit der Melancholie („Vergänglichkeit", 1916), Adorno über Schönheit als Glücksversprechen („Figaros Hochzeit", Akt IV). Dann kam der Scherz (im dritten Teil) – möglicherweise ist er nicht sehr komisch.

Ich wollte etwas zum zeitgenössischen Verständnis des Schönheitsbegriffs sagen, dieses Mal nicht dem philosophischen. Erstens, weil sich zeitgenössische Philosophie nur selten darum schert, zweitens, weil ich mit Collingwoods sarkastischem Vorschlag haderte, dass man heutzutage nur noch ein Steak als schön bezeichnen könne. Das würde bedeuten, dass der Begriff des Schönen nicht nur fragmentiert, sondern auch banal geworden wäre.

Als Rahmen benutzte ich eine Geschichte. Ein Magazin namens „CARE" schreibt einen Wettbewerb für Arbeiten aus, in denen der Begriff des Schönen erörtert wird. Die besten Essays werden veröffentlicht.

Der Chefredakteur und sein Stellvertreter sind identisch mit den beiden Protagonisten von „An Ethics of Personality", Joachim und Lawrence, nur sind sie inzwischen alt geworden.

Die Rahmenhandlung kann man vergessen, sie ist wirklich ein Scherz. Die Siegeressays sind es nicht. Ganz normale Menschen – manche allerdings wunderlich oder komisch – sprechen über die Widersprüche unserer Zeit. Was ist guter Geschmack? Kann man in einer zeitgenössischen Ausstellung beurteilen, ob ein Werk schön, kitschig oder stümperhaft ist? Wer, wenn überhaupt, hat die Autorität, ein ästhetisches Urteil abzugeben? Auch wenn es um die Schönheit eines Mannes oder einer Frau geht? Jene, die sie lieben? Oder die Jury eines Schönheitswettbewerbs? Was macht eine Landschaft schön? Warum ist eine Tropfsteinhöhle schön? Wie ändert sich der Geschmack im Urteil über natürliche Schönheit? Gibt es noch eine Beziehung zwischen dem Schönen und dem Guten? Nicht wenn man eine Zahnprothese beurteilt, aber zum Beispiel in einem Film? Stimmt es, dass es ohne die Erfahrung von Schönheit keinen Begriff von Schönheit gibt? Gibt es eine Beziehung zwischen emotionaler Intensität und Offenheit für Schönheitserfahrungen? Können wir von der Schönheit von Freundschaften sprechen? Hat Schönheit (noch) etwas mit Harmonie oder Symmetrie zu tun? Hat es etwas zu bedeuten, wenn wir von der Schönheit einer Form sprechen? Oder dürfen wir einem Professor glauben, dass das Schöne die größte aller Lügen ist?

Warum sind die in den Einreichungen für den Wettbewerb formulierten Gedanken nicht lächerlich, auch wenn manche komisch sind? Weil ich durch sie und mit ihnen etwas sagen wollte, das ich nicht direkt ausdrücken konnte, konnte ich nur Fragen stellen, ohne Antworten zu geben, ohne die Antworten der braven Teilnehmer zu akzeptieren.

Es gibt nur zwei Ausnahmen: Die Einreichung über die Schönheit der Freundschaft und die über Gefühlsreichtum oder emotionale Intensität. Damit meine ich nicht, dass ich diese Fragen beantworten konnte, sondern dass ich meine eigenen Antworten darauf hatte. Ich machte das deutlich, indem ich direkt über diese kontroversen Themen Essays verfasste. Meinen Essay „The Beauty of Friendship" [„Die Schönheit von Freundschaft"] habe ich bereits erwähnt. Und was die Verbindungen zwischen Gefühlen und Schönheit betrifft, ist Großmutter Sophie aus „An Ethics of Personality" meine beste Zeugin – sie war in diesem Fall auch mein Sprachrohr. Wenn ich an „Theorie der Gefühle" zurückdenke, muss ich gestehen, dass ich ein wenig klüger geworden bin. Nur dass ich jetzt nicht über Gefühle im Allgemeinen sprach, auch nicht über Emotionen, sondern über Empfindungen.

An diesem Punkt meiner Geschichte muss ich noch einen Essay erwähnen, der ein paar Jahre später entstand („The Role of Emotions in the Reception of Artworks" [„Die Rolle von Emotionen bei der Rezeption von Kunstwerken"]), mit einer Variation zum Kant'schen Thema „interesselos". Wenn bei der Rezeption eines Kunstwerks alle Interessen im Bezug auf kognitive und situative Absichten vorübergehend aufgehoben sind, lösen sich unsere Emotionen auf in frei fließende und einfache Gefühle. Dann bestimmt das Kunstwerk selbst die Situation und den kognitiven Input. Unsere neue emotionale Welt wird daher ohne Egozentrik und „interesselos" sein. Meine Argumentationslinie war natürlich komplexer und länger, aber an dieser Stelle habe ich nicht mehr Platz dafür.

*****

Der Titel dieses letzten Abschnitts meiner philosophischen Autobiografie bezieht sich auf mein Nomadenleben. Doch haben die Bücher, die ich als wichtigstes Ergebnis dieser Jahre ansehe, absolut nichts mit dem Wanderleben zu tun. Ich hielt sie eifersüchtig von meinem Konferenzleben fern. Ich verfasste nicht einmal Studien über ihre engeren Themenbereiche, veröffentlichte nur das eine oder andere Kapitel in einem Magazin. Die Bücher entstanden heimlich, nicht weil ich ihre Entstehung geheim hielt, sondern weil sie meine Privatangelegenheit blieben, Quelle meines Privatvergnügens, bis zu dem Punkt ihrer „Objektivierung" in Form eines Buches.

Diese Bücher haben etwas gemeinsam. Sie konzentrieren sich alle auf eine einzige Sache.

Vor dieser Zeit wollte ich immer das „Allgemeine" ansprechen. Am Anfang war das Allgemeine auch das „Universale", beginnend schon mit dem Spiel meiner Lehrjahre, am Anfang den Begriff zu definieren, den ich benutzen würde. Die Definition der Begriffe praktizierte ich auch in meinen Dialogjahren. Erst später ersetzte ich sie durch die Formel der quasi-transzendenten Ableitung (das gibt es – wie ist das möglich?). Nur um am Ende (in den Aufbaujahren) beim pluralistischen Charakter des Wahrheitsbegriffs anzukommen, beim „Geist unserer Gemeinde", und innerhalb dessen beim Verfall des Schönheitsbegriffs. In dieser Phase kehrte ich meine Sichtweise um (vom Universalen zum Einzelnen), ohne es zu bemerken. (Es ist mir oft passiert, dass ich etwas tat und erst später bemerkte, was ich getan hatte.)

Was ich sofort bemerkte oder was ich instinktiv vorhatte (wenn es instinktives Planen überhaupt gibt) war, mich Kunst und Religion zuzuwenden, zu meiner vorphilosophischen Existenz zurückzukehren, zu den Leidenschaften meiner Kindheit und frühen Jugend. Ich wollte über das Singuläre nachdenken, die Rätsel des Einzelnen entschlüsseln. Ich habe keine großen hermeneutischen Talente und noch weniger Fähigkeiten zur Kunstkritik. Außerdem hegte ich nie die Illusion, etwas wirklich völlig Neues zu tun, ohne irgendeine organische Verbindung zu meiner eigenen Vergangenheit. Um ehrlich zu sein, ich wollte meine Vergangenheit gar nicht zurücklassen. Ich suchte nur nach etwas anderem, etwas anderes trat in meinen Blick und ich konzentrierte mich auf etwas anderes.

Ich spreche hier von vier meiner Bücher, die zwischen 1998 und 2008 entstanden: „The Time is Out of Joint" [„Die Zeit ist aus den Angeln"], „Behold, Here I Am/Imhol vagyok" [„Siehe, hier bin ich"], „Immortal Comedy" [„Unsterbliche Komödie"] und „The Contemporary Historical Novel" [„Der zeitgenössische historische Roman"].

Mit Ausnahme des ersten, des Shakespeare-Buchs, war die Abfolge der anderen zufällig, wie schon in den Dialogjahren. Ein Problem faszinierte mich, dann ein anderes, dann wieder ein anderes.

Bücher über die Bibel gehören zusammen, auch wenn Jahre dazwischenliegen, sogar wenn ihre Themen ganz verschieden sind. Es ist nicht einfach Assoziation, wenn ich zu ihnen mein – schon erwähntes – Pamphlet zur jüdischen Frage und auch meine längere Abhandlung über die Philosophie von Maimonides sowie andere mittelalterliche oder moderne jüdische Philosophen rechne. Einige wurden vom jüdischen Verlag Múlt és Jövő [„Vergangenheit und Zukunft"] in Auftrag gegeben. Die Leserschaft war ungefähr dieselbe, und anders als meine Werke über Shakespeare und die Komödie schrieb ich sie ursprünglich auf Ungarisch (wie auch das vorliegende Buch).

Das Buch über Shakespeare steht nicht zufällig am Anfang der Reihe. Es ist viel stärker mit meiner persönlichen Tradition verbunden als alle anderen.

Seit ich zu schreiben begann, empfand ich immer einen starken Drang, das eine oder andere Shakespeare-Drama in meine Texte einzubeziehen – oder zumindest eine seiner Figuren –, entweder zur Veranschaulichung einer Theorie oder meiner Art zu denken oder als Zitat zur Unterstützung einer Idee. Wie für den großen ungarischen Dichter des 19. Jahrhunderts, Sándor Petőfi (der auch den „Coriolanus" übersetzt hat), war und blieb Shakespeare die Hälfte der Schöpfung. Ich erinnere mich noch genau, wie ich einmal in meinen Lehrjahren eine Besprechung zu einem Buch von Jan Kott schrieb („Shakespeare heute") – im Geiste meines noch ungetrübten anthropologischen Optimismus. Zum Kapitel über Moral und Politik in „Der Mensch der Renaissance" gehört auch eine Erörterung von Shakespeares „Julius Cäsar" – der wunderbaren und unsterblichen Darstellung eines berühmten und unlösbaren politischen Dilemmas. Bei der Erörterung des Dilemmas, das in den Gestalten von Brutus und Cassius verkörpert ist, sprach ich auch über die politische und moralische Bedeutung der Kenntnis des menschlichen Charakters. Bei Shakespeare war Julius Cäsar darin am besten, auch wenn er einen kapitalen Fehler beging.

Ich dachte darüber nach, etwas ausschließlich über Shakespeare zu schreiben, doch ich verschob es immer wieder. Man muss alt und weise sein, um so etwas zu wagen. Als ich mich meinen Siebzigern näherte, sagte ich mir, die Zeit sei reif für ein Shakespeare-Buch, weil das Haupthindernis (meine Jugend) der Vergangenheit angehörte. Jetzt oder nie, sagte ich mir, und ich begann. Wenn alles gutginge, wäre es nicht das letzte Mal.

Nachdem die Entscheidung gefallen war, musste ich mich noch um die Organisation des Materials, die Struktur kümmern. Shakespeare war genau das „Singuläre", über das ich schreiben wollte. Trotzdem war Shakespeare nicht das Singuläre, denn alle seine Dramen sind wie Monaden von Leibniz, eine ganze Welt für sich, also waren sie die eigentlich „Singulären". Anders als die Monaden von Leibniz waren sie nicht ganz ohne Fenster. Alle Monaden stellen zusammen etwas Gemeinsames, Einzigartiges dar: keine bereits bestehende Harmonie, sondern eher das Gegenteil, eine Zeit aus den Angeln.

Ich versuchte, das strukturelle Problem dadurch zu lösen, dass ich das Buch in zwei Teile teilte: Held des ersten ist Shakespeare selbst, mit seiner Zeit aus den Angeln, wie in allen seinen Dramen dargestellt und darstellbar, einschließlich der großen Tragödien. Die Helden des zweiten Teils sind die historischen Dramen selbst, die eine nach der anderen beschrieben sind. Die Komposition dieses zweiten Teils stand Modell für die Komposition meines jüngsten Buches über historische Romane. Die Analyse folgte den historischen Dramen nicht nach ihrer Entstehung, sondern in der Reihenfolge, in der ihre Protagonisten die historische Bühne betreten. Ich wandte mich also Richard III. nach der Interpretation Heinrichs IV. zu, und Coriolanus (später geschrieben) kam vor der Erörterung aller anderen römischen Stücke. Ich wollte erreichen, dass die Leser den Puls der Geschichte fühlen, wie die Zeit aus den Angeln gerät.

Die Zeit, die aus den Angeln gerät – das war bereits die Botschaft aller meiner früheren Shakespeare-Zitate gewesen. Auch den „Nominalismus" des Gewissens stellte ich in „The Power of Shame" anhand des Balkonmonologs der Julia dar.

Der Titel meines Shakespeare-Buches zeigt, dass ich mich nicht völlig von meiner Vergangenheit distanzierte. Schon der ironische Untertitel „Shakespeare als Geschichtsphilosoph" weist darauf hin. Der Titel ist ironisch, denn ich eröffnete die Darstellung mit der Feststellung, dass Shakespeare kein Geschichtsphilosoph war. Es wäre ohnehin ein zweifelhaftes Verdienst gewesen, wäre er einer gewesen. Doch die ironische Formulierung unterstreicht auch etwas – wie alle ironischen Aussagen. Sie unterstreicht, dass Shakespeare die Anatomie seiner Welt zur Schau gestellt hat und darin die tiefen und auch unheilbaren Wunden, die beim Zusammenstoß zwischen alter und neuer Welt entstehen. Seine Einsicht in diese Lage war tiefer als alles, was die Philosophen des 19. Jahrhunderts zustande bringen konnten.

Deshalb finde ich Hegels weises Wort gerechtfertigt. Wie die Eule der Minerva ihren Flug erst nach Einbruch der Dunkelheit beginnt, erkennt die Philosophie etwas erst, wenn es sein Ende erreicht hat. Shakespeare sah in die Tiefe menschlicher Tragödien und Komödien zu einer Zeit, als sich eben der Abgrund zwischen alt und modern öffnete. Als sich die Geschichtsphilosophen diesem Thema zuwandten, war die Zeit dramatischer Veränderungen vorüber. Die Helden und Heldinnen der Shakespeare'schen Tragödien konnten es mit den existenzialen Herausforderungen von Zeiten aus den Angeln nicht aufnehmen (der Vergangenheit der Gegenwart des Autors), während es die Heldinnen und Helden seiner Komödien schließlich schafften. (Über Shakespeares Komödien würde ich später im Buch „Immortal Comedy" schreiben.)

Ich kam – mit gebührender Demut – auf einige Gedanken meiner Geschichtsphilosophie zurück. Bescheiden gab ich zu, dass Shakespeare alles sah, alles viel besser wusste als ich, besser sehen konnte als irgendwer sonst.

Eines der auffälligsten Zeichen des Konflikts zwischen alt und neu ist die Verwirrung beim Unterscheiden von natürlich und unnatürlich. In Shakespeares Stücken nimmt diese Verwirrung antagonistische Züge an, sie wird zum zentralen kognitiven Problem und zur Manifestation des tragischen (und gelegentlich auch komischen) Konflikts. Die Philosophie hatte sich noch nicht der Neuinterpretation von Naturgesetz und Naturrecht zugewandt (das würde erst mit Hobbes geschehen), als sich die Heldinnen und Helden bei Shakespeare bereits auf natürliches Gesetz und natürliches Recht bezogen, um ihre guten oder bösen Taten zu rechtfertigen. (Die Personen in Sades Romanen würden die nächsten sein.) Besonders wichtig sind in meiner Analyse Shakespeares Unbestechlichkeit und Weitsichtigkeit, wenn er Weltverständnis und Moral auseinanderhielt. Der Abgrund, der sich zwischen traditioneller und moderner Unterscheidung zwischen natürlich und unnatürlich auftat, ist historisch, nicht moralisch. Gut und Böse können auf beiden Seiten des Abgrunds gleichermaßen vorkommen. Julia und Edmund, Desdemona und Jago, sie alle lehnen die alte „natürliche" Ordnung als „unnatürlich" ab.

Bei Shakespeare gibt es nichts, was mit Hegels „welthistorischer Rolle des Bösen" vergleichbar wäre, denn es gibt überhaupt keine Weltgeschichte. Es gibt weder allgemeinen Fortschritt noch allgemeinen Rückschritt. Aber es gibt drastische und unerwartete dramatische Wendungen, und es gibt eine Wahl zwischen Würde und Schande. Es tut mir leid das zu sagen, aber irgendwie ist Shakespeares Blick auf die Geschichte „postmodern".

Die laufende Entwertung und Verletzung der Tradition, die Auflösung einer wohlbekannten Weltordnung, die Möglichkeit, dass etwas Unbekanntes, nie Dagewesenes auftritt, machte jede Entscheidung unklar und unsicher. Die Welt wurde ungegründet, doch nur wenige bemerkten das. Wenige erkannten, wie die Identität von Männern und Frauen problematisch wurde, wie Rollenspiel, Heuchelei, Verstellung und Betrug an die Tagesordnung kamen und wie das alles nicht mehr wiederzuerkennen war, wie das Wissen um den menschlichen Charakter eine Sache des Überlebens wurde; wie Sexualität, sexuelle Abhängigkeit subversiv wurden; und wie es immer noch gute, ehrliche Männer und Frauen gab, tragisch und komisch zugleich. Das war meine Shakespeare-Erzählung.

Griechische Tragödien sind Familiendramen. Nur darin folgen Shakespeares Tragödien (wenn auch nicht immer) dem überlieferten tragischen Muster. Auch wo sie folgen, transformieren sie es erheblich. Vor allem ersetzt die Geschichte den Mythos. Da kollidieren nicht zwei Arten von *ethos,* sondern zwei Welten. Deshalb erkennen wir uns selbst und unsere Mitmenschen in Shakespeares Stücken.

Dies ist eine sehr kurze Zusammenfassung der Probleme, die ich im ersten Teil meines Shakespeare-Buches angesprochen habe. Das untersuchte Singuläre war hier „Shakespeare". Im zweiten Teil sprach ich über einzelne Werke und änderte auch die Art der Erörterung. Ich konzentrierte mich nämlich auf die Struktur der historischen Stücke. Ursprünglich wollte ich auch eine Analyse der Tragödien aufnehmen. Aber das hätte nicht funktioniert. Natürlich sind auch „Hamlet", „Lear" und „Macbeth" historische Dramen, doch ihre existenziale Ebene erhebt sie über alle anderen historischen Dramen. In meiner Erörterung haben nur historische Dramen Platz, in denen die Geschichte selbst die Hauptrolle spielt. Es sind die englischen historischen Dramen und die römischen. Deshalb gelten weder „Troilus und Cressida" noch „Timon von Athen" in meinem Buch als historische Dramen.

Viel später, vor nicht allzu langer Zeit, beschäftigte ich mich mit dem zeitgenössischen historischen Roman. Dabei entdeckte ich mit großem Erstaunen, dass „postmoderne" historische Romane sich genau auf dieselben Perioden konzentrieren wie seinerzeit Shakespeare. Natürlich konnten Shakespeares Dramen nicht das 17. Jahrhundert abdecken, aber was ihre Struktur angeht, hätten sie es gekonnt.

Von meinen „Entdeckungen" in diesem (zweiten) Teil kann ich nicht sprechen. Vor allem die erneute Lektüre der drei Teile von „Heinrich IV."

und meine Interpretation von „Heinrich IV." und „Coriolanus" waren eine Herausforderung für mich. Ich fand diese Dramen viel zeitgenössischer als je zuvor. Im „Heinrich IV." kann man nicht nur die Zeit aus den Angeln spüren, sondern gelegentlich auch die Einheit von physischer Niederlage und moralischem Sieg: wenn die Handelnden nicht die heilige Tradition verteidigen, sondern eine Sache, für die sich bis dahin niemand eingesetzt hat – eine Sache im Geiste der Zukunft, ein Versprechen. Sie verteidigen etwas, das kommen wird, auch wenn sie nicht wissen, was sie tun.

*****

An dieser Stelle muss ich die kurzen Rückblicke auf meine in irgendeiner Weise mit Ästhetik verbundenen Bücher unterbrechen (wie ich auch die Arbeit an ihnen unterbrach). In der Zwischenzeit beschäftigten mich die philosophischen Probleme von Religionen sowie jüdische Themen. Da meine Interessen weit gestreut waren und ich von einem Gegenstand zum anderen wechselte, kann ich sie nicht einfach zusammenfassen, sondern muss jeden einzeln behandeln.

Die sogenannte „jüdische Frage" war für mich keine bloße Untersuchungsrichtung. Ich bin einfach persönlich stark von der jüdischen Geschichte – vergangener wie gegenwärtiger – betroffen. Konferenzeinladungen spielten dabei keine Rolle, außer in dem Sinn, dass ich bei der Erörterung der einen oder anderen jüdischen Frage auch über konkrete und sozial wichtige Phänomene sprechen musste, die nicht im Mittelpunkt meiner Interessen stehen. Meine Beziehung zu Antisemitismus-Konferenzen ist wie die zu Konferenzen über das Schicksal Europas. Einladungen, darüber zu sprechen, lehne ich nicht ab, aber ich erinnere mich nur sehr vage an meine Beiträge (ich weiß natürlich, wie ich darüber denke).

Mein kleines Buch „On the Unresolvability of the Jewish Question" [„Über die Unlösbarkeit der jüdischen Frage"] besteht aus der Studie selbst und einer langen Einleitung. In meinen Augen sind es die besten

Pamphlete, die ich je geschrieben habe. Es sind keine impressionistischen Texte. Zur Vorbereitung las ich einige Bücher und sammelte eine gewaltige Menge Material. (Es war zum Beispiel das erste Mal, dass ich Informationen über Judeophobie in der nicht gläubigen Welt zusammentrug.) Trotzdem wurde das Buch zur Streitschrift. Es hat sogar eine Pointe, nämlich eine Neuinterpretation der sogenannten „jüdischen Frage". Die wahre jüdische Frage ist nicht die nach Antijudaismus oder Antisemitismus und ihren Wurzeln und Ursachen. Und sie ist bestimmt nicht das, was man in Ungarn traditionell unter der „jüdischen Frage" verstand. (Wenn man in Ungarn sagt: „Die jüdische Frage heißt ...", dann geht es in der öffentlichen Debatte darum, ob zu viele Juden Führungspositionen besetzen oder warum sie sich mit der „einheimischen" Bevölkerung mischen oder warum sie es nicht tun usw.) Die wahre jüdische Frage ist, so meinte ich, das Rätsel um die Existenz der Frage selbst. Wie konnte es geschehen, dass alle Völker der alten östlichen Welt an den fruchtbaren Hängen und am Mittelmeer weitgehend verschwunden sind, ohne andere Spuren zu hinterlassen als die in der jüdischen Bibel? Wie konnte es sein, dass von ihnen nur das jüdische Volk überlebt hat? Ich stellte diese Fragen, aber ich beantwortete sie nicht.

Kehren wir kurz – innerhalb der jüdischen Agenda – zur Philosophie zurück.

Die erste Frage lautet: Gibt es überhaupt jüdische Philosophie? (Ähnliche Fragen stellte ich in anderen Schriften und Zusammenhängen über Literatur und Malerei.)

Es ist unsinnig, argumentierte ich, ein philosophisches Werk „jüdisch" zu nennen, nur weil es von einem Juden geschrieben wurde, ob nun von jüdischer Abstammung oder bekennender Jude (wie es auch sinnlos ist, ein philosophisches Werk „christlich" zu nennen, weil der Autor Christ war, gläubig oder nicht). Man kann einen Autor jüdisch nennen, wenn die jüdische Religion für ihn ein Thema von zentralem Interesse und Verständnis ist. Dasselbe kann man von einem Autor sagen, der zu recht „christlich" genannt wird. Spinoza ist daher kein jüdischer Philosoph, Maimonides sehr wohl; Kant ist kein christlicher Philosoph, Augustinus schon.

Während meiner Lehrjahre und auch der Dialogjahre beschäftigte ich mich unter anderem immer wieder damit, die kanonische philosophische Tradition zu überdenken. In den letzten fünfzehn Jahren wandte ich mich eher jenen zu, denen ich früher wenig oder keine Beachtung geschenkt hatte – zum Beispiel meinen Zeitgenossen oder Philosophen der Generation vor mir oder den „Alten", deren Werk ich neu betrachtete, wenn ich sie lehrte. Bereits 1957 lieh ich mir aus der Universitätsbibliothek „Proslogion" von Anselm von Canterbury und Augustinus' „Bekenntnisse". Aber erst viel später, bereits in Amerika, trug ich über Augustinus, Nikolaus von Kues, Marsilio Ficino und Pico della Mirandola vor und schrieb über einige von ihnen. Doch ich vermied stets, mich näher auf die Diskussionen jüdischer und christlicher Philosophie einzulassen.

Mit solchen Ausflügen wartete ich bis fast ins 21. Jahrhundert. Dann begann ich eine Exkursion mit der Erörterung von „Führer der Unschlüssigen", dem philosophischen *magnum opus* von Maimonides. Es ist ein großartiges philosophisches Buch und auch ein umfangreiches, so voll von bedeutenden Gedanken, dass ich es bis zum heutigen Tag noch nicht verdaut habe.

Meine Analyse konzentrierte sich auf Maimonides' Aristoteles-Interpretation, insbesondere auf seine Argumente für und gegen die Ewigkeit der Welt. Die Frage ist, ob die Welt (von Gott) erschaffen oder immerwährend ist, wie Aristoteles behauptete. Nach Maimonides gibt es mehrere gute Argumente für beide Hypothesen. Nicht die Vernunft, der Glaube entscheidet die Frage. Als guter Jude hält er das Zeugnis der Schöpfungsgeschichte für wahr. (Tatsächlich sagte ein anderer Rationalist, Karl Popper, im 20. Jahrhundert etwas sehr Ähnliches: Der Rationalismus selbst ist gewählt.) Ich respektiere die wissenschaftliche Aufrichtigkeit und Objektivität von Rabbi Moses (wie Thomas von Aquin ihn nannte), wenn er muslimische theologische Philosophen kritisiert (die „Mutakallimun"), die unter anderem darauf bestehen, dass nur die Kreationstheorie beweisbar sei.

In meiner längeren Studie (die auch als Einleitung zur ungarischen Ausgabe des Buches erschien), vernachlässigte ich Maimonides' Sprachphilosophie und auch seine Philologie. Eine der beiden würde ich in meinem Buch über die Schöpfungsgeschichte ansprechen. Ich habe immer noch vor, auf eine der damals unterlassenen Analysen von Maimonides zurückzukommen: seine Erörterung von Träumen und Visionen. Meine anderen Studien auf diesem Gebiet sind Anfänge ohne mögliche Fortsetzung. In diesem Bereich absolvierte ich meine Lehrjahre sehr spät und kann mir heute nicht mehr das nötige Fachwissen aneignen. Aus demselben Grund, aus dem ich meine Pläne aufgeben musste, über Händels Oratorien zu schreiben, musste ich auch auf die Fortsetzung meiner Studie über Gershom Scholem und den jüdischen Mystizismus oder über mittelalterliche jüdische Philosophie verzichten. Eine Ausnahme bildet mein Aufsatz über Moses Hess' „Rom und Jerusalem", denn Moses Hess gehört genauso zur Geschichte des Sozialismus wie zur Geschichte des religiösen Zionismus.

*****

In der Zwischenzeit begann ich mit der Arbeit an meinem ersten Bibel-Buch. Es würde „Die Auferstehung des jüdischen Jesus" heißen. (Das Buch wurde auf Ungarisch geschrieben und auf Deutsch und Spanisch übersetzt.)

Wenn Sie es nicht für Blasphemie halten, gestehe ich, dass mich der Charakter von Jesus über lange Zeit angezogen hat, ähnlich wie Shakespeare. Mich fesselte mehr seine Persönlichkeit als seine Leistung, denn für mich war und ist das Christentum ein Werk des Apostels Paulus. (Ich habe auch über Paulus' Brief an die Römer in der Interpretation von Karl Barth gelehrt.) Im Gegensatz dazu fesselte mich bei Shakespeare nur das Werk und nicht die Persönlichkeit. Die ständig wiederkehrende Debatte, wer seine Dramen wirklich verfasst hat, interessierte mich nie.

Ebenso, wie sich in „Der Mensch der Renaissance" etwas über Shakespeare findet, gibt es dort auch etwas über Jesus – im Unterkapitel „Sokrates und Jesus" (nicht Sokrates *oder* Jesus). In einer meiner frühen Erörterungen zur Ethik (ich weiß nicht mehr, in welchem Buch, vielleicht im „Alltagsleben") machte ich die Bemerkung, Jesus habe keine „Besonderheit" gehabt – er ist der einzige Mensch, der Individualität und Universalität ohne die Vermittlung von Besonderheit unmittelbar vereinigt hat. Diese Idee, die ich heute nicht mehr unterschreibe, stammt von Feuerbach und ist nicht weit entfernt von Kants Jesus-Verständnis in seinem Buch über Religion.

Über Jesus wollte ich schon lange schreiben, doch hatte sich bis in die 1980er-Jahre nie die Gelegenheit dazu ergeben, zumindest nicht für mich. Es geschah seit den 1980er-Jahren, dass Historiker, Schriftsteller, Philosophen und Theologen entdeckten, dass Jesus ein Jude gewesen ist. Kein Mann von „jüdischer Abstammung" (um diese dumme zeitgenössische Ausdrucksweise zu benutzen), sondern ein guter, gläubiger Jude, weit entfernt davon, eine neue Religion zu gründen. (In diesem Geist wurden auch früher viele Bücher geschrieben, aber ohne großen Einfluss.) Jesus' jüdische Lehren waren nicht identisch mit dem bald darauf entstehenden normativen Judaismus. Doch im letzten Jahrhundert der Geschichte Judäas gab es noch keinen normativen Judaismus. Verschiedene Zweige der jüdischen Religion, verschiedene Interpretationen und Überzeugungen bestanden nebeneinander, zumeist im Streit, doch alle waren auf ihre Weise der jüdischen Tradition treu. Alle Historiker der Zeit zeichneten ein Bild der verschiedenen Tendenzen, darunter die verschiedenen Interpretationen des Messias: ob er als König oder als Erlöser kommen würde. (Jesus stand für den zweiten Fall.)

Doch wie so oft hatte die hegelianische „List der Vernunft" auch einen Löwenanteil an Jesus' Nachleben auf Erden.

Die Literatur über den jüdischen Jesus wuchs bereits seit zehn Jahren, bevor mein Buch geschrieben wurde. Ich bezog mich auf Marcus Borg, Thomas Cahill, John Dominic Crossan, David Flusser, Paula Fredriksen, György Gábor, Karl Herbst, Ed P. Sanders, Thomas Sheehan, György Tatár, Géza Vermes und andere. Doch diese zum Teil exzellenten Autoren und Bücher dienten mir nur zur Einführung, um die Evangelien erneut zu lesen. Nachdem ich sie wieder studiert hatte, kam ich zu dem Schluss, dass es unnötig ist, auf neue Entdeckungen hinzuweisen.

Bevor wir über das Erinnern sprechen, müssen wir zuerst das Vergessen verstehen. Wie war es möglich, dass gläubige Christen über 2000 Jahre die Evangelien lasen, ohne zu sehen, was dort steht? Wie konnte eine einseitige, voreingenommene Interpretation des Textes seine Lektüre beherrschen und bestimmen? Wie konnten Christen glauben, dass die Juden Gott getötet hätten, dass die Juden Christus und die (noch gar nicht existierenden) Christen zumindest hassten? Obwohl wir in den Evangelien lesen, dass eine jubelnde Menge ihn als Messias begrüßte, als Jesus auf dem Rücken eines Esels in Jerusalem einzog. Zweitausend Jahre lang hat niemand gefragt, wer in dieser Menge war. Die Christen vielleicht, die es noch gar nicht gab? Gar nicht zu reden davon, dass der Begriff „judäisch" als „jüdisch" übersetzt wurde, während es Juden in Galiläa, Samaria und überall in der damals bekannten Welt gab. Zweifellos hassten manche Juden Jesus, andere schwärmten für ihn, wie das überall ist in einem pluralistischen religiösen Universum (siehe Katholiken und Protestanten).

Kollektive Amnesie und kollektives Gedächtnis sind philosophische Themen, wenn auch nicht nur, denn auch Psychologie und Historiografie leisten bedeutende Beiträge dazu (hier nannte ich mehrfach Jan Assmanns Werke). Ursachen und Bedingungen für das Vergessen des Juden Jesus sind seit den 1980er-Jahren vielfach analysiert und in ihren verschiedenen Aspekten auch gefunden worden. Ich konnte mich darauf verlassen. Doch das Problem des kulturellen Vergessens hat mich über das engere Thema dieses Buches hinaus beschäftigt. Ich kam später in meinen Vorlesungen über „Trauma" darauf zurück. (Das Buch „Trauma" wurde auf Ungarisch veröffentlicht, den ursprünglichen Vortrag, der auf einer Konferenz in Geelong in Australien gehalten wurde, gibt es auf Englisch im Internet.) Aber kehren wir zum Jesus-Buch zurück.

Es gibt wie gesagt eine unübersehbare Literatur über das Vergessen des jüdischen Jesus. Weniger wird über seine „Auferstehung" geschrieben. Warum ist das gerade jetzt so?

In Beantwortung meiner eigenen Frage nannte ich keine Ursachen, aber Bedingungen.

Ich zählte vier Bedingungen auf: erstens die traumatische Wirkung des Holocaust, die im Nachbeben das christliche Verhältnis zu den Juden veränderte; zweitens die Errichtung des Staates Israel; drittens den zunehmenden Einfluss der Ökumene zwischen den christlichen Kirchen und Gruppen; viertens die Bedrohung des Christentums durch islamischen Fundamentalismus und reinen Säkularismus; und schließlich die Pluralität des modernen Wahrheitsbegriffs. Letztere ist ein philosophisches Phänomen *par excellence*.

Hier bezog ich mich auf das fünfte Kapitel von „A Philosophy of History in Fragments". Wenn es um offenbarte Wahrheit geht, ist die Pluralität des Wahrheitsbegriffs völlig irrelevant. Was offenbarte Wahrheit betrifft, haben alle Religionen ihre eigene, absolute Wahrheit, und darüber kann es weder Diskussion noch Kompromisse geben, denn das Absolute duldet keine Kompromisse. Doch zwei Ansätze für einen fruchtbaren Diskurs sind möglich. Erstens ein Ansatz der gegenseitigen Anerkennung und Toleranz. Ein Gläubiger wird dann nicht sagen, dass der andere zur Hölle fahren wird und dass sein Glaube Unsinn sei, sondern nur, dass seine Wahrheit nicht die eigene sei. Ich toleriere deine, du tolerierst meine. Zweitens ist keine einzelne Religion auf eine konfessionelle Mitte, ihre offenbarte Wahrheit, beschränkt. Auch wahre Gläubige leben in verschiedenen Sphären, und die Religionen können sie alle ansprechen, auch wenn sie das heutzutage selten tun. Es gibt unter anderem Fragen der Ethik, es gibt Lebensformen und demokratische Politik, wo Gespräche zwischen verschiedenen Religionen sowie religiösen und säkularen Weltanschauungen stattfinden können und stattfinden.

In der Einleitung zitierte ich Paul Ricœur, dass jede Erinnerung unseres Seins sich auf die Zukunft bezieht. Und ich meinte das auch so. Seltsamerweise ist „Die Auferstehung des jüdischen Jesus" das hoffnungsvollste Buch meiner Wanderjahre, zumindest, was die Zukunft der Gegenwart betrifft. (Ich war vielleicht etwas unaufmerksam.)

Drei Jahre vergingen, bevor ich wieder auf die Bibel zurückkam.

Lange Zeit hätte ich mich gerne ernsthaft mit dem „Buch der Schöpfung" beschäftigt.

Die Bibel hat mich seit meiner Schulzeit inspiriert, und seit ich schreibe, habe ich versucht, eine biblische Geschichte in fast alle meine Bücher zu schmuggeln, zum Beispiel die Akedah (Abrahams Opfer) oder das Buch Hiob. In „Beyond Justice" widmete ich ein ganzes Kapitel den Propheten, allen voran Amos. Doch in allen meinen vorangegangenen Versuchen veranschaulichte ich ein allgemeines philosophisches Problem mit einer biblischen Geschichte. Veranschaulichen bedeutete viel mehr als nur als Beispiel zu zitieren, denn ich interpretierte meist die Geschichte selbst im Lichte meines Problems (zum Beispiel, ob die Ausführung des Werkes nach einem Blutopfer verlangt). In meinen Wanderjahren ging ich weiterhin so vor, zum Beispiel, als ich auf die universale, philosophische und auch psychologische Wahrheit über die menschliche Rasse hinwies, wie sie im Buch Exodus gezeigt wird. Dies tat ich unter anderem in meiner Erörterung von Schönbergs Oper „Moses und Aaron".

Wenden wir uns jetzt meinem Buch „Behold, Here I Am/Imhol vagyok" [„Siehe, hier bin ich"] zu, mit dem Untertitel: „Philosophische Interpretationen des Buches der Schöpfung". Wie der Untertitel sagt, ist es ein philosophisches Buch. Doch die Beziehung zwischen Bibel und Philosophie ist – im Vergleich zu meinen früheren Veranschaulichungen – umgekehrt. Während früher ein philosophischer Gedanke durch eine Geschichte aus der Bibel illustriert wurde, wird jetzt der Bibeltext interpretiert, wobei die Philosophien die Aufgabe der Auslegung übernehmen. Zunächst schilderte ich meine philosophische Sicht der Genesis und kam dann im letzten Kapitel auf mein persönliches Textverständnis zurück – das, was ich in den kanonischen Texten der Philosophie nicht finden konnte.

Schon früher, zu Beginn meiner Wanderjahre, hatte ich Pläne für die Schöpfungsgeschichte gehabt. Der Titel des nie geschriebenen Buches wäre „The Transcendental Fall" [„Der transzendente Sündenfall"] gewesen. Augustinus, Maimonides und Kierkegaard hätten darin ebenso einen Ehrenplatz gehabt wie Kant und Hegel. Ich plante auch ein literarisches Unterkapitel über Miltons „Paradise Lost" und eines über die Interpretation des „Sündenfalls" in der bildenden Kunst, besonders in der Malerei.

Zu behaupten, aus dem Plan wäre nichts geworden, entspräche nicht ganz der Wahrheit. Den ursprünglichen Plan verfolgte ich nicht weiter, doch die Idee kreiste weiter in meinem Kopf. Der sogenannte „Sündenfall" würde auch in „Behold, Here I Am" eine Rolle spielen, doch war hier die Auswahl der besprochenen Texte viel breiter und umfasste alle Teile der Schöpfungsgeschichte, die von bedeutenden Philosophen interpretiert worden waren. Doch was philosophisch breiter angelegt war, wurde andererseits schmaler: bildende Kunst und Literatur flossen diesmal nicht ein.

Diese Lücke wurde später in meinem Buch über „Samson" gefüllt, wenn ich so sagen darf. Mein Liebling blieb Milton, doch in einem anderen Werk, denn Gemälde und Skulpturen nahmen einen wichtigen Platz ein. Sie passen ohnehin viel besser zum Thema Samson. Es gibt ungefähr drei Dutzend wirklich repräsentative Samson-Porträts, genug, aber doch der Interpretation zugänglich, während die Schöpfungsgeschichte in einer praktisch unendlichen Zahl von Werken abgebildet wird, angefangen von den Paradies-Fantasien über die Apfelszene und die Vertreibung aus dem Paradies bis zum ersten Mord, man kann nicht einmal versuchen, alles zu behandeln.

Kehren wir zu meinem Buch über die Schöpfungsgeschichte zurück. (Das Buch gibt es nur auf Ungarisch. In New York an der New School for Social Research habe ich ein Seminar zu allen Kapiteln angeboten.) Über meine Interpretation hinaus erörterte ich jene von folgenden Autoren: Augustinus, Maimonides, Meister Eckhart, Kant, Kierkegaard, Martin Buber, Walter Benjamin und Paul Ricœur – christliche wie jüdische Autoren gleichermaßen.

Nicht alle Bücher der Schöpfungsgeschichte haben die Philosophen in gleicher Weise angeregt. Nicht alle bieten in gleicher Weise entscheidende Rätsel für philosophische Spekulation. Die Geschichte Josefs ist ein Roman, die meisten Jakob-Geschichten sind ebenfalls Romane oder Kurzgeschichten. Als Thomas Mann seinen vierbändigen Roman über Josef schrieb, musste er an der Geschichte nichts ändern. Er nahm sie, wie sie war, und schmückte sie erheblich aus. Die Gestalten dieser biblischen Romane sind ebenso kompliziert und bedeutsam wie die Helden und

Heldinnen griechischer Tragödien: Sie sündigen, büßen, betrügen und lügen auch. Und sie sind echte Persönlichkeiten, Männer und Frauen mit Größe. Doch, wie Mann sehr gut gespürt hat, sind sie epische, keine tragischen Figuren. Vielleicht deshalb, weil die Geschichten der Bibel auch Erlösungsgeschichten sind, in denen das Schicksal nicht *moira* und im Angesicht Gottes nichts unausweichlich ist.

Alle repräsentativen philosophischen Interpretationen konzentrieren sich auf die Genesis-Kapitel 1–4 sowie 22.

Für mich war es keine schwierige Aufgabe, meine philosophischen Interpreten zu finden, denn sie boten sich freiwillig an. Alle widmeten dem „Buch der Schöpfung" zumindest ein Buch (Augustinus vier, Kierkegaard zwei, Meister Eckhart und Martin Buber je eins) oder wandten sich vielfach dem biblischen Buch als fundamentalem philosophischem Text zu (Maimonides, Kant). In Paul Ricœurs Buch über die Bibel („Penser la Bible" von André Lacocque und Paul Ricœur) spielt die Schöpfungsgeschichte ebenfalls eine wichtige Rolle. Und was Walter Benjamin betrifft, so ist sein jugendliches Schreiben nicht nur lakonisch und tiefgründig, es betritt auch ein Gebiet (Ontologie der Sprache), das nicht oft erörtert worden ist. Am Ende meiner Exegese würde ich über alle diese Denker sagen, sie verbanden Mut mit Demut.

Mein zweites Kriterium für die Auswahl von Texten war die Präsentation von Interpreten, die sich anderen Problemen zuwandten oder sich zumindest einem von ihnen in besonderer Weise näherten. Dies bot mir Gelegenheit, meine eigene Interpretation mit vier verschiedenen Textproblemen zu verknüpfen.

Das erste war die ewige metaphysische Frage: „Warum gibt es etwas und nicht nichts?" Dies ist in der Tat die fundamentale Frage metaphysischer Philosophie, denn die Antwort darauf ist die Grundlage des Seins. Das erste Kapitel der Schöpfungsgeschichte bietet auf diese Frage eine adäquate Antwort. (Wir wissen, dass der erste Teil der Schöpfungsgeschichte etwa 500 Jahre später entstanden ist als die zweite Schöpfungsgeschichte, aber sie steht logisch davor. Das war auch das Konzept des biblischen Redakteurs.)

Die Grundlegung des Seins (im ersten Teil) ist zeitlich gegliedert (erster Tag, zweiter Tag usw.). Die Einführung der Zeitlichkeit wird Augustinus' Platonismus an einem bestimmten Punkt erschüttern. Die Zeit wurde zum Problem und daher für ihn problematisch, als er sich mit dem ersten Teil der Schöpfungsgeschichte befasste. Er interpretierte dieses Rätsel nicht nur in seinen direkt über die Schöpfungsgeschichte geschriebenen Büchern, sondern auch in einigen Kapiteln seiner „Bekenntnisse" und im „Gottesstaat".

Ich verteidigte die erste Schöpfungsgeschichte gegen dumme Fundamentalisten und ebenso dumme Atheisten. Man sollte Philosophie nicht mit moderner Wissenschaft mischen. Würde jemand sagen, Platon habe Unsinn geredet, weil es „da oben" keine Ideen gebe, würde ihn jeder auslachen. Auch der erste Teil der Schöpfungsgeschichte ist eine philosophische Abhandlung, die Antwort auf eine metaphysische Frage, daher kann sie nicht von der Wissenschaft falsifiziert werden. Aber zu behaupten, der erste Teil der Schöpfungsgeschichte sei wissenschaftlich bewiesen oder könne bewiesen werden, ist nur weiterer Unsinn. Es war mir auch wichtig zu zeigen, warum der erste Teil der Schöpfungsgeschichte nicht metaphysisch ist, obwohl er eine metaphysische Frage beantwortet. Das ist einfach deshalb so, weil hier (zum ersten Mal) die absolute Differenz zwischen Sein und Seienden auftaucht, die Heidegger die „ontologische Differenz" genannt hat – etwas, das von metaphysischen Philosophien nie anerkannt oder auch nur bemerkt worden ist.

Der zweite Faden der biblischen Texte, mit dem die meisten philosophischen Interpretationen verknüpft sind, umfasst die sogenannte „Ursünde" und den ersten Mord. Nach meinem Verständnis – und das teile ich mit einigen traditionellen wie modernen Interpreten – gibt es keine „ursprüngliche Sünde" und schon gar keine Erbsünde. Die meisten der erörterten philosophischen Interpreten konzentrieren sich auch auf ethische Fragen, zuerst und vor allem den sogenannten freien Willen.

Der dritte Faden, dem ich in den biblischen Texten folgte, war die Frage nach dem „Glaubensritter" von Kierkegaards „Furcht und Zittern". Hier öffnet sich ein großes Fenster zur Gegenwart – zur Ethik der

Persönlichkeit. An dieser Stelle könnte ich von der „Gnade" sprechen, die wir von oben erhalten oder nicht. Können wir der Gnade gerecht werden, können wir daraus Nutzen ziehen, und wenn ja, wie? – das sind die Fragen. Wenn es uns gelingt (wie es Abraham oder Jakob gelungen ist), dann können wir werden, was die Gnade uns bestimmt hat zu sein. Der Buchtitel „Siehe, hier bin ich" ist die Antwort auf die Wahl, ein Ausdruck der Bereitschaft, der Gnade gerecht zu werden.

Der vierte Faden im biblischen Text ist das Verhältnis zwischen Geschichte und Heilsgeschichte. Viele der biblischen Helden beanspruchen in beiden einen Platz, wie Josef, der seine Bestimmung in der Heilsgeschichte erfüllt, indem er seine Rolle in der Geschichte spielt. Doch die Rollen in der Heilsgeschichte und in der Geschichte bleiben getrennt, auch wenn sie in derselben Person repräsentiert oder vereint sind, wie es für das „Buch der Könige" typisch ist. Dort erscheint das lineare Bild der Geschichte zum ersten Mal, in Verbindung mit der teleologischen Heilsgeschichte.

Die Bibel, so schrieb ich in der Einleitung, kann auf sehr verschiedene Weise gelesen werden. Ich kann sie als heiligen Text lesen, als historische oder archäologische Quelle, als Literatur und natürlich als Philosophie. Lese ich sie als heiligen Text, wird meine Interpretation eine Auto-Interpretation sein, denn ich bleibe in derselben Sphäre. Alle anderen Lesarten sind verschiedene Typen von Hetero-Interpretation, denn das *interpretandum* und die Interpretation gehören verschiedenen Sphären an, auch wenn der Interpretierende selbst den Text für heilig hält (wie Augustinus oder Maimonides). Alle philosophischen Interpretationen sind daher Hetero-Interpretationen. (Die Trennlinie ist dehnbar, wie ich auch im Fall von Ibn Ezra gezeigt habe.)

Mein eigenes Verständnis in „Siehe, hier bin ich" war eine Art moderne Hetero-Interpretation. Doch wie ist das mit meinem nächsten Buch, „Samson"? Was für eine Interpretation ist das?

„Samson" (das nur auf Ungarisch erschien) wurde wirklich über die literarische Gestalt namens Samson geschrieben. Sie faszinierte mich.

Zunächst erörterte ich das „Buch der Richter" als einen der typischen Fälle einer Fusion von Geschichte und Heilsgeschichte. Die erste Frage ist, wie eine Sammlung von Stammessagen durch ein Genie von einem Herausgeber als historischer Fluss und Manifestation göttlicher Vorsehung arrangiert wurde. Aber – und das ist für mich interessant – die Samson-Geschichte passt nur sehr schlecht und in sehr gekünstelter Form in den Hauptstrang dieses biblischen Buches. Wie kann ein biblischer Held kinderlos sterben? Wie kann er von Frauen betrogen werden? Wie kann er, nach biblischen Standards, so „unmännlich" sein?

Meine Analyse ist literarisch, denn die Geschichte von Samson ist Literatur. Es ist nicht einmal eine philosophische Lektüre, denn ich war mehr an Charakter und Geschichte Samsons interessiert als an den vielleicht in der Erzählung versteckten philosophischen Gedanken. Ich lese die Geschichte als tragische Ballade. Wie die Ballade von Eros und Thanatos, ihre Untrennbarkeit im Leben eines Menschen. Die psychologische Botschaft ist der Text selbst. Man muss nur aufmerksam sein.

Nachdem ich Milton gelesen und das nach seinem Drama (mit Änderungen) komponierte Oratorium von Händel gehört hatte, verwirrte mich Samsons Schicksal. Ist dieser Mann wirklich stark? Oder ist er schwach? Kann ein mutiger Mann Angst vor Frauen haben? Konnte er lieben? Nachdem ich das „Buch der Richter" erneut gelesen hatte, wurde das Rätsel noch schwieriger. Samsons Liebe zu Gott war ganz subjektiv, ganz anders als die Gottesbeziehung jedes anderen Helden im „Buch der Richter", und näher am „Buch der Psalmen" als jedes andere Buch der Bibel.

Als ich mich entschloss, dieses Buch zu schreiben, kannte ich die zeitgenössischen nationalistischen Interpretationen von Samsons Charakter noch nicht. Doch ich war mit Samsons Renaissance und seinem barocken Image als eine Art Herkules vertraut. Das war für mich nur historisch relevant und nicht für meine Interpretation. Dasselbe kann man im Bezug auf das mittelalterlich-christliche Interesse an Samson sagen, als man ihn als Vorläufer Christi betrachtete. Diese Sichtweise wird nicht durch Samsons Charakter gestützt, sondern durch mythische Motive, die ihm zugeschrieben werden (Verkündigung durch einen Engel bei der Mutter, unbefleckte Empfängnis, Sieg über den Dämonen, für Silber verkauft werden, Erlösung durch den Tod).

Hetero-Interpretationen spielten bei diesem Buch eine bedeutende Rolle, aber diesmal waren sie nicht philosophisch. Samsons Geschichte inspirierte mich, mich der Kunst zuzuwenden. Seine Geschichte und sein Charakter haben Künstler seit dem Mittelalter fasziniert.

Ich begann meine Interpretation der Samson-Porträts mit der bildenden Kunst, denn hier, vor allem in der Malerei, ist die Kontinuität auffallend. Die Samson-Interpretationen der bildenden Kunst, vor allem der Malerei, beleuchten die verschiedenen und wechselnden Vorstellungen von Samson über zumindest sechs Jahrhunderte.

Meine Gründe, mit den schönen Künsten zu beginnen, waren gut, aber nicht ausreichend. Ich war in keiner Weise autorisiert, dieses Gebiet zu betreten. Ich hatte in Kunstgeschichte und Kunstkritik ebenso wenig Erfahrung wie in Musikwissenschaft. Ich bin eine blutige Dilettantin. Warum ging ich dennoch das Risiko ein, mich in diesen Bereich vorzuwagen?

Dieselbe Frage könnte man zu meinem Buch über die Komödie stellen, das vor dem Samson-Buch entstanden ist (das ich aber erst weiter unten besprechen werde).

Ich habe fünfzehn Jahre lang jede Woche mehrere Stunden in Galerien und Museen verbracht, Kunstwerke studiert und verarbeitet. Ich notiere jede Woche in meinem Tagebuch, was ich gesehen habe und wie es mich berührt hat. Es sind dilettantische Bemerkungen, so dilettantisch wie meine Bemerkungen über musikalische Werke. Aber wenn ich schaue – und ich schaue sehr oft –, kann ich vielleicht sehen, was gesehen werden kann. Höre ich Musik, höre ich nie alles, was zu hören ist. Das ist natürlich eine billige Ausrede. Die Quintessenz ist, dass ich über die Komödie nicht hätte sagen können, was ich sagen wollte, wenn ich nicht die Erörterung komischer Bilder in das Buch einbezogen hätte. Dasselbe kann man über meinen „Samson" sagen. Ich brauchte die Bilder, um die Geschichte zu erzählen. Das Buch hätte auch ohne die Erörterung von Händels „Samson" geschrieben werden können, aber nicht ohne Rembrandts Samson-Porträts. Doch weil ursprünglich Milton und Händel mein Interesse auf Samson gelenkt hatten, forderte die Dankbarkeit, dass ich sie mit einbezog. (Im Buch über die Komödie gibt es ein Kapitel über die bildende Kunst, aber kein Musik-Kapitel.)

Samson war bisher mein letztes Buch über biblische Themen. Ich sage „bisher", weil ein Buch über Träume in meinem Kopf langsam Gestalt annimmt, das vielleicht eine Fallstudie zu Träumen und Traumdeutungen in der Bibel enthalten wird. Ich werde sehen.

✳✳✳✳✳

„Immortal Comedy" [„Unsterbliche Komödie"] ist nicht nur das anspruchsvollste, sondern auch das beste meiner Bücher aus dieser Zeit. Ich habe etwas versucht, was noch niemand zuvor versucht hatte: das Phänomen des Komischen aus philosophischer Sicht zu erforschen. Man kann allein mit Büchern über die Komödie (gegenüber der Tragödie) Bibliotheken füllen, sogar über einzelne Komödiendichter wie etwa Molière. Man kann auch Bibliotheken mit Büchern über Scherze, Kabarett, satirische Darstellung, Ironie, Karikatur, den einen oder anderen komischen Roman, zuerst und vor allem „Don Quijote", über komische Alltagssituationen, über Lachen usw. füllen. Doch nicht ein einziges Buch fragt nach dem, was ihnen allen gemeinsam ist: Was macht das komische X oder Y komisch? Der Anspruch des Buches besteht darin, diese Frage zu stellen, nicht, sie zu beantworten.

Natürlich griff ich nicht auf die während meiner gesamten Jugend gestellte fundamentale Frage zurück, die Frage zur Bestimmung eines Begriffs: „Was ist das?" Ich fragte also nicht: „Was ist das Komische?" Und das nicht nur, weil ich keine Antwort hätte anbieten können. Nicht einmal auf die Art, wie Hegel ähnliche Probleme behandelte, indem er mit einem abstrakten universalen Begriff begann und dann über seine Bestimmungen am Ende bei der vollständigen Bestimmung ankam, der Idee. Ich konnte das schon deshalb nicht tun, weil mir von Anfang des Unternehmens an klar war, dass das in verschiedenen komischen Genres verkörperte Komische selbst heterogen ist.

Doch wenn ich auch nicht die „Was ist?"-Frage stellte (nach der Idee des Komischen), konnte ich doch fragen: „Was erfahren wir als komisch?" Und „Warum erfahren wir es als komisch?"

Das waren meine Fragen. Doch ich stellte von Anfang an klar, dass ich sie nicht beantworten, sondern nur beleuchten würde. Denn wir erfahren im Leben Verschiedenes zu verschiedenen Zeiten als komisch, auch in verschiedenen Lebenslagen. Das „Komische" kann man nicht homogenisieren. Das ist der Grund, schrieb ich, warum die Philosophie es immer vermieden hat, das Komische auch nur zu berühren. Die metaphysische Philosophie liebte ihre Milchschwester (ich meine hier homogenisierte Milch), die Tragödie. Verschiedene postmetaphysische Philosophen haben sich strikt an dieses Erbe gehalten, einfach weil die griechische Tragödie der griechischen Komödie tatsächlich überlegen war. Doch nur die Gräkomanie der Philosophen hält diese Tradition am Leben.

In meinem Buch versuchte ich zu zeigen (und habe dies auch ausgesprochen), dass das Komische und nicht das Tragische die süße kleine Schwester der postmetaphysischen Philosophie ist, und dass das kein Zeichen seiner Unterlegenheit ist. Das Komische ist genau so „existenzial" wie das Tragische. Es ist außerdem direkt im menschlichen Befinden verwurzelt. Deshalb beendete ich das Buch mit dem Satz: „Solange wir sterblich bleiben, wird die Komödie unsterblich bleiben." (Ich mag ihn immer noch.)

Aus einem Grund, den ich nicht kenne, findet sich der Höhepunkt fast aller meiner späteren Bücher im mittleren Kapitel (in diesem Fall das fünfte). Wie in „A Philosophy of History in Fragments" behandelt das mittlere Kapitel die Respekt einflößende Frage nach der Wahrheit – in diesem Buch geht es um die „existenziale Komödie". Hier konnte das (bereits erwähnte) Geheimnis ausgesprochen werden: dass das Komische in der menschlichen Existenz selbst wurzelt. Das Komische handelt von Inkongruenz. Es gibt nichts Inkongruenteres als geboren zu werden, um zu sterben. Der Tod ist im Leben enthalten. Während es im komischen Drama (drittes Kapitel) keinen Tod gibt, lachen wir in der existenzialen Komödie über den Tod.

Ich brachte das „Geheimnis" bereits im zweiten Kapitel zur Sprache, blendete es dann aber in den Kapiteln über komische literarische Genres wieder aus (komisches Drama, komischer Roman, Kurzgeschichte, Witze). Im zweiten Kapitel geht es um das Lachen. Nicht immer lachen wir über das Komische. Doch im zeitgenössischen Diskurs wird das Phänomen des Komischen meist mit dem Phänomen des Lachens in Verbindung gebracht oder mit Witzen, die immer Lachen auslösen. Ich allerdings behandelte – in den Fußstapfen von Helmuth Plessner – das Phänomen des Lachens in einer Daseinsanalyse.

Hier kam meine philosophische Vergangenheit zurück. Meine – oder besser Veras – Geschichte aus „An Ethics of Personality" über die Verzahnung zweier *a priori* (dem genetischen *a priori* und dem sozialen *a priori)*, die nie vollständig gelingt, über die verbleibende Spannung zwischen beiden, über den Hiatus, den Abgrund. Schon früher, in meinen Dialog- und Aufbaujahren hatte ich sowohl den kulturellen Mehrwert als auch den kognitiven Mehrwert eben der Existenz dieses Hiatus oder Abgrunds zugeschrieben. Lachen und Weinen hatte ich bereits in meinem Buch „Theorie der Gefühle" (zu recht) als Affekte bestimmt, denn sie sind jedem gesunden Exemplar unserer Spezies angeboren. Jetzt ging ich (wie schon in „An Ethics of Personality") einen Schritt weiter. Ich wagte die Hypothese, dass die Quelle sowohl des Lachens als auch des Weinens in der menschlichen Existenz als solcher zu finden ist, dem Hiatus zwischen den beiden *a priori*.

Kurz zusammengefasst lautet meine Theorie so: Beim Weinen drückt sich die menschliche Existenz von der Position des genetischen *a priori* aus. Das kontingente Selbst lässt seiner Verzweiflung und Einsamkeit freien Lauf – seiner Verlassenheit von der Welt aufgrund des Hiatus, des Abgrunds. Beim Lachen nehmen wir die Position des sozialen *a priori* ein, wir machen uns lustig über die Engstirnigkeit, Unfähigkeit, Schwäche und Dummheit jener, die soziale Erwartungen nicht erfüllen. Weinen ist emotional und beinhaltet Selbstmitleid, Lachen ist rational und mitleidlos.

Es gibt allerdings zwei Arten von Rationalität: Rationalität der Vernunft und Rationalität des Intellekts, wie in „The Power of Shame" dargestellt. Wir können die Position des gesunden Menschenverstandes einnehmen. Wenn wir von diesem Standpunkt aus durch den Spiegel der gültigen, akzeptierten und vorherrschenden Normen, Regeln und Vorstellungen schauen, lachen wir über jene, die diese Standards nicht erfüllen können oder wollen. Umgekehrt können wir über diese Regeln und Erwartungen selbst lachen sowie über jene, die keine Fragen stellen und handeln, ohne zu denken. Im letzteren Fall (und hier blieb ich wieder meinen früheren Konzepten treu) lacht man immer aus der Position der einen oder anderen Interpretation der Freiheit des Lebens.

Sie mögen jetzt fragen, welchen Zweck die anderen Kapitel hätten, wenn ich den Schlüssel zum Verständnis des Komischen bereits im zweiten Kapitel (über das Lachen) bot und im fünften Kapitel und in meiner Erörterung zu Magritte (siebtes Kapitel) schließlich erklärte, wer mir den Schlüssel übergeben hatte. Warum sprach ich in einem Kapitel über das komische Drama, in einem anderen über den komischen Roman und in wieder einem anderen über Witze, nicht zu reden von der kurzen Geschichte des komischen Bildes und des Films? Es war eben meine Leitidee zum Verständnis des Phänomens des Komischen, die Heterogenität des Komischen (die ich im ersten Kapitel formulierte), die diese Erörterungen notwendig machte. Andernfalls wäre alles, was ich über die Heterogenität des Komischen sagte, auf der Ebene bloßer Feststellung geblieben.

Ich musste erklären, dass der Urahn des komischen Dramas nicht Aristophanes ist, sondern die römischen Komödiendichter Plautus und Terenz. Ich musste auch zeigen, wie viele feste Eigenschaften Komödien kennzeichnen, in ihren Handlungsschemas und sogar ihren Personen – von römischer Zeit bis gestern (von Plautus bis George Bernard Shaw). Außerdem musste ich von der Notwendigkeit des „Happy Ends" von Komödien reden, warum es in ihnen keine Krankheit und keinen Tod gibt, warum Liebe und Liebe machen, Hochzeit, die Niederlage des Bösen und der Sieg des Guten am Schluss erwartet und geliefert werden. In der Komödie wird die Zeit aus den Angeln wieder richtiggestellt (meistens durch einen *deus ex machina*).

Ich musste auch erklären, wann und warum der komische Roman als eigenes Genre aufkam, wie „Don Quijote" das Grundmuster für alle nachkommenden komischen Romane festlegte, dass alle bedeutenden komischen Romane um das Problem unklarer Identität kreisen, sowohl der Identität der Helden als auch des Autors.

Ich musste Witze einbeziehen, mehr noch, ich musste Witze erzählen, vor allem tiefe, philosophische. Indem ich über das Lachen sprach, musste ich andere zum Lachen bringen. Ich musste die Situation analysieren, in denen Witze erzählt werden, die soziale Funktion des Witze-Erzählens, und ich musste über die Kultur des Witzes als eminent wichtige städtische mündliche Kultur sprechen (im Unterschied zum Märchen als ländliche mündliche Kultur).

Es wäre auch nicht richtig gewesen, meine Erörterung des komischen Bildes mit dem Surrealismus anzufangen. Wenn ich den Triumph der komischen Repräsentation in der spätmodernen und postmodernen Kunst wahrnehmbar machen wollte, musste ich zuerst die Geschichte ihrer jahrhundertelangen Marginalität erzählen. Und ich konnte in meiner Darstellung auch die bedeutenden komischen Filme nicht weglassen, in denen Hauptdarsteller, Regisseur und Autor ein und dieselbe Person waren (von Buster Keaton über Charlie Chaplin bis zu Woody Allen).

Das letzte Kapitel ist kein Scherz, aber spielerisch. Oft versprach ich meinen geduldigen Lesern, dass ich abschließen würde, aber ich machte immer weiter. Zunächst musste ich auf die drei traditionellen Erklärungen des Lachens zurückkommen, die ich zuvor und mehr als einmal eingeführt und für ungenügend befunden hatte. Ist Lachen die Manifestation von Inkongruenz? Ist es der Ausdruck einer Machtposition? Ist es ein Zeichen für plötzliche Erleichterung? Ich beendete die Erörterung mit dem Schluss, dass alle drei zutreffend sind.

Das Phänomen des Komischen ist jedenfalls durch Inkongruenz gekennzeichnet. Die Person, die die komische Situation erzeugt, die den Witz erzählt, der kopfgesteuerte Schauspieler, ist in einer Machtposition. Und die Person, die den Witzen zuhört, die einen komischen Roman liest oder ein komisches Stück anschaut, wird erleichtert. Nicht eine einzelne

Theorie deckt alle Aspekte eines heterogenen Phänomens ab. Deshalb gelangte ich am Ende meiner Geschichte zur Inkongruenz des menschlichen Lebens. Jedes Mal, wenn wir lachen, lachen wir über den Tod.

*****

Das Buch über die Komödie bot mir die goldene Gelegenheit, Romane und Stücke als Teil meiner Arbeit zu lesen, was ich früher nur sehr selten getan hatte.

Romane und Dramen zu lesen, war für mich Zeitvertreib gewesen, ein Luxus, den ich in freien Stunden am späten Abend genoss. Doch jetzt, da ich Geschmack daran gefunden hatte, Literatur am hellichten Tag zu lesen, ohne krank zu sein, ohne im Flugzeug zu sitzen und ohne Gewissensbisse, konnte ich nicht mehr davon ablassen. Ich verlor für einige Zeit das Interesse am dauernden Lesen von philosophischen Texten neben der Vorbereitung meiner Seminare. Ich wollte mich vergnügen und brauchte auch ein wenig Unterhaltung.

Zunächst experimentierte ich mit der Idee, etwas über Thriller, Kriminalgeschichten zu schreiben.

Die Idee war nicht ganz neu: Sie war mir bereits beim Schreiben über Collingwood in „A Theory of History" gekommen. Ich fand Collingwoods Bemerkung interessant, dass Kriminalgeschichten den Stand der Geschichtsschreibung ihrer Zeit widerspiegeln. Bei Conan Doyle entziffert der Detektiv kleine Fakten, um durch empirische Beweise zur Wahrheit zu kommen. Die Detektive von Agatha Christie lesen menschliche Gehirne und verlassen sich beim Lösen der Rätsel auf ihre eigenen grauen Zellen.

Für meine Zwecke wählte ich drei Krimiautoren aus, um weiterzumachen, wo Collingwood aufhören musste. Drei Frauen aus drei verschiedenen Generationen, alle von der Queen geadelt: Agatha Christie, P. D. James und Ruth Rendell. Ich nahm Frauen nicht nur, weil sie gut waren (klassische amerikanische Detektivgeschichten werden von Männern geschrieben), sondern weil es bei der Lösung der Rätsel wenig Gewalt, hingegen viel Nachdenken gibt und die Darstellung von Frauen nicht mehr schematisch erfolgt.

Auch die Krimiautoren wissen sehr gut, dass Detektivgeschichten die Geschichte widerspiegeln. James hat sogar gesagt, dass jedes Jahrzehnt seine typischen Verbrechen hat („Im Saal der Mörder"). Es war keine schlechte Idee, den „Geist unserer Gemeinde" von der kriminellen Seite der Gesellschaft her zu entschlüsseln. (Wie Privatdetektiv Marlowe schon in den Dreißigern gesagt hat: Eine organisierte Gesellschaft erfordert ein organisiertes Verbrechen.)

Meiner Idee folgend las ich alle Romane der drei adligen Damen, und nicht nur einmal (die noch lebenden schrieben auch neue). Ich schaute mir sogar die Filme an, die nach ihren Romanen gedreht wurden. Trotzdem entwickelte sich die Idee selbst nicht. Ich las und las, ohne mit dem Schreiben zu beginnen. Das ist bei mir immer ein schlechtes Zeichen, denn es zeigt, dass meiner ursprünglichen Konzeption etwas fehlt. Ich wusste, wo ich hinwollte, aber ich hatte keine Ahnung, wie ich zu diesem Punkt kommen sollte. Doch man muss anfangen, um irgendwohin zu kommen.

In der Zwischenzeit – durch reinen Zufall, während eines Sommerurlaubs – las ich ein paar historische Romane. Schon beim dritten wurde mir blitzartig klar: „Das ist es!" Nicht der Detektivroman, sondern der historische Roman. Der Einsatz ist derselbe. Ich konnte ebenfalls hier auf dem Standpunkt der Gegenwart bleiben, mit der Perspektive der Gegenwart. Doch diesmal ist es die Sicht der Gegenwart auf die Vergangenheit.

Also las ich weiterhin historische Romane, traditionelle ebenso wie zeitgenössische (ungefähr vierzig). Ich las auch Romane, die ich – beim ersten Schreiben – aus der Liste derer entfernte, die ich in meinem künftigen Buch behandeln wollte. Das waren vor allem sogenannte Familiensagas und Biografien.

Warum war es so leicht, über historische Romane Zugriff auf das postmoderne Bewusstsein zu erhalten – etwas, das ich auch mit der Lektüre vieler Dutzend Kriminalromane nicht geschafft hatte? Ich fühlte es sofort, aber ich konnte es nicht ausdrücken. Ich kann es jetzt im Rückblick formulieren.

Ich habe in meinen Schriften oft betont, dass das sogenannte postmoderne Verständnis von Geschichte sich wesentlich vom modernen unterscheidet, das in der Philosophie vom Historizismus repräsentiert wird, insbesondere von einer universalistischen Art der Geschichtsphilosophie. In meinem Buch „A Philosophy of History in Fragments" hatte ich zur Stützung meiner Argumentation einige Metaphern eingeführt, wie den „Geist unserer Gemeinde" oder den „Bahnhof". Doch mein philosophischer Standpunkt war aus der Perspektive der Beobachterin formuliert.

Aber wie verstehen die Nichtphilosophen unsere Welt? Und unsere Geschichte? Und Geschichte überhaupt? Im (komischen) Schlusskapitel von „The Concept of the Beautiful" hatte ich bereits einen Versuch gemacht, die Dilemmas der zeitgenössischen Welt von „Laien" formulieren zu lassen, durch Menschen von der Straße. Doch auch ihre Bemerkungen hatte ich selbst geschrieben. Ich hatte sie erfunden und formuliert: Ich legte sie in den Mund meiner Figuren.

Ich wandte mich den historischen Romanen zu, um dem abzuhelfen, wie ich es bei den Detektivgeschichten versucht hatte. In einem Roman spricht immer jemand anderer: der Autor und die Figuren. Ich muss ihr Verständnis von Geschichte verstehen und versuchen, mein eigenes in den Hintergrund zu drängen. Das hatte ich bereits in den Kapiteln meines Komödien-Buches praktiziert, als ich über komische Dramen und Romane schrieb. Doch alle damals besprochenen Werke waren in der Vergangenheit entstanden, sie atmeten den Geist ihrer Vergangenheit ein und aus; sogar die „existenziale Komödie" gehört heute schon der Vergangenheit an.

Die Detektivgeschichten hatten mich interessiert, weil sie immer in ihrer Gegenwart spielen und die absolute Gegenwart begreifbar wird, wenn man sie liest und analysiert. Zeitgenössische Krimis stehen absolut im „Jetzt" und spiegeln ihr „Jetzt" wider. Vielleicht passten sie deshalb nicht zu meinen theoretischen Absichten. Denn ich wollte eigentlich Einsicht in das zeitgenössische Verständnis der Vergangenheit gewinnen, der fernen Vergangenheit, der Geschichte, in das zeitgenössische postmoderne Geschichtsbewusstsein. Nachdem ich die ersten zeitgenössischen historischen Romane gelesen hatte, fand ich plötzlich, was ich suchte.

Während ich mich den zeitgenössischen historischen Romanen zuwandte, kehrte ich den Detektivgeschichten keineswegs den Rücken, und das war kein Zufall. Denn die Autoren zeitgenössischer historischer Romane übernahmen einige Merkmale von Detektivgeschichten in ihr Genre. Der erste Schluck vom zeitgenössischen historischen Roman war der erste Roman von Umberto Eco: „Der Name der Rose". Umberto Eco ist ein Philosoph, der einen Roman mit einer philosophischen Absicht schrieb – eigentlich mit zwei philosophischen Absichten. Erstens wollte er zeigen, dass man immer noch einen echten Roman schreiben kann, dass Romane nicht durch sogenannte „Texte" ersetzt werden können, und zweitens wollte er für eine neue Sicht auf die Geschichte werben.

Fast alle zeitgenössischen historischen Romane nach „Der Name der Rose" (und alle wurden nach diesem geschrieben) folgen dem Muster des Modells. In fast allen wird ein Mord begangen, die Handlung entwickelt sich – scheinbar – um die Abenteuer der Hauptfiguren, die sich bemühen, den Schuldigen zu finden. Während das Detektieren läuft, stellt sich jedoch heraus, dass der Mord keine geringe Bedeutung hat, denn die wahren Protagonisten bewegen die historischen Kräfte und werden von ihnen bewegt. Es stellt sich heraus, dass es historisch, ideologisch motivierte Morde gibt, die viel bedeutender und erschreckender sind als jene, die die „Detektive" aufzuklären versuchten. Die meisten zeitgenössischen historischen Romane enthalten eine Detektivgeschichte, die in psychologischer Sprache als Übertragung, in literarischer Sprache als Symbol dient.

Es ist auch kein Zufall, dass die Ereignisse, die in allen zeitgenössischen historischen Romanen (außer den amerikanischen) dargestellt werden, in zwei historischen Perioden spielen: entweder in Rom zwischen dem Zusammenbruch der Republik und dem Zusammenbruch des Imperiums, oder in West- und Südeuropa zwischen dem späten Mittelalter und dem 18. Jahrhundert. Das sind genau jene Zeiten, in denen die Welt aus den Angeln geriet, in denen alle Identitäten problematisch oder konfus wurden, in denen alle Normen zertrümmert wurden und die Menschen versuchten, sich im sozialen Dschungel ihrer Zeit ihren eigenen Weg zu bahnen. Es ist wie gesagt bemerkenswert, dass sich die zeitgenössischen historischen Romane genau auf dieselben historischen Übergänge konzentrieren wie einst Shakespeare in seinen historischen Dramen. Doch die historischen Ereignisse sind verschieden.

Sie sind auch ganz verschieden von jenen im Zentrum traditioneller historischer Romane.

Historische Romane (die ein noch junges Genre sind, aber doch schon mit Tradition) kamen nach der Französischen Revolution zur Welt. Kriege und Revolutionen stehen im Mittelpunkt ihrer Erzählungen. Ihre Hauptfiguren sind meist Soldaten, vorzugsweise aus Aristokratie und Oberschicht, sowie im Normalfall idealisierte „Menschen aus dem Volk". Sie enthalten sowohl die Vergangenheit ihrer eigenen Gegenwart als auch Geschichten aus ferner Vergangenheit. Sie konzentrieren sich auf Zusammenstöße, doch ein „Happy End" ist in Sicht. Nicht nur finden die Männer ihre Frauen, sondern auch die Lösung des historischen Konflikts scheint eine vielleicht nicht bessere, aber „progressivere" Zukunft zu versprechen.

Doch was sind die bedeutenden historischen Ereignisse in zeitgenössischen historischen Romanen? Wer sind die historischen Figuren? Was sind die historischen Institutionen? Große historische Ereignisse sind (in modernen Zeiten) zum Beispiel die Einführung des Papiergelds, der erste Börsenkrach, die Entdeckung der Bluttransfusion, die Gründung der Royal Academy, die Einrichtung der Kaffeehäuser und so weiter. Unter den Protagonisten sind offizielle und inoffizielle Detektive, Autoren, Maler, Wissenschaftler, Universitätsprofessoren, selbsternannte Diktatoren und Ähnliches. Zuerst und vor allem tauchen Märtyrer der Geschichte auf, Häretiker, Juden, Frauen, Geächtete und Vergleichbare. Daraus folgt schon, dass die Arten von Gewalt, um die es in diesen Romanen geht (die wirklichen Morde), auch anders sind. Diese Romane erzählen keine Geschichten über Kriege, sondern über Pogrome, Hexenjagden, Ritualmorde und Autodafés. Und es gibt kein Happy End.

Auf diese Weise fand ich, was ich suchte. Nicht ich erzählte, wie sich Zeitgenossen Geschichte vorstellen. Die Romane erzählen alles, und ich bin nur eine ihrer Leserinnen.

Mit nicht geringer Überraschung fand ich zudem heraus, dass – trotz aller Unterschiede der historischen Sichtweise – ihre fundamentale Struktur der traditioneller historischer Romane sehr ähnlich ist, wie sie Lukács schon in den Dreißigern entschlüsselt hatte. So stehen zum Beispiel damals wie heute die Protagonisten des Romans zwischen den wichtigsten historischen Kräften, die miteinander in Konflikt stehen.

Ich erörterte einen zeitgenössischen historischen Roman nach dem anderen und folgte dabei der Strategie aus meinem Shakespeare-Buch. Ich besprach die einzelnen historischen Romane nicht in der Reihenfolge ihrer Veröffentlichung, sondern gemäß ihrer Position in der historischen Abfolge. Ich behandelte also die Romane über Rom in einem früheren Kapitel als die Romane über die Geburt der modernen Welt. Auch innerhalb der Kapitel behielt ich diese Strategie bei. Ich erörterte zum Beispiel „Imperium" vor „Pompeji" (beide von Robert Harris), obwohl „Pompeji" zuerst erschien. (Ich muss hinzufügen, dass einige der besprochenen Autoren weitere historische Romane geschrieben haben, nachdem mein Manuskript fertig war, ich hätte sie beim Erscheinen des Buches im Vorwort erwähnen können, aber ich tat es nicht, denn theoretisch hatte ich alles gesagt, was ich sagen wollte.)

Diese Romane sind keine „großen" Romane, vielleicht (aber nur vielleicht) mit Ausnahme von „Krieg und Frieden". Paul Ernst hat einmal gesagt, Romane seien „Halbkunst". Mich interessieren Schubladen nicht. Die Bücher, auf die ich mich bezog, sind auf verschiedenen künstlerischen Niveaus angesiedelt, und es sind auch einige sehr gute Romane darunter. In meinem Buch ging es diesmal nicht um Ästhetik, sondern um das Geschichtsbild. Ich überlasse das ästhetische Urteil dem Geschmack meiner Leser.

*****

Ich könnte dieses Buch damit schließen, dass die Geschichte meiner Philosophie hier, im Januar 2010, endet.

Kehren wir zum Anfang dieses Buches zurück.

Im November 2008 übernahm ich die Aufgabe von einer Turiner Institution, meine Philosophie in einer Woche zusammenzufassen und mit Postgraduates zu erörtern, fünf Stunden pro Tag. Bevor der Kurs begann, war ich sicher, ich würde nach jeder einzelnen Sitzung heiser sein. Doch das trat nicht ein. Etwas anderes geschah: Ich verstand die Geschichte meiner Philosophie – bis zu einem gewissen Grad. Ich verstand zumindest, dass jeder philosophische Gedanke und jede Theorie, die ich aus meinen Werken zusammenfassen konnte, zwischen 1980 und 1995 entstanden war. Das hat nichts mit Quantität zu tun und schon gar nichts mit Qualität, sondern ausschließlich mit dem seltsamen Etwas, das unsere philosophischen Vorfahren „Essenz" genannt haben. Man kann nur die Essenz zusammenfassen. Das ist der See, in den alle Flüsse strömen und dem alle Flüsse entspringen. Flüsse können nicht zusammengefasst werden, und in diesem Sinne haben sie auch keine „Essenz". Aber sie sind erfrischender, unberechenbarer und vielleicht auch liebenswerter als das Reservoir, aus dem sie kommen und in das sie zurückfließen.

Zurück aus Turin, hatte ich das Bedürfnis, die Ergebnisse meiner Entdeckung zumindest für mich selbst niederzuschreiben. Wie andere auch kann ich mich selbst nicht erkennen, aber – in Turin – erhielt ich doch zumindest einen kleinen Einblick in einen Winkel meiner selbst. Ich möchte ihn nicht mehr verlieren.

Dieses Buch ist das Ergebnis einer begrenzten Zeitreise. Ein Geschenk, mit dem ich mich zu meinem achtzigsten Geburtstag überrascht habe.

Auf Deutsch erschienene Bücher

Ausgaben, die nicht auf Deutsch erschienen sind, werden mit englischem oder ungarischem Titel zitiert, die deutsche Übersetzung des Titels steht in eckigen Klammern – allerdings meist nur bei den ersten Erwähnungen, um den Text nicht mit eckigen Klammern zu überfrachten.

Alltag und Geschichte – Zur sozialistischen Gesellschaftslehre, Neuwied 1970

Hypothese über eine marxistische Theorie der Werte, Frankfurt am Main 1972

Theorie der Bedürfnisse bei Marx, Berlin 1976

Die Seele und das Leben. Studien zum frühen Lukács, Frankfurt am Main 1977

Das Alltagsleben: Versuch einer Erklärung der individuellen Reproduktion. Herausgegeben und eingeleitet von Hans Joas, Frankfurt am Main 1978

Diktatur über die Bedürfnisse. Sozialistische Kritik osteuropäischer Gesellschaftsformen, mit Ferenc Fehér (Autor), Berlin 1979

Theorie der Gefühle, Hamburg 1980

Der Mensch der Renaissance, Frankfurt am Main 1982

Der sowjetische Weg. Bedürfnisdiktatur und entfremdeter Alltag, Hamburg 1983, mit Ferenc Fehér und György Márkus

Philosophie des linken Radikalismus. Ein Bekenntnis zur Philosophie, Hamburg 1984, mit Ferenc Fehér

Die Linke im Osten – die Linke im Westen. Ein Beitrag zur Morphologie einer problematischen Beziehung, Köln 1986

Ungarn '56. Geschichte einer antistalinistischen Revolution, Hamburg 1987

Das Leben ändern. Radikale Bedürfnisse, Frauen und Utopie, Hamburg 1987, mit Ferdinando Adornato

Das Reale des Imaginären: Zur Philosophie von Cornélius Castoriadis, Wien 1991, mit Cornélius Castoriadis, Bernd Waldenfels

Biopolitik, Frankfurt am Main 1995

Ist die Moderne lebensfähig? Frankfurt am Main 1995

Der Affe auf dem Fahrrad: Eine Lebensgeschichte. Bearbeitet von János Köbányai, Berlin/Wien 1999

Die Auferstehung des jüdischen Jesus, Berlin – Wien 2002